国家电网有限公司
社会责任根植项目评价标准研究

国网江苏省电力有限公司　编

中国电力出版社
CHINA ELECTRIC POWER PRESS

图书在版编目（CIP）数据

国家电网有限公司社会责任根植项目评价标准研究 / 国网江苏省电力有限公司编 .—北京：
中国电力出版社，2024.3
ISBN 978-7-5198-8652-3

Ⅰ.①国… Ⅱ.①国… Ⅲ.①电力工业—工业企业—社会责任—项目评价—评价标准—
中国 Ⅳ.① F426.61

中国国家版本馆 CIP 数据核字（2024）第 022483 号

出版发行：中国电力出版社
地　　址：北京市东城区北京站西街 19 号（邮政编码 100005）
网　　址：http://www.cepp.sgcc.com.cn
责任编辑：周天琦（010-63412243）
责任校对：黄　蓓　常燕昆
装帧设计：赵丽媛
责任印制：钱兴根

印　　刷：三河市航远印刷有限公司
版　　次：2024 年 3 月第一版
印　　次：2024 年 3 月北京第一次印刷
开　　本：710 毫米 ×980 毫米　16 开本
印　　张：16
字　　数：226 千字
定　　价：90.00 元

《国家电网有限公司社会责任根植项目评价标准研究》

编委会

主　任　谢永胜

副主任　姚国平

委　员　田小冬　陈　勇　沈伟民

编写组

组　长　田小冬

副组长　陈　勇　沈伟民　肖红军　沈培峰

成　员　李承曦　周明亮　施华林　殷友伟

前言
Preface

　　国家电网有限公司（简称公司）是关系国民经济命脉和国家能源安全的国有重点骨干企业，承担着保障安全、经济、清洁、可持续电力供应的基本使命，经营区域覆盖26个省（自治区、直辖市），覆盖国土面积的88%，供电人口超过11亿人。公司连续19年获国务院国资委业绩考核A级，连续11年获标准普尔、穆迪、惠誉三大国际评级机构国家主权级信用评级，连续8年获中国500最具价值品牌第一名，连续6年位居全球公用事业品牌50强榜首，是全球最大的公用事业企业，也是具有行业引领力和国际影响力的创新型企业。

　　自2005年起，公司立足国情和中央企业实际，主动承担起探索、实践、检验和完善国有企业社会责任管理的责任使命，努力成为推进中国企业社会责任发展的呼吁者、倡导者与践行者，积极探索科学的企业社会责任观，坚持走有中国特色的全面社会责任管理创新之路。2014年以来，公司深入推行以"鼎·心模型"为架构的全面社会责任管理，按照"内部工作外部化、外部期望内部化"的工作思路，坚持"问题导向、价值导向、变化导向、品牌导向"，以项目制的方式推进社会责任根植业务运营，努力将企业社会责任的认知理念、方法工具与基层企业的管理与运营业务相结合，推动企业社会责任观的落地生根与专业工作的社会价值提升。

　　截至目前，公司已经在探索中连续推进了十年社会责任根植项目制，在理论和实践上取得了丰硕的成果，形成了"自下而上、自上而下、总体策划、过程管控、结果评估及成果展示"的完整闭环管理，积累了上千个社会责任根植项目案例，选树了一批可复制、可推广、可持续的优秀示范项目。根植项目优化工作、提升管理的效果也得到了内外部利益相关方的支持与认可。

但是，社会责任根植项目在不同基层单位的运作也存在水平参差不齐、理念差异较大等问题，这源于各单位对社会责任根植的概念认识不清，方法掌握不明，管理、评价机制不健全等诸多原因。为了让社会责任根植项目制的推进更加规范和统一，公司在经验总结和方法创新的基础上，编制了《国家电网有限公司社会责任根植项目评价标准研究》。

本书共分为标准构建篇与优秀案例篇两大部分，系统回答了社会责任根植项目的基本概念和实施方法，总结了社会责任根植项目的演变历程和实施效果，搭建起社会责任根植项目评价的指标与标准，并从业务类、管理类、议题类三大主题中选取了11个优秀典型项目进行案例展示与评价示范。

实施社会责任根植项目制是国家电网有限公司的首创，也是一项极具创新性和挑战性的工作。标准不是一成不变的，而会随着项目制推进思路、方法的不断改进而做出相应的修正。本书旨在成为社会责任根植项目制的一本具有时效性和实用性的工具书，为公司各单位开展社会责任根植项目提供指导和帮助，也为全社会提供更多的"社会责任有效知识供给"，引领和推动社会治理机制的创新性发展。

编者

2024年3月

Contents 目录

优秀案例篇

标准构建篇

第一章

社会责任根植项目的
基本概念

◆ 企业社会责任的概念
◆ 社会责任根植的含义与特点
◆ 社会责任根植项目的含义
◆ 社会责任根植项目的类型
◆ 实施社会责任根植项目制的意义

企业社会责任根植项目是企业社会责任融入企业社会认知体系、管理运营体系的一种重要实践范式，为加深对企业社会责任根植项目的理解，有必要将企业社会责任概念与其他相互关联的概念加以区分。因而本章对企业社会责任根植项目的相关基本概念内涵进行了系统的回顾与解剖，剖析了企业社会责任、企业社会责任根植、企业社会责任根植项目制的概念内涵与特征，并重点比较了企业社会责任根植项目与业务工作、社会责任实践项目、社会责任议题等其他企业社会责任相关联的概念内涵的区别，区分出社会责任根植项目的不同类型，最终基于企业自身、社会治理及社会责任实践推进三个视角归纳出实施企业社会责任根植项目制的重要意义。

第一节
企业社会责任的概念

企业社会责任（Corporate Social Responsibility，CSR）的概念自诞生之日起经历了一个长期而多样化的发展过程❶，引起了学界和企业界的持久探讨和争论。但总的来说，其概念围绕企业本质的问题及企业与社会关系的问题决定了企业社会责任的概念定位和内涵的不同。

一、企业社会责任概念的演变

20世纪70年代之前各类早期的企业社会责任概念是狭义的企业社会责任，而之后出现的企业社会回应、企业社会表现则可归入广义的企业社会责任❷。弗雷德里克分别用CSR_1、CSR_2和CSR_3分别表示这三个概念以表明人

---

❶ CARROLL. A B Corporate social responsibility evolution of a definitional construct［J］. *Business & Society*, 1999,38（3）: 268-295.

❷ 沈洪涛，沈艺峰. 公司社会责任思想起源与演变［M］. 上海：上海人民出版社，2007: 48.

们对企业社会责任认识的逐步深化，企业社会责任概念也经历了狭义企业社会责任、企业社会回应、企业社会绩效等多个认识阶段。

20世纪初至60年代末，狭义社会责任开始形成。鲍恩在划时代的经典著作《商人的社会责任》中第一次正式将企业和社会联结起来，提出商人"有义务按照社会的目标和价值观的要求，制定政策，做出决策，以及采取行动"，明确地界定了企业与企业管理者是企业社会责任的主体与实施者。这一时期，企业社会责任内涵理解都是基于新古典经济学视角的企业社会责任观，将企业看作一种经济组织，即将各种劳动要素进行组合形成的一个生产函数，其最终目的就是通过资源的优化配置实现利润最大化。因此，企业社会责任也被理解为一种慈善活动或一种自愿性道德行为，并且将企业社会责任理解为企业资源的浪费和额外的牺牲。早期的企业社会责任概念更多地带有伦理学和慈善行为的色彩。自20世纪70年代开始，"企业的社会责任就是追求利润最大化"的观点逐步失去统治地位，企业应当承担社会责任的思想逐渐为社会所普遍接受。戴维斯在1967年提出"权力—责任模型"和"责任铁律"❶，认为企业社会责任应该与其社会权力的大小相匹配，企业社会责任边界即企业所处社会角色的大小与功能定位。伍德（1991）将企业社会责任定义为：一个企业社会责任的构成原则、社会响应的过程及与企业社会关系相关的政策、项目和后果❷。埃尔金顿在1998年提出了三重底线（triple bottom line）的概念模型，认为企业行为要满足经济、社会与环境底线❸。企业在这一阶段被视为内嵌于社会之中的社会组织，企业的生产经营活动会对其所嵌入的社会产生影响。较为成熟的观念则是经济社会观，其综合了企业作为经济组织及社会组织的两种观点，企业既是

---

❶ DAVIS K. Understanding the social responsibility puzzle: What does the businessman owe to society？［J］. Business Horizon, 1967, 10（4）：45-51.

❷ WOOD D J.Social Issues in Management: Theory and Research in Corporate Social Performance［J］. Journal of Management, 1991, 17（2）：383-406.

❸ ELKINGTON J. Cannibals with forks: The triple bottom line of 21st century business［M］. Stoney Creek: New Society Publishers, 1998.

一个对外部利益相关者负责的"关系契约网络"，同时又是一个能够实现可持续发展的"能力集合体"❶，即一方面通过由契约和企业家精神所支持的社会职能与社会建立非经济关系，另一方面又通过经济属性所支持的商品和服务的生产与交换与市场建立经济关系❷，二者之间的功能相互促进、相互耦合，因而企业在逐利的过程中也必须考虑对于社会与环境的影响。

二、企业社会责任的元定义

基于经济社会论，企业社会责任，即企业行为自觉（着眼企业追求）或要（着眼社会期望）向最大限度地增进社会福利的方向趋近并作出实际贡献❸。基于社会责任的元定义，企业社会责任可以从以下五个视角予以解剖：

第一，推动企业落实社会责任的过程，是推动企业全面、有效地管理自身运营对社会、利益相关方和自然环境影响的过程。无论是利益相关方、政府、社会公众还是企业自身，都需要推动企业进一步了解自身运营管理活动对各利益相关方、所嵌入的社会及自然环境的多重影响机制，寻找出最大限度地增进积极影响、最大限度地减少消极影响的有效办法和机制。

第二，企业社会责任得到有效落实的过程，是一个企业与社会、利益相关方的合作机制得以有效创建和全面落实的过程。企业社会责任的逻辑起点在于最大程度增进社会福利，社会福利的总体增长需要多元利益相关方整体协同活动的落实。

第三，确保企业与社会、利益相关方关系的透明并形成相互信任与社会价值创造共识，是确保企业与社会、利益相关方实现合作的前提和基础。

❶ 杜晶．企业本质理论及其演进逻辑研究［J］．经济学家，2006（1）：115-120.

❷ 王世权，李凯．企业社会责任解构：逻辑起点、概念模型与履约要义［J］．外国经济与管理，2009（6）：25-31，51.

❸ 李伟阳，肖红军．基于社会资源优化配置视角的企业社会责任研究——兼对新古典经济学企业社会责任观的批判［J］．中国工业经济，2009（04）：116-126.

第四，企业社会责任在现实生活中发挥作用的范围和程度归根结底取决于社会与利益相关方对特定企业的组织治理机制所作出的制度安排。

第五，企业社会责任的全面落实，要求全社会共同探索新的企业管理模式。需要企业践行社会责任过程中进行管理模式变革，并在组织变革中对当前态势和建设成果进行有效控制，最大程度地创造综合价值与共享价值，进而最大程度地提升企业的履责管理与履责实践绩效。

第二节

社会责任根植的含义与特点

一、社会责任根植的含义

管理学中的"根植性"这一概念是由新经济社会学代表格兰诺维特首先提出的。他指出经济行为是根植在由社会构筑的网络与制度之中的，这种网络与制度是具有文化意义的。这一论述特别强调企业之间及企业与社会之间非贸易的相互依赖性，认为通过企业在本地的扎根和结网可以使企业构筑起交流与合作系统，从而增强技术创新的能力和竞争力。而**社会责任根植**是运用社会责任的理念、方法和工具，将企业发展放在社会发展的格局中定位其功能、作用和价值，实现各利益相关方的共赢发展，同时实现社会价值创造的最大化。❶

社会责任根植着眼于从微视角出发改变企业与员工的元认知❷（Meta-cognition）和图式❸（Schema），将企业运营按照一定的逻辑分解为若干个

---

❶ 企业社会责任根植，从表达到行动［J］.国家电网，2016（06）：40-41.

❷ Flavell J H. Metacognition and cognitive monitoring: A new area of cognitive–developmental inquiry［J］. American psychologist, 1979, 34（10）: 906.

❸ Markus H. Self-schemata and processing information about the self［J］. Journal of personality and social psychology, 1977, 35（2）: 63.

细分任务或活动"切片",选择特定任务或活动"切片"作为对象,运用企业社会责任的思想理念、行为要求和制度安排对其进行重新审视,并通过融入实现对特定任务或活动"切片"的再优化、微改进和微创新,形成社会责任与任务或活动"切片"的自然融合❶。这一管理革命使员工在具体实践中理解和掌握社会责任的有效知识,大大降低了社会责任实践在企业内进行普及的难度,形成企业内部对社会责任的接受与认同,逐步催生新的员工工作方式、新的业务运营方式、新的社会沟通方式,乃至新的企业管理模式、新的企业发展方式。企业社会责任根植的直观成果就是将社会责任转化为企业的内生行为,而企业对社会责任由抵制转为内生行为,关键是企业社会责任要变成企业行为的有机部分,而不是外加的如慈善行为等行为❷。从内涵上,企业社会责任根植就是将企业社会责任融入企业战略管理、职能管理、业务管理、赋权赋能等多个管理模块,将企业社会责任作为企业内部管理的一项重要内容纳入管理活动的各个环节之中。从对社会的影响来看,企业社会责任根植通过先进严谨的社会责任理念思维和科学有效的社会责任方法、工具支撑策略,更好地满足社会公众对企业的社会责任期望,积极有效地承担社会责任;从对企业自身的影响来看,社会责任根植使企业社会责任更好地为企业的运营业务服务,加强人才队伍建设,形成新的管理模式、治理机制与治理结构,提高组织的综合绩效,成为企业创造竞争优势的重要源泉。

因此,企业社会责任根植至少包含以下三个方面的含义:第一,企业社会责任根植的实现方式是将企业社会责任作为企业管理的重要内容进行管理,通过一个个根植项目快速聚焦企业所面对的利益相关方的价值诉求与社会期望,从而更好地开展社会责任管理与实践活动,这就需要企业树立强烈的履责意愿,全面认识企业的社会功能,坚持推进与利益相关方、

---

❶ 肖红军.共享价值式企业社会责任范式的反思与超越[J].管理世界,2020,36(05):87-115+133+13.

❷ Williamson O E. Manageral disceretion and business behavior [J]. American Economic Review, 1963, 53(5): 1032-1058.

自然环境的和谐发展、绿色发展、可持续发展❶。第二，企业社会责任根植的重要环节在于准确把握企业的责任边界，即明确企业的利益相关方边界与企业的责任内容边界。明确企业能做什么、想做什么，利益相关方在其中可以起到什么样的作用，明晰企业的利益相关方的价值流向。注重解决问题的内在逻辑，尊重自利的基本人性，不缺位，也绝不越位，坚决让有责任、有能力、有优势的主体发挥其应有作用和最佳功能，以防止企业社会责任实践与社会期望或企业运行脱节。第三，企业社会责任根植的最终目的是改变企业的价值创造绩效，即形成科学的社会责任认知、形成社会责任管理模式与议题实践方式，把社会责任推动创新作为社会责任方法的核心。

基于以上含义解剖，**企业社会责任根植的概念就是将社会责任理念与管理方法根植到公司特定工作或业务中，从而解决企业或利益相关方面临的各类问题，提高公司综合价值创造能力的一种社会责任管理新手段。** 即通过企业社会责任认知根植形成全员的科学的企业社会责任观，进而在其日常的行为实践中自觉地践行企业社会责任的基本理念、基本方法、基本工具，实现全员社会责任行为的形成与改善，最终推动企业整体的社会责任能力提升与企业社会责任实践议题项目的真正落地。**从企业内部工作视角来看，** 要求将企业社会责任理念充分融入组织运营过程的业务工作单元之中，在业务模块中融入企业社会责任管理的方法与工具。**从企业社会责任实践的角度来看，** 企业社会责任根植即在企业社会责任议题实践的过程中，形成科学的企业社会责任实践观，并将企业的社会责任管理方法充分融入社会责任议题实践的过程之中。社会责任根植内容包含在推广深化科学的企业社会责任观和全面社会责任管理模式在企业管理体系中有效落地的过程，公司各层级、各单位实施的各种项目、举措、活动等实践，以及经过实践检验并持续完善的社会责任理念、方法、工具、经验、案例等成

---

❶ 李伟阳.让全面社会责任管理逐步根深叶茂——国家电网公司的"责任根植基层"模式［J］.WTO 经济导刊，2011（10）：73-74.

果中。

从具体实现方式来看，企业社会责任根植主要包含了企业社会责任理念根植与管理根植。**企业社会责任理念根植**即在管理与实践过程中自觉地将科学的企业社会责任理念自觉根植于企业运营管理和心智模式之中，将社会责任与业务共生、利益相关方识别参与、增强透明运营意识、经济社会环境影响管理等多种社会责任理念通过合理有效的社会责任方法和工具进行根植。**企业社会责任管理根植**意味着在管理过程与议题实践过程中形成与利益相关方的合作机制，利益相关方管理、社会与环境风险管理、社会责任边界管理、社会责任制度化管理、社会责任品牌化管理等管理方法根植于企业管理模式之中，进而促进各种资源的优化配置，更大限度地创造企业运营的经济、社会和环境综合价值。综上，企业社会责任根植即通过企业的能力建设、项目运作、制度建设将社会责任理念与管理根植到企业的人、事、制之中，提升企业的综合绩效创造，并为社会问题提供创新性解决方案。其中，对"人"的社会责任根植包括对人的意识、能力和行为的根植，对"事"的根植包括对议题、业务和活动的根植，对"制"的根植则包括对决策、制度与流程的根植。

二、社会责任根植的特点

基于社会责任根植的含义剖析，社会责任根植存在以下四大特点：

（一）聚焦问题或价值

社会责任根植是围绕解决企业或利益相关方面临的某个或某类具体问题，或提升企业和利益相关方的价值创造能力而展开。即进行社会责任根植要注重问题导向，通过社会责任理念和社会责任管理的根植，有助于企业解决相关尚未解决的问题，发现以往所忽视的问题，或者是发现以往问题新的解决思路和方案。优秀的社会责任根植项目都是围绕某个或某类核心问题展开，且都是以负责任解决某个或某类问题、最大限度地创造综合价值作为社会责任根植的最终目标，包括企业自身运营问题、利益相关方问题及纯社会问题。行动上需要通过社会责任理念根植与社会责任管理根植，使得各利益相关方参与解决社会问题的意愿、资源、能力、优势充分凸显出来，让持续推动各利益相关方参与解决社会问题的动力机制凸显出来，从而有针对性地开展工作，推动建立各利益相关方合作解决社会问题的平台与机制。❶

（二）注重用综合价值去评判根植的成效

社会责任根植的最终成效不仅要以企业自身为考量，还要考虑外部利益相关方，用经济、社会与环境综合价值最大化作为根植的终极目标。社会责任根植的目标不仅是提升企业经济绩效，而且要追求包含三重底线在内的综合绩效，在提高自身经济价值创造能力的同时创造最大的社会价值。因此，在社会责任根植过程中，企业要把共识、合作、综合价值作为社会责任的根本方法。尊重"社会的问题只有回到社会中去，才能得到终极的解决"的规律，厘清问题相关各方，加强沟通交流，达成认识和解决问题的共识；同时也要厘清各方解决问题的意愿、能力、资源、优势，形成推动各方共同解决社会问题的初始动力，使道德发挥关键支点作用，实现优势互补，谋求问题的长效解决，最大限度地创造综合价值。

（三）运用社会责任理念方法和工具

社会责任根植的核心就是尝试突破和创新，用社会责任的理念和管理方法去解决所聚焦的问题，去提升价值创造能力。先进的社会责任理念就是企业在处理社会责任议题时应当遵循的基本原则，这些原则凝聚了当前关于社会责任的最新思潮和基本共识。运用这些理念管理企业的社会责任议题，有助于企业用更开放的思维、更全面的立场和更具前瞻性的眼光处理企业面临的各类问题，创造新的价值增长点。而社会责任理念方法，是指为确保社会责任理念和内容得到有效落实，而应遵循的思维逻辑、行为方式和问题解决路径。企业整体层面的社会责任方法就是推行全面社会责任管理；业务运行层面的社会责任方法的核心是指为最大限度地发挥综合

---

❶ 张云.社会责任根植：中国企业社会责任发展的"新蝴蝶效应"——访国网能源研究院副院长、中国企业管理研究会常务理事长 李伟阳[J].国家电网，2016（06）：46-50.

价值创造潜力，或找到特定问题的"双效"（长效和高效）解决方案，而应遵循的思维逻辑、行为方式和问题解决路径。通过先进的社会责任理念和有效的社会责任管理方法，企业社会责任根植过程要求具有前瞻性价值认知，这种前瞻性价值认知能够提高企业的危机意识，培养长远的眼光，着眼整个社会大环境制定企业目标，可以帮助企业增加履责的创新性和活力，能够从复杂动荡的社会环境中萃取出真正有价值的资源与有价值的责任议题，同时时刻保持着对利益相关方的诉求与对社会环境问题的敏感度。

（四）重视与企业运营的融合

社会责任根植要落实到企业具体的运营中，是对企业特定工作和业务的创新与改进。在进行社会责任理念与管理根植的过程中，一方面，企业要保持与社会的紧密联系，对引起公众关注和产生社会影响的社会议题提高灵敏度和反应力；另一方面，社会责任的根植不能与业务脱节，脱离了业务的抽象性的社会责任将会与"根植"的内生性相悖而行，逐渐可能会出现社会责任脱嵌的现象。因而，要将社会责任的理念、思想、观念、文化、方法等润物细无声地扎根于基层中，将社会责任与基层业务深度融合，扎实、牢固地推进社会责任根植进程，推动社会责任的落地生根，逐渐实现全员根植、全面根植、全方位根植，培育有生命力、有活力的社会责任根植生态系统。

第三节

社会责任根植项目的含义

一、社会责任根植项目的定义

社会责任根植项目是指由企业社会责任推进部门与业务部门共同策划实施的，以项目化运作和项目制管理方式推进的，有效融入社会责任理念、工具和方法，有助于提升企业可持续发展能力和品牌美誉度的工作与任务。从操作层面来看，将推动社会责任根植到某项工作或业务的任务看作一个项目，由此这一根植任务就变成根植项目。为了更好地开展社会责任根植项目，社会责任根植项目的要求如下：

（一）知行合一

策划实施社会责任根植项目是为了推动业务部门深刻理解科学的社会责任观的内涵与价值。因此，帮助各业务部门和员工体验社会责任理念、工具和方法的科学性与有效性，有利于增强专业部门接受、掌握和科学运用社会责任的信心与动力。

（二）创造增量

策划实施社会责任根植项目要能够为社会和企业创造价值增量。价值增量包括社会价值增量和企业价值增量两部分。社会价值增量体现为推动各方以对社会更加负责任的方式开展活动，提升社会综合价值创造能力；企业价值增量体现为推动企业管理创新、有效防范舆情风险、提升品牌形象、改善发展环境、增强核心竞争力。

（三）共同推进

策划实施社会责任根植项目要求社会责任推进部门与业务部门共同策划项目实施方案，将社会责任实践根植于基层业务设计之中，明确项目执行团队，匹配项目运作资源，形成完整的项目设计和运作体系。

（四）主动作为

策划实施社会责任根植项目需要积极发挥和充分体现社会责任推进部门的主动作用，包括主动与业务部门共同策划选择根植项目选题，超前研究社会责任推动创新的方向与路径，预先评估根植项目成效，充分发挥项目管理和社会责任专业服务功能等。

二、社会责任根植项目与相关概念的区别

为了加深对社会责任根植项目的理解，避免将社会责任根植项目与其他相似概念混淆，须进一步将社会责任根植项目与业务工作、社会责任实践项目、社会责任议题等概念进行区分。

业务工作的核心在于"业务"。业务工作的实践并不关注这项工作是否增进了社会福利，以及工作中是否将企业社会责任的基本理念、基本认知、基本工具、基本方法与基本管理模式与企业的管理流程、管理职能、业务运营与对外传播及利益相关方之间关联起来，即业务工作与社会责任之间并无直接联系。而**社会责任议题**并非企业的实践项目，而是企业在运营过程中面临的社会问题。要界定社会责任议题的概念，首先需要厘清社会责任主题的概念。企业社会责任主题是企业履行社会责任的核心领域，它界定了企业社会责任的内容边界与范围。而企业社会责任议题是企业社会责任主题下的关键性问题，是对企业社会责任主题的任务分解，不同的企业社会责任议题仍然可以继续分解成多个子议题或社会责任项目。总的来说，社会责任议题一般具有动态性、话题性、影响性、聚焦性和伦理性特征，而将社会责任议题进行落实的过程就被称为社会责任实践。顾名思义，**社会责任实践项目**的核心在于"实践"，其项目表征表现在直观上对社会负责任，表现上对社会有贡献，在践行社会责任实践项目时，工作重心也一般聚焦于事情本身及该项目对社会的贡献。与业务工作不同，社会责任实践项目则一般并不关注该项目为企业带来的经济收益、商业价值，而聚焦于项目本身为社会带来的福利增加值及项目的完成情况，社会责任实践项目如果脱离了业务工作，那么该项目更多带有慈善化的色彩，表现为企业为增进社会价值而导致的商业利润的牺牲。

企业社会责任根植项目则与以上概念不同，社会责任根植项目的核心在于"根植"，其可以表现为企业社会责任实践项目，也可以表现为企业运营的业务工作，都基于企业社会责任理念与企业社会责任管理模式与管理方法工具的创新性融入；重点在于通过企业社会责任认知理念根植与管理模式方法根植发现新的问题、新的解决方案、新的做事方式。社会责任根植项目与相关概念的对比见表1-1。因此，同样的选题可以通过不同的业务操作做成相对不同的项目，以煤改电项目为例，如果从北京雾霾严重这一重大社会责任议题出发，为将这一社会议题进行落实，公司从服务蓝天行动和改善民生角度出发开展煤改电工作，那么北京有多少户需要改造、需要采取了什么举措、改造了多少户、相当于减排多少就是企业的社会责任实践项目；如果公司从增供扩销的角度推进电能替代工作，全面推进北京的煤改电，那么该项目的组织形式、部门分工、工作流程、工作规范和任务完成情况等就可以被视为业务工作；如果企业从问题导向出发，识别出煤改电是一个社会问题，进一步剖析以前煤改电存在的问题，哪些问题用技术或商业的方法难以解决、需要运用社会责任根植，从而进一步深化到识别出根植什么理念、针对每一种理念如何进行具体做法设计、最终会带来什么变化与内外部效果。这一项目实施过程就表现为社会责任根植项目。

表1-1   社会责任根植项目与相关概念的比较

概念	核心词	表征	重点
业务工作	业务	对利益相关方有益处的工作	工作本身及对服务对象带来的好处
社会责任议题	议题	对企业社会责任主题的任务分解	商业运营中存在问题的社会性
社会责任实践项目	实践	直观上对社会负责任、表观上对社会有贡献	工作本身及对服务对象带来的好处
社会责任根植项目	根植	可以是实践项目，也可以是业务工作，但都是方式创新	发现新的问题、新的解决方案、新的做事方式

三、社会责任根植项目制的含义

（一）社会责任根植项目制的定义

社会责任根植项目制是指运用项目制管理理念和方法，逐级指导和推动各基层单位有计划、有管控、系统化、制度化、可持续地组织实施社会责任根植项目，即用项目运作和项目管理的方式开展社会责任根植。如果说社会责任根植是企业社会责任管理理念的创新，那么"社会责任根植项目制"既是企业社会责任管理和实践的一次创新，也是企业参与社会问题解决、参与社会治理的一次创新。社会责任根植项目强调以问题为导向，尤其是社会公众普遍关注的问题，企业运用社会责任管理工具和方法参与解决社会问题。

无论是责任边界管理、透明度管理，还是平台化思维、社会和环境风险管理，这些思维方式和工具方法为传统问题的解决带来了新的思路，取得了显著成效。首先，依靠项目制的形式推进企业社会责任内容根植于基层的认知体系、管理体系与组织业务实践体系之中，能够实现以下优势。项目制强调多维度的资源整合战略。依靠项目制的形式可以实现组织纵向层级之间的资源整合，通过上级组织的项目发包与下级组织的项目接包及项目承包的形式，一定程度上通过项目制的运行方式上下级组织之间形成基于社会责任根植项目的合作伙伴关系，通过将不同组织的资源进行整合来提供根植项目下所需要面临的社会问题的整体解决方案，并且能够基于相互信任、坦诚沟通、项目风险共担并且受益共享的定制化关系，它能够产生竞争优势并且能够带来整体社会责任绩效的提升。此外，由于多元复杂的社会问题跨越了数个组织、部门与成员的界限，没有单一组织、部门或成员能够完全处理的社会问题，即单一功能性组织很难应对，因此基于社会责任根植项目制的形式能够充分整合组织、部门之间的资源。依靠项目制的形式即企业社会责任根植项目为载体，能够有效兼容基于项目实施组织的凝聚力，充分动员基于项目为单元的组织积极性与参与程度。最后，在根植项目申报的组织单位内部，可以基于项目运作实现部门之间的资源整合，基于项目所需要的资源能力充分将原有部门之间相互独立相互分工体系下的部门资源采用与项目运作的方式整合在一起，从而形成横向部门之间资源整合的合作伙伴关系，同时形成企业社会责任根植优秀项目学习平台，形成不同层级下组织整体层面的社会责任知识整合系统，最终有助于企业社会责任根植项目形成跨组织边界的企业社会责任根植项目的知识治理系统。

国家电网公司通过社会责任根植项目制的实施探索出解决社会问题的特有路径，认为社会问题只有回到社会中去，结合政府和社会各方力量共同努力，才能找到长效解决方案。一方面，要导入社会责任理念，利用先进的社会责任理念和科学的社会责任工具帮助企业找准定位，做到既不缺位，也不越位，做到理性、先行、克制。通过管理提升、制度建设和队伍培训，固化企业推动各方合作解决社会问题的经验与成果，形成运用社会责任理念创新解决与企业运营相关的社会问题的长效机制，全面提升基层单位和广大员工的综合价值创造能力和水平，并积极推动政府和社会各方力量共同努力找到长效、可持续的社会问题解决方案。另一方面，社会问题的解决，必须始终坚持运用利益相关方的理念和方式。通过有效的利益相关方识别和参与流程设计，把相关的各利益相关方全面凸显出来，运用社会责任理念和社会责任管理的特定方法与工具，让各利益相关方参与解决社会问题的意愿、资源、能力、优势等充分凸显出来，让持续推动各利益相关方参与解决社会问题的动力机制凸显出来，从而有针对性地开展工作，推动建立各利益相关方合作解决社会问题的平台与机制，才能行之有效地解决社会问题。具体而言，需要积极推动政府部门、意见领袖和关键利益相关方了解和参与企业的社会责任根植实践。通过一个个鲜活的案例，弘扬科学的企业社会责任观和创新的社会问题解决方案。

（二）社会责任根植项目制的特点

在社会责任根植项目制实践过程中，具有以下三个特点：

（1）全员参与。社会责任根植项目制涉及国家电网公司总部、各省级电力公司、地市公司等所有运营单位，覆盖规划、建设、运行、营销等各职能部门，牵涉政府、客户、员工、合作伙伴、社区等所有利益相关方。一方面需要认识到企业的任何业务必然会对人和环境产生影响。企业的任何决策，既是商业决策，又是社会决策和环境决策。离开业务过程谈社会责任，是缘木求鱼、舍本逐末，故而企业社会责任根植需要企业内各层级单位、各职能部门多方协同参与，社会责任部门与业务部门同心协力，将社会责任与基层业务深度融合。另一方面需要认识到利益相关方的识别和参与是企业最为基本的履责实践，也是企业实现综合价值最大化的根本机制。每一个根植项目都需要建立利益相关方识别的流程和工具，推动形成利益相关方参与机制，从制度安排、资源保障和行动部署等各方面保证利益相关方的知情权、监督权和参与权，发挥各利益相关方的综合价值创造潜力。

（2）闭环管理。社会责任根植项目制是一个集"自下而上、自上而下、总体策划、过程管控、结果评估及成果展示"于一体的完整闭环管理。从选题立项、策划实施到评估总结、改进提升，只有通过系统性地从顶层设计到基层业务的全面根植，社会责任理念与社会责任管理模式才能与企业心智模式、业务运营和管理机制深度融合，提升企业履责能力和综合绩效创造能力。

（3）模式创新。社会责任根植项目制是推动企业在其影响范围内全面践行社会责任，使企业对可持续发展的贡献最大化，是一种全面、深刻的企业管理模式创新。要把社会责任推动创新作为社会责任方法的核心。通过导入社会责任理念，推动企业发现新的可能解决的社会问题，催生社会或工作问题新的解决方案，或者推动业务运营方式和工作方式的创新。

第四节
社会责任根植项目的类型

将推动社会责任根植到某项工作或业务看作一个项目，这一根植任务就变成根植项目。社会责任根植项目具有以下两种分类方式：一是基于根植的模块的不同，将社会责任根植项目划分为业务根植项目、活动根植项目、管理根植项目、主体根植项目与工具根植项目五大类。二是根据企业社会责任根植对象的不同，划分为综合性社会责任根植项目、业务类社会责任根植项目、管理类社会责任根植项目及议题类社会责任根植项目四大类。

一、基于根植模块的分类
（一）业务根植项目
业务根植项目是指与企业业务相关的社会责任根植项目，根据项目层次不同，可细分为点根植项目、线根植项目、面根植项目。

点根植项目主要与特定业务运行的某个环节、某个方面相联系，实质是推行新的工作方式，如表后服务方式创新、电力设施保护方式创新、高危客户安全用电风险管理创新、施工受阻问题解决方式创新等。点根植项目还可以进一步划分为两类：一类是发现新问题的点根植项目，即按照根植前的工作思维和方式，企业并未认识到这一社会问题的解决可以通过企业运营进行推动，而从社会责任视角思考，企业应该用创新的方式推动解决社会问题。如国网浙江省电力有限公司的"无桩充电"+"充电魔方"实现电动汽车充电自由项目，针对城市中老旧小区充电难问题，以吸顶式可移动充电桩、移动式智能充电机器人等创新方式，既解决了新能源车主充电难题，又让企业（充电桩运营商）获得投资回报，还可拉动汽车行业消费升级。另一类是发现新问题解决方案的点根植项目，根植前的解决方案不能解决问题或只能部分缓解问题，但引入社会责任后，社会责任根植引出了创新性的社会问题解决方案。如国网河北省电力有限公司实施的"四轮驱动"驶入特高压建设"高速路"——社会责任根植推动特高压建设属地协调工作创新项目就是在利益相关方调查中发现了可以通过社会责任根植加快特高压电网发展，实施电能替代战略，实现"以电代煤、以电代油、电从远方来"将外来的清洁电送入河北，是大气污染防治的治本之策，弥补该城市面临的巨大供电缺口。

线根植项目则主要与业务线的整体运行方式相联系，实质是推行新的业务运营方式，如国网河南省电力公司洛阳供电公司实施的社会责任根植项目——多方携手、共建配网迁建新模式，以电力为主导，建立电力设施迁建共同体，积极与各参建方及居民进行对接，切实解决电力设施迁建过程中"互不沟通、相互制约"的难题，促使迁建工程平均周期缩短10%。

面根植项目则主要与特定单位的管理模式、发展方式相关，实质是推行新的企业管理模式，如国家电网公司组织开展的全面社会责任管理试点，如果应用项目化运作和项目制管理的方式推进试点，就可以将其设计为一个社会责任根植项目。

（二）活动根植项目

活动根植项目是指与开展企业级活动相关的社会责任根植项目，如社会责任根植推动党的群众路线教育实践活动创新、"三严三实"活动创新、"两学一做"学习教育创新等，归纳起来，都是社会责任根植推动活动开展方式创新，其实质也是推行新的工作方式，只是相较于点根植项目，活动根植项目相对脱嵌于整体业务单元而具有相对独立性，更倾向于在社会责任实践项目中进行创新性的管理模式和认知理念根植。"红十三爱心社"筑起永嘉志愿服务新生态——社会责任根植永嘉志愿服务项目，联动政府相关部门实现信息动态管理，提升精准志愿服务能力，建立利益相关方走访机制，注重被帮扶者满意度管理，并以劳模工作室为平台孵化志愿者管理新模式，最终基于利益相关方管理与"互联网+"的社会责任根植核心理念，形成"互联网+精准扶贫"的利益相关方管理模式。

（三）管理根植项目

管理根植项目是指与企业管理变革相关的社会责任根植项目，如社会责任根植推动公司决策管理创新、风险管理创新、品牌管理创新、党风廉政管理创新、人力资源管理创新、财务管理创新、物资管理创新、企业文化管理创新、科技项目管理创新等，如国网浙江省电力有限公司诸暨市供电公司实施的社会风险的社会化管理——社会责任根植推动防外力破坏工作模式创新项目，作为管理根植项目，在项目运行之中基于社会视角重新认识风险，运用社会表达理念表述风险，引入社会参与管理风险，从而实现对电网外力破坏从被动防御向主动预防的转变。与线根植项目单单聚焦于业务线的规划、运行、检修、施工等具体模块有所不同的是，管理根植项目涵盖多业务线、多部门、多职能的创造性管理模式变革。

（四）主体根植项目

主体根植项目是指与企业履责主体相关的社会责任根植项目，如社会责任根植创新领导队伍建设、创新共产党员服务队伍建设、创新员工岗位建设、创新班组建设等。主体根植项目依据根植对象即主体的粗细，可以大至一个公司，小到一个岗位，中间还可以有若干主体类别，如供电所、服务队等。

（五）工具根植项目

工具根植项目是指与研发社会责任工具、方法相关的社会责任根植项目，如研发社会责任优化决策管理工具、安全健康和环境管理工具、建设项目环境友好性评估办法、建设项目社会和谐性评估办法、发布服务地方发展白皮书等，最终通过社会责任工具即各类模型、手段、办法和技巧来支撑社会责任理念和内容得到有效落实、保证社会责任方法得到有效运用。

二、基于根植对象的分类

基于企业社会责任的根植对象，可以将社会责任根植项目划分为综合性社会责任根植项目、业务类社会责任根植项目、管理类社会责任根植项目及议题类社会责任根植项目。

基于具体根植模块的分类较多聚焦于操作性和细节性，相比之下，基于根植对象的分类则更注重被根植的具体对象而非根植过程，分类标准也更加聚焦于综合性。首先，这一分类模式将活动根植项目归为议题类社会责任根植项目，即将社会责任根植于一个又一个社会议题之中，最终在落实社会责任议题的实践过程当中实现社会责任根植。这些社会责任议题包括：①对经济、社会、环境可持续发展有重要影响；②涉及道德伦理或价值观的悬而未决的问题；③与企业有直接或间接关联，受到企业影响或对企业产生影响；④对利益相关方或公众有重要影响并受到利益相关方或公众广泛关注。由此可见，企业社会责任议题不仅仅是纯技术性问题或商业性问题，必须具有社会性，是企业在商业运营过程中的社会问题，其往往表现为具体的话题、事件、工作或诉求，议题主体和影响的客体也往往都是特定的群体。此外，社会责任议题往往具有一定的争议性，容易引起广泛的讨论，通常以话题的形式在社会上或某个利益相关方圈子内被关注和讨论，而这一争论很大程度源于对其所涉及价值观或道德伦理性的分歧。其次，这一分类方式没有将工具根植项目作为单独的根植项目类别，因为根植工具所应用模块和功能的不同决定了工具根植项目具体属于业务、管理还是议题类社会责任根植项目。最后，基于根植对象的分类将具有业务类社会责任根植项目、管理类社会责任根植项目及议题类社会责任根植项目两个或两个以上特征的综合性项目归为综合类社会责任根植项目。

第五节
实施社会责任根植项目制的意义

一、对于社会的意义

实施社会责任根植项目制有利于为社会问题提供创新性的解决方案和社会治理机制。社会中往往会出现一些形成于各社会主体日常运营之中但无法通过简单的市场机制、法律机制和公共管理进行调控的社会问题，需要每个社会主体主动作为、先行一步、发挥合力。国有企业作为国家设立的企业，具有区别于作为普通民事主体的一般企业（非国有企业）的特殊性质，这决定了国有企业不仅具有民营企业的经济利润追求，同时具有最为显著的公共价值与国家使命性。这种公共价值和国家使命性，不仅基于国有企业的特殊性质，而且缘于中国的特殊国情，即国有企业在国家实现社会目标和推动产业发展方面发挥着特殊的职能，尤其是在关系国家安全和国民经济命脉的重要行业和关键领域，其生产经营活动涉及整个经济社会和人民生活各个方面。广大中央企业与国有企业立足国家政策和发展需求，积极探索开展多层次的社会责任管理和实践活动，总体上取得了一定的成绩，但目前我国企业在社会责任管理方面还没有形成统一的管理体系，存在着诸多问题。而推进企业社会责任根植是深化中央企业与国有企业的企业社会实践落地开花的重要抓手，企业社会责任根植有助于国有企业特别是中央企业洞悉当前发展社会责任的经验和问题，并结合外部环境和企业发展实际，确定合理的社会责任推进路径和重点工作内容，从而进一步丰富提升可持续发展能力的现实方式。因此，基于国有企业的特殊使命，国有企业实施社会责任根植项目制可以为解决各类社会问题提供更多的可能。企业通过运用社会责任的管理理念、方法和工具，主动考虑运营过程中遇到的社会问题，并与各利益相关方合作，发挥各自的意愿、资源和优势，形成有效的机制和平台，从而实现多方共赢。社会责任根植项目制工作经验与模式在社会范围内的推广，可以让更多企业了解与企业运营相关的社会问题的创新解决方案，了解特定企业的社会价值创造机制，为全社会提供更多的"社会责任有效知识供给"，引领和推动社会治理机制的创新性发展。

二、对于企业自身的意义

一方面，社会责任根植项目制可以推动员工建设队伍的创新。 社会责任根植项目制作为一种润物细无声的管理革命，可以向企业内外全面展示国家电网公司率先提出的科学的企业社会责任观，以鲜活、直观和可验证、可复制的方式实现社会责任有效知识供给，其着重强调社会责任理念与企业使命、内部运营流程的融合，对企业而言同样是一场价值文化革新。社会责任根植工作"内部工作外部化，外部期望内部化"的要求，让员工有了换位思考的能力，使员工牢固树立社会责任和社会综合价值思维，不仅拓展了外部视野，主动考虑企业运营对经济、社会和环境的影响，还树立了合作、沟通、共赢的意识，变得更有创造力。具有责任向心力和责任凝聚力的员工队伍能够及时对外部环境中尤其是利益相关方的多元价值诉求与冲突性利益做出反应，提高企业对环境的适应能力，也让公司的企业文化有了很好的落实机制和新的抓手。**另一方面，社会责任根植项目制也是企业管理创新的巨大推动力量。** 社会责任根植项目制本身作为巨大的管理创新实践，同时也是企业管理创新的强大推动力量。企业社会责任根植的过程强调社会责任的认知理念融入组织价值观与组织文化、社会责任管理的方法工具融入组织运营管理、社会责任的实践融入组织的社会行为，进而最大程度地改变组织的社会责任认知理念，重塑企业运营的管理模式及变革企业社会责任的践行方式。因此，在社会责任根植项目制的推动下，企业的管理目标、管理对象及管理方式和治理模式都相应发生了改变。企业管理目标的根本性变化表现为从单纯的经济价值追求、股东利润最大化，转向更为广阔的社会价值、环境价值、经济价值等综合价值创造。为实现提升综合价值创造能力及企业的履责能力，企业的管理对象从内部的人财物等生产要素管理，转向对内外部利益相关方的意愿、能力、资源、优势等综合价值创造要素管理，并时刻保持着对利益相关方的诉求与社会环境问题的敏感度，以推动多维利益相关方形成合力构建可持续的、长久的社会责任履责能力。针对变化的管理目标和管理对象，企业的管理方式、治理机制及相应的制度安排都需要作出变革，治理机制逐步转化为多元利益相关方治理在内的民主治理机制，推进"内部工作外部化"，充分保证利益相关方的知情权；用利益相关方感兴趣、能看懂、易接受的方式，强化社会沟通，积极增进各方对相关业务和活动开展的利益认同、情感认同与价值认同。

三、对于社会责任发展的意义

社会责任根植项目制是在全社会范围内推进企业社会责任工作的重大创新举措。自2006年开始，国家电网公司率先发布首份中国企业社会责任报告，提出"发展公司、服务社会，以人为本、共同成长"的公司社会责任观❶，国家电网公司就承担着社会责任管理与实践的率先呼吁者、倡导者与践行者的角色。自2014年以来，国家电网公司深入推行全面社会责任管理，部署实施了社会责任根植项目制。坚持内部工作外部化、外部期望内部化，传播社会责任理论理念和管理方法，积极推动企业社会责任观落地生根。从**社会责任理念认知发展**的视角出发，社会责任根植项目制运用社会责任理念、方法、规范、工具对企业运营的任务和活动进行"内部改造"，偏向于隐性企业社会责任和隐性知识积累❷，为科学的社会责任观扎根

---

❶ 国家电网公司.国家电网公司2005社会责任报告［R］.北京：中国电力出版社，2006.

❷ 肖红军.共享价值式企业社会责任范式的反思与超越［J］.管理世界，2020，36（05）：87-115+133+13.

基层，提供了有效的知识供给。从**企业社会责任实践视角**来看，社会责任根植项目制有助于企业洞悉当前发展社会责任的经验和问题，并结合外部环境和企业发展实际，确定合理的社会责任推进路径和重点工作内容，从而进一步提升社会责任管理水平，全面提升可持续发展能力的现实方式选择。通过企业社会责任根植的方式结合供电企业的运营实际，在日常的工作中自觉地遵循企业社会责任理念，结合自身的企业特色与运营过程开展企业社会责任议题管理，形成基于企业内部化的可复制、可推广的社会责任根植经验。因此，社会责任根植项目制正是将知识供给与实践相结合，推进企业社会责任管理理念落地生根，努力将科学的企业社会责任的认知理念、方法工具与基层企业的管理与运营业务相结合，不断探索以社会价值定位自身的运行和发展方式，从而走出了一条可在全社会范围内进行拓展的企业社会责任实践的创新之路。

第二章

社会责任根植项目的
实施方法

◆ 社会责任根植的基本理念
◆ 社会责任根植项目开展的导向
◆ 社会责任根植项目开展的基本程序
◆ 社会责任根植项目开展的关键要求

第一节

社会责任根植的基本理念

一、核心理念:"2+7"画卷模型

企业社会责任理念与原则的多样性决定企业社会责任根植的基本理念的多样化。按照ISO 26000《社会责任指南》的界定,社会责任是指组织通过透明和道德的行为,为其决策和活动对社会和环境的影响而承担的责任。这些行为致力于可持续发展,包括健康和社会福祉;遵守适用的法律,并与国际行为规范相一致;考虑利益相关方的期望;融入整个组织,并在其关系中得到践行。根据这一定义,履行社会责任首先需要企业进行视角的转换,从原来关注企业自身的内部视角,转向考虑"利益相关方""社会和环境"的外部视角;其次,需要企业的行为"致力于可持续发展",即从外部视角来看,企业的行为必须具有可持续性;再次,需要企业的行为"遵守适用的法律,并与国际行为规范相一致",即要满足守法合规的底线要求;第四,需要企业为其决策和活动"对社会和环境的影响"承担责任,包括最小化"消极影响"和最大化"积极影响",前者意味着企业要最大限度地防范自身行为给社会和环境带来的风险,后者表明企业要尽可能地多创造正的"综合价值";第五,需要企业行为保持"透明",即企业应当坚持透明运营,并尽可能地推动利益相关方参与和合作。此外,如果将企业社会责任中的"企业"看成一个整体,那么实践企业社会责任的宏观效应就是企业社会责任的资源配置功能,即企业社会责任是一种弥补市场失灵、政府失灵和社会失灵的资源配置机制,能够实现社会资源整合与优化配置;而无论是企业与利益相关方的和谐共处,还是企业与社会的共生,实际上都需要企业的行为有利于构建形成一个可持续的健康生态圈,实现相互之间的自组织、自运行、自生存和自发展。

根据以上对社会责任的理解,企业社会责任根植应当遵循的核心理念可以归纳为"2+7"的画卷模型❶，如图2-1所示。"2"代表画卷的两卷轴，分别是"外部视野"和"可持续性"，它们也是企业社会责任根植的实施过程中应当遵守的基础理念；"7"代表展开的画卷内容，即社会责任根植应当遵守的七个层次递进的关键理念，根据层次从低到高依次是"守法合规""社会与环境风险防范""综合价值创造""透明运营""利益相关方参与和合作""社会资源整合与优化配置"和"健康生态圈"七个理念。

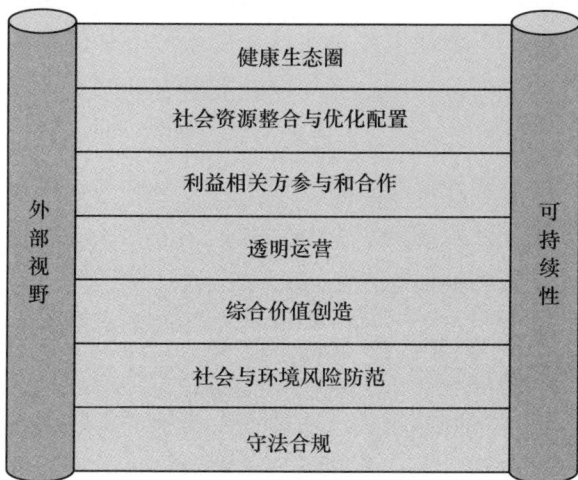

图2-1　企业社会责任根植核心理念"2+7"画卷模型

二、外部视野理念

外部视野是企业社会责任根植的基础理念之一，同时是企业社会责任根植的起点。传统的企业行为方式和管理方式更多采用内部视野，从企业自身视角出发考虑问题，突出体现在企业员工通常采取任务导向，按照如何最利于自身完成任务或执行规定的任务动作开展工作。某些自诩"以客户为中心"的导向采取的策略却仍然基于"我们认为客户需要什么"的设想，

---

❶　肖红军. 企业社会责任议题管理：理论建构与实践探索 [M]. 北京：经济管理出版社，2017.

最终提供的产品和服务与客户需求实际上是脱节的。企业通过落实社会责任根植项目开展社会责任根植实践活动，要求企业必须从传统的内部视野转向外部视野，进行换位思考，从利益相关方视角和社会视角考虑企业运营与管理的问题，不仅要在运营与管理中考虑外部利益相关方和社会的期望与诉求，而且要从为利益相关方和社会创造价值的角度审视企业的运营与管理成效，切实做到"外部期望内部化，内部工作外部化"。利益相关方视野意味着企业开展任何决策和活动都应当识别与分析受其影响或对其影响的利益相关群体，考虑他们对企业这些决策和活动的期望与诉求；社会视野意味着企业的任何行为都应当考虑社会对企业开展这些行为的合理期望，将增进社会福利的要求融入企业的运营和管理。

企业在开展社会责任议题管理过程中，需要将利益相关方视野和社会视野全面融入社会责任议题的识别与选择、策划与实施、评估改进与推广等全过程中，真正做到换位思考，保证社会责任议题的落实更能满足利益相关方和社会的需要，更能创新性地回应企业所面临的社会压力和外部问题。在**项目识别与选择阶段**，一方面，要从利益相关方视野出发，识别企业的利益相关方，通过问卷调查、座谈会、实地访谈等多种方式分析每一类利益相关方的关注点、期望与诉求，考察其是否具有争议性、伦理性、社会性和普遍性，并将对利益相关方价值创造的重要性作为评估因素。另一方面，要从社会视角出发，企业可以通过社会公众调查、媒体调查等方式，获取社会对工商企业、本企业所在特定类型企业的普遍期望。进而通过梳理重要会议或论坛的理念议题，调研政府中社会公共事务部门或有影响力的社会公益组织，了解当前社会发展中被广泛关注的热点公共议题，同时可以通过对专家的走访和调研，了解当前社会发展中的难点问题和前瞻性问题。考察企业与社会普遍期望、社会问题的关系，判断这些期望与问题是否有可能成为企业需要落实的社会责任根植项目，并综合考虑该选题是否会产生社会价值。在**项目策划与实施阶段**，从利益相关视野来看，企业需要识别本项目的利益相关方。对每个环节中可能涉及的利益相关方均进行识别，然后归纳与汇总，其次识别利益相关方对企业在本项目上的期望与诉求并进行有效管理。从社会视野出发，企业主要需要对社会公众的期望与诉求进行有效回应和管理；对不合理的过度期望与诉求，企业应当策划引导社会公众的期望与诉求。在**绩效评估改进与推广阶段**，企业在开展社会责任议题绩效评价时，一方面需要在评价指标体系中增加"利益相关方满意度""利益相关方认同度""社会公众的认可度""利益相关方价值创造水平""社会价值创造水平"等外部性指标；另一方面需要在评价过程中引入"利益相关方评价"甚至"社会公众评价"环节，真正了解利益相关方和社会对企业在该社会责任根植项目上的认可程度，从外部利益相关方视角和社会视角对企业的行为进行再审视、再纠偏、再创新和再提升。

三、守法合规理念

守法合规是企业行为的底线要求，任何企业在任何情况下都绝不能跨越这一底线。同样，企业对任何社会责任根植项目的落实，也必须坚守守法合规这一底线。ISO 26000《社会责任指南》中指出，尊重法治和尊重国际行为规范都是组织社会责任的基本原则，任何个人或组织都不得凌驾于法律之上，即使是政府也必须服从法律；组织宜在坚持尊重法治原则的同时，尊重国际行为规范。所谓守法合规，就是企业对所用适用法律法规、制度规定和职业操守的普遍遵从。遵守法律与合规经营作为企业行为的底线，企业的任何决策与活动都不能跨越。无论是因为漠视、投机主义还是由于管理不善，企业一旦跨越守法合规的底线，不仅难以获得可持续发展，而且可能遭到致命的失败；反之，如果企业能够严格地守法合规，就会为其实现基业长青奠定至为关键的根基。

企业社会责任根植项目制的落实亦是如此，如果企业在社会责任根植项目实施过程中，连最基本、最底线的守法合规都不能满足，即使企业在该项社会责任根植项目上做出了大量社会创造、贡献了可观的综合价值，但企业对该项目的落实也是失败的，甚至可能使企业成为众矢之的。只有把握住了守法合规的底线要求，企业通过落实社会责任根植项目创造的社会价值才真正有意义，才可能实现真正对社会负责任。企业在**社会责任根**

植项目识别与选择阶段，守法合规理念能够为企业获取社会责任项目选题提供两个方面的思路来源：一是从梳理法律法规中获取社会责任议题。当下的法律、规章和标准构成了企业面临的制度环境与社会期望，也构成了企业履行社会责任的法律边界和道德伦理边界。二是从违法违规风险与问题中获取社会责任根植项目的选题，从这些视角中去发现企业面临的社会关注的重大问题，将其作为一项社会责任根植项目进行专项的管理和改进。在**策划与实施阶段**，落实守法合规理念的重点主要包括两个方面：一是落实方案与行动应符合法律法规和规章制度要求；二是将合规管理方法与体系运用到社会责任根植项目实施过程中。守法合规不仅要求制度合规，还必须保证程序合规。在**评估改进与推广阶段**，必须保证社会责任根植项目实施的成果与成效符合法律法规的要求，并考虑是否需要将卓有成效的成果固化为制度或流程，形成社会责任根植项目的长效机制和新的规章制度，以便复制和推广，也为后续社会责任根植项目的实施提供守法合规的依据。

四、社会与环境风险防范理念

企业作为社会大系统的重要组成单元，与整个社会大系统持续保持着交互作用与相互影响。企业要做到对社会负责任，必须有效管理自身决策和活动对整个社会大系统的消极影响，最大限度降低自身行为对社会和环境造成的不良后果。企业对社会责任根植项目的开展与落实更应如此，必须将社会责任根植项目落实可能蕴含与产生的社会与环境风险降至最低，最大限度地做好防范与管控工作。

企业在落实社会责任议题过程中，其各项决策和活动均可能包含风险事件，由此也就可能通过"社会放大"而造成社会风险与环境风险。其中，社会风险是个体或组织的行为对社会生产及人民生活造成损失的风险，而环境风险则是个体或组织的行为造成的、通过环境介质传播的、能对环境产生破坏与损失乃至毁灭性等不良后果的风险。因此，实践社会与环境风险防范理念要求企业对任何决策的制定及任何活动的开展，都应树立社会与环境风险意识，科学预测评估决策和活动可能对社会与环境造成的消极影响，包括造成消极影响的可能性和程度，并形成预测机制，针对可能发生的每一项社会与环境风险制定应对策略与举措。对于重大决策和活动，尤其是与外部关联性、互动度较高的重大决策和活动，都应当形成可能的社会与环境风险评估报告，以及相应的风险应对预案。而在决策和活动的实施过程中，则需要对社会与环境风险做好监控和管理，必要时启动和实施风险应对预案，科学运用风险管理工具，确保社会与环境风险的可控、能控、预控、在控。这一理念还要求企业拓展全面风险管理的范畴，将社会与环境风险纳入企业的全面风险管理体系，实现全员、全过程、全方位、全时空的管理。

企业在推进社会责任根植项目制的**项目识别与选择阶段**，要将企业运营活动对社会与环境可能造成的风险点作为社会责任根植项目选题的重要来源，并且将可能造成的社会与环境风险严重程度作为项目评估与选择的重要考量因素。企业在社会责任根植项目**策划与实施阶段**均应包括制定社会与环境风险的评估和应对策略，实施阶段还必须包括社会与环境风险预防、控制和化解措施的落实。在项目**评估改进与推广阶段**，需要考虑对社会与环境风险的防范及应对成效，以及项目实施过程中是否出现了新的社会与环境风险，未来应该如何应对以改善社会责任根植项目的运行。

五、综合价值创造理念

企业作为社会文明与进步的重要推动者，需要以创新的思维、担当的精神、理性的行动增进自身运营对经济、社会、环境的积极影响，最大限度地创造综合价值，促进社会福利的改善。综合价值就是经济价值、社会价值和环境价值之和，反映了个体或整体的经济与非经济的多元需求，企业价值、利益相关方价值和社会整体价值都包含经济价值、社会价值和环境价值三个维度，都是综合价值的体现。综合价值创造理念的核心要求包括：一是最大化积极影响。综合价值创造要求企业从积极的、正面的视角审视企业与社会关系，主动将企业行为对经济、社会、环境的积极影响最大化。二是强调价值平衡性。从综合价值的视角来思考问题，就是要平衡社会、经济、环境等方面的正面的价值和负面的损失，让综合性结果趋于最优，也就是综合价值最大化。三是突出增量价值。一方面，基于综合价值创造的思维方式和工作路径往往能带来相较于传统价值理念下更多增量的价值贡献；另一方面，综合价值创造要求企业在做出任何决策或开展任何活动时，需要审视这些决策或活动可以为经济、社会、环境及利益相关方带来的价值增量贡献，并将其作为决策或活动对社会负责任程度的重要依据。

企业在推进社会责任根植项目制的**项目识别与选择阶段**，将企业运营活动对社会与环境可能带来积极影响的价值点作为社会责任根植项目的重要来源，将对经济、社会、环境可能产生的贡献大小作为社会责任根植项目评估与选择的重要考量因素。在**项目策划与实施阶段**，对于落实某项社会责任议题所需开展的每项行动，策划与实施时都要分析该项行动分别对于经济、社会、环境的影响，通过平衡来保证这三个维度上的影响具有积极的、正向的综合性结果，落实综合价值创造的增量贡献要求，并通过共享价值模式为社会责任根植项目的策划与实施带来思路、模式和行动的创新。在**项目评估改进与推广阶段**，进行效果评估时应当将社会整体层面与利益相关方层面的综合价值创造水平、价值增量及企业竞争力的提升作为核心指标。

六、透明运营理念

组织社会责任是透明和道德的组织行为，透明度（Transparency）是企业影响社会、经济和环境的决策和活动的公开性，以及以清晰、准确、及时、诚实和完整的方式进行沟通的意愿。因此透明度原则是重要的社会责任原则。企业无论是防范社会与环境风险的努力或成效，还是创造综合价值的行动与结果，都需要被利益相关方和社会所了解、认同，才可能变得真正有价值，透明运营对于企业具有十分重要的意义。这意味着企业在影响社会和环境的决策和活动方面应当是透明的，保持透明理应成为企业开展运营与管理的基本理念和要求。这一理念和要求同样适用于社会责任根植项目中的具体行动，企业也应当在这些行动中保持合理的透明。透明运营既是利益相关方和社会对企业开展运营的期望与要求，也是企业获得"合法性"以及赢得利益相关方了解、理解、认同、支持的必然选择。透明运营要求企业全面加强透明度管理（Transparency Management），确保企业的信息发布与利益相关方的信息接收能够高度匹配和契合。

企业在推进社会责任根植项目制的**项目选择与筛选阶段**，要以透明运营理念为指导开展社会责任根植项目选题的收集与识别。可以首先分析利益相关方与社会公众对企业运营的关注点，以及他们希望企业重点披露的内容点，然后分析企业在这些关注点、内容点上与社会之间的关系，判断是否属于社会性问题；也可以首先分析利益相关方和社会公众关注的社会问题点，然后分析这些社会问题点与企业运营之间的关系。同时，还要将社会关注度作为企业社会责任议题评估与选择的重要依据，并向利益相关方、外部机构与专家开展社会责任根植项目选题的征询。在**项目策划与实施阶段**，应提前制定社会责任根植项目的沟通方案，重视那些企业运营对利益相关方或社会环境产生负面影响的选题的沟通应对及利益相关方沟通应对。在**项目评估改进与推广阶段**，在进行效果评估时，评价内容应当涵盖对利益相关方沟通情况的评价，并向利益相关方进行反馈。

七、利益相关方参与和合作理念

企业要获得利益相关方的利益认同、情感认同和价值认同，仅仅依靠沟通是不够的，还必须充分发挥利益相关方的主动性、积极性、创造性，推动利益相关方参与企业的决策和活动，开展与利益相关方的合作，不仅能够增进利益相关方的参与感和认同感，而且可以最为充分地促进双方的合作共赢。作为组织社会责任的两大基本实践之一，利益相关方参与（Stakeholder Engagement）指的是为创造组织与一个或多个利益相关方的对话机会而开展的活动，目的是为组织决策提供信息基础。利益相关方参与能够为组织带来五个方面的益处，即满足法律法规要求、增进决策和活动的有效性、协调处理冲突与关系、推动互利合作、促进持续改进。利益相关方合作机制反映了企业社会责任的本质，因为合作机制能够充分容纳利益相关方的复杂性和多元化、提升利益相关方的价值认知能力、充分发挥利益相关方的价值创造潜能，进而创造经济、社会和环境的多元价值❶。

　　企业在推进社会责任根植项目制的**项目选择与筛选阶段**，要将利益相关方参与和合作中出现的普遍性问题或企业应当承担的推动利益相关方参与作为社会责任议题的潜在来源，将利益相关方参与作为优化企业开展社会责任议题识别与选择的重要手段。在**项目策划与实施阶段**，在制定社会责任根植项目实施方案时，需要对社会责任议题实施中的利益相关方参与进行事前策划，必要时可以编制专门的利益相关方参与策划方案，有效推动社会责任议题实施中的利益相关方参与及合作。在**项目评估改进与推广阶段**，评价内容应当涵盖对利益相关方参与情况的评价，评价程序上则可以引入"利益相关方评价"甚至"社会公众评价"环节，增强绩效评价的客观性，并将其作为利益相关方参与与持续改进的一项内容。

八、社会资源整合与优化配置理念

　　从社会层面来看，企业社会责任本质上是一种新的资源配置机制，这种配置机制要求企业不仅要将管理对象由内部资源拓展到外部利益相关方资源，积极推动利益相关方参与及合作，而且要求企业将管理对象进一步延伸，不局限于外部利益相关方资源，从全社会视角来对各种社会资源进行整合，推动社会资源实现更有效和更优的配置。社会资源整合与优化配置是对外部利益相关方资源配置的延伸和拓展，它除了考虑通过推动利益相关方参与和合作来配置利益相关方资源外，还将与企业决策和活动没有紧密联系的社会主体所拥有的优势资源纳入管理视野，尤其是对这些主体所拥有的冗余资源甚至闲置资源进行充分调动，既能提高这些社会主体的资源利用效率和效果，为其创造共享价值，又能补齐企业独立行动或仅仅

❶ 李伟阳，肖红军.基于社会资源优化配置视角的企业社会责任研究——兼对新古典经济学企业社会责任观的批判［J］.中国工业经济，2009（04）：116-126.

与利益相关方合作可能存在的短板，为企业创造性地落实决策和活动提供新的可能。

企业在推进社会责任根植项目制的**项目选择与筛选阶段**，要将社会资源被闲置、浪费和低效利用的领域作为社会责任根植项目的潜在来源，将社会资源整合与优化配置作为社会责任议题选择的重要考量因素。在**项目策划与实施阶段**，在制定社会责任根植项目实施方案时，识别社会责任根植项目实施过程中可以整合与运用的社会资源，事前对可能采取的社会资源整合与优化配置行动进行策划，针对项目实施提前选择、设计适宜的社会资源整合与优化配置模式和策略。在**项目评估改进与推广阶段**，需要考察项目运行中是否进行了社会资源整合与优化配置的策划，项目实施过程中是否有效开展了社会资源整合与优化配置的具体行动。

九、健康生态圈理念

无论是利益相关方合作还是社会资源整合与优化配置，其关注的核心都是企业如何与利益相关方或其他社会主体相互合作共同创造更多价值增量，解决其决策和活动着眼解决的问题及达成其希望实现的目标，最终实现企业与不同主体之间、企业与社会之间的共赢。健康生态圈理念要求企业将自身的决策和活动置身于某个生态圈，并把推动形成健康生态圈作为决策和活动的目标，不仅关注企业与不同主体之间合作创造价值，而且关注整个生态圈的系统性运行。无疑，健康生态圈理念有利于企业推动社会责任根植项目所着眼的特定社会问题获得根本性的解决。健康生态圈理念要求企业一方面要树立系统思维，突破零和博弈的竞争观念，拓展其决策和活动的着眼点、目标层次与实现方法，从打造健康生态圈的视角更加彻底、更加根本、更加可持续地解决问题；另一方面要转变履责方式，由综合价值创造水平有限的"直接履责"向推动更大范围主体释放综合价值创造潜能的"履责平台提供者"转变，实现对特定社会问题的系统性、根本性解决。

企业在推进社会责任根植项目制的**项目选择与筛选阶段**，要意识到，与企业有直接或间接联系、商业生态或社会生态存在严重问题的领域是社会责任根植项目选题的潜在来源，要将促进生态圈优化的潜力作为社会责任根植项目评估和选择的重要考量因素。在**项目策划与实施阶段**，首先要识别、确定和定位不同类型的生态圈成员及相应的角色，推动利益相关方和其他社会主体参与和共建生态圈，建立健全和有效落实成员间的界面规则及生态圈的运行规则，并主动嵌入和推动形成健康友好和谐的生态环境。在**项目评估改进与推广阶段**，可以考察实施结果是否针对社会责任根植项目要解决的问题形成了健康可持续的生态圈，并将其作为"综合价值增量贡献"的重要内容。

十、可持续性理念

企业无论是对社会责任议题目标与效果的追求，还是实施过程中对守法合规理念、社会与环境风险防范理念、综合价值创造理念、透明运营理念、利益相关方参与和合作理念、社会资源整合与优化配置理念、健康生态圈理念的贯彻，都应当遵循可持续性（Sustainability）原则，保证社会责任根植项目的落实真正做到对社会负责任。可持续性具有宏观层面与微观层面的双重理解。前者指的是企业的行为应当符合可持续发展的要求，既满足当代人需要又不危及后代人满足其需要能力的发展，这事关将高品质生活、健康、繁荣等目标与社会公正的融合，以及维护地球支撑生物多样性的能力；后者指的是企业的行为应当具有连续性、一贯性，能够保持长期的、良性的运行状态。与此同时，可持续性既包括企业行为结果的可持续性，又要求企业行为过程的可持续性。可持续性理念意味着坚持社会价值本位、社会资源优化配置的衡量标准，树立长期视野与系统思维，正确处理私德与公德的关系，保持理性、谦虚和克制，强调不断的微改进、微创新和微变化，重视可持续机制的构建与运转。

在社会责任根植**项目选题与筛选阶段**，可以将先前已经做了努力、但因缺乏持续性而导致更多问题的领域作为社会责任根植项目的潜在来源，同时企业也可以审视自身之前已经参与解决的社会问题，如存在因为缺乏持续投入或持续行动而出现新问题、新情况作为潜在的社会责任根植项目；

可以将影响企业及其价值链长期持续发展的社会性因素作为社会责任议题的潜在来源。在**项目策划与实施阶段**，要基于最大限度增进社会福利视角做好社会责任根植项目的策划与冲突解决，科学定位、合理扮演和动态优化企业在社会责任根植项目实施中的角色，最大限度防止项目实施过程中产生次生风险与问题。在**项目评估改进与推广阶段**，一方面要考察项目机制的可持续性，另一方面要判断实施过程中是否生成了次生风险，从而对项目进行进一步的优化改进。

第二节
社会责任根植项目开展的导向

在开展社会责任根植项目的过程中，一方面，要以解决公司内部、利益相关方或某些社会问题为项目开展的目的，并将社会责任理念和方法根植于企业战略管理、职能管理、基础管理、专项管理、赋权赋能等管理模块中，进而提升企业的综合价值创造能力和水平；另一方面，项目的开展还要考虑项目执行主体的规模、业务特色、利益相关方诉求、所在地域等特征，打造具有品牌特色的、具有问题针对性的社会责任根植项目。基于以上论述，在社会责任根植项目落地开展的过程中，要坚持三个基本导向（即问题导向、变化导向和价值导向）及两个可选导向（即特色导向和品牌导向）。

一、三个基本导向

问题导向，要求根植项目聚焦特定问题的解决。通过社会责任理念和社会责任管理方式的根植，有助于企业解决相关尚未解决的问题，发现以往所忽视的问题，或是发现以往问题新的解决思路和方案。任何一个优秀的社会责任根植项目都是围绕解决某个或某类核心问题展开。社会责任根植项目开展的问题导向可以从以下两个方面进行解读：一是，在项目选题过程中，就要密切关注企业内部与社会责任相关的运营问题及利益相关方的诉求和期望，着眼于发现可以通过社会责任根植项目制解决的社会问题、利益相关方问题或内部运营问题。二是，在项目策划实施的过程中，通过社会责任的全员、全过程、全方位根植，推动问题的有效解决，针对部门、员工关于社会责任管理中的具体问题，如透明度建设的方法、社会责任的推进路径等问题，制定具体的阐释和解决方案；针对外界利益相关方关注的停电问题、文明施工问题、线路抢修问题、用电安全问题等群众切实关注的问题，统筹规划，制定专项的履责行动，从社会责任的角度解决这些企业运营难题。

变化导向，要求运用社会责任理念和方法，重新思考对特定问题的理解方式、界定方式、分析方式、解决方式。即通过社会责任根植项目的实施，切实体会到社会责任是企业新的沟通、发展、管理方式，是员工新的思维模式、工作方式。例如，2012年国家电网公司在试点单位制定和实施"一个"可持续发展战略，推动社会责任管理融入和服务"五大"（大规划、大建设、大运行、大检修、大营销）体系建设，通过"试点先行、务求实效、根植基层、创造经验"的推进路径潜移默化地改变企业运营方式和员工工作方式。因此，推进社会责任根植、探索全面社会责任管理是一个永无止境的过程，这一过程是以优秀履责典型示范、流程微改进等形式逐步推动并持续深入，积极探索社会责任实践在公司各业务板块均可操作、可执行、可管控的管理方法，所带来的变革不是剧烈的制度颠覆，而是缓慢且持续，让社会责任的径流填充管理缝隙，从而将已有的优秀理念和经验"深化、固化、操作化"，增强与各利益相关方的沟通互动，细化各专业的流程规范，消解外部冲突，最终实现公司运营与外部诉求的和谐统一。

价值导向，要求对社会责任引致的特定问题的创新解决方案，做出"综合价值创造增量"的预判，即最有可能找到企业运营难题和社会问题的更优解决方案，乃至"双效"（高效、长效）解决方案，给企业、利益相关方、社会带来更多的财务价值、经济价值、社会价值、环境价值。通过社会责任根植项目的实施，切实提升企业的综合价值创造能力和水平，在追求综合价值最大化理念的指引下，引导企业发现新的发展方向、管理领域和工作方案。国家电网聚焦"特定企业的社会价值创造机制"这一最核心的理论问题，持续探索、实践、检验和完善科学的企业社会责任观，成功提出了"核心社会功能+伴生社会功能"的企业社会价值创造模型，认为一个企业要实现为社会创造价值最大化，一方面要充分实现自身的核心社会功能，自觉把社会和环境因素整合到运营过程中，追求经济、社会、环境综合价值最大化；另一方面要负责任地实现与企业核心业务运营过程相伴而生的伴生社会功能，负责任地对待每一个利益相关方，充分发挥与利益相关方合作创造综合价值的巨大潜能，负责任地对待企业运营对环境的影响，与利益相关方共同努力，最大限度提升积极影响、最大限度减少消极影响，在充分实现核心社会功能之外，进一步提升企业追求经济、社会、环境综合价值最大化的能力和水平。

二、两个可选导向

特色导向，建议立足各单位实际和地方特色，选择特点鲜明、容易引起关注和共鸣的根植项目。根据特色导向开展社会责任根植项目，不仅可以与当地利益相关方的诉求有效契合，及时对社会公众的诉求作出反应，同时可以发挥项目实施单位的特色资源和特色优势，推进社会责任根植项目的落实。以地方特色为例，可以通过单位所在地域的文化模式、产业发展情况及利益相关方普遍诉求开展社会责任根植项目落地实施。例如，光伏发电作为战略性新兴产业，近年来发展较快。浙江嘉兴光伏企业数量多、规模大，光伏产业是当地政府提出打造的"两个千亿"产业之一。浙江省政府在嘉兴开展分布式光伏"五位一体"创新综合试点建设，推动光伏产业集聚与转型升级。而供电企业服务光伏产业发展需要首先实现分布式电源大容量、高密度、安全、稳定、快速、便捷并网，这还存在一系列的技术难题。国网嘉兴供电公司通过在并网服务中引入利益相关方思维，从参与者和推动者两方面开展并网工作，着眼于长远总结模式、推动模式可复制化与可持续发展等根植过程，最终形成了具有地方特色和行业特色的社会责任根植分布式光伏并网服务模式。

品牌导向。品牌导向下根植项目的选择和推进，要同步考虑在系统内外传播、共享、推广及有效展示公司品牌形象的需要。从社会治理的角度来看，有效的社会责任根植模式可以提供新的社会治理方案，一旦找到企业社会责任实践与社会价值创造的契合点，社会责任根植就可以将社会责任转化为孕育企业商业机会和获取竞争优势的源泉，为企业可持续发展营造良好的内外部环境，提升品牌形象，增加品牌价值，进而提高客户忠诚度，形成差异化的竞争优势❶。作为提供公共服务的供电企业，面对越来越多的关注，在推行社会责任根植项目制的过程中，通过持续增强自身社会责任建设，完善社会责任实践方法和内容，主动对外发声，提高透明度，邀请各利益相关方尽可能参与企业发展，巧用公众智慧、共享企业价值，努力争取获取各界的认同，塑造负责任的履责形象与品牌，本身就是实现无形资产增值的一种手段。

第三节
社会责任根植项目开展的基本程序

社会责任根植项目的开展一般经历选题立项、策划实施、评估总结和改进提升四大基本程序。

一、选题立项

选题立项一般需要经历项目选题与项目筛选两个过程。项目选题在于

---

❶ 李金克，王风华.根植社会责任，推动企业管理创新——基于X公司实践案例［J］.
财务与会计，2020（10）：28-30.

确定项目的主题是什么，即根植项目要解决什么样的问题；而项目筛选则需要确定，在众多的选题中，优先选择做哪一个，选择的依据是什么，即确定选题的优先性顺序。

（一）项目选题

1. 聚焦问题

聚焦问题是根植项目取得成功的第一步，即确定根植项目的核心主题，需要聚焦的问题包括矛盾、冲突、诉求、期望、热点议题等不同类型。任何一个优秀的社会责任根植项目都是围绕某个或某类核心问题展开，且都是以负责任解决某个或某类问题、最大限度地创造综合价值作为社会责任根植的最终目标。根据与电网企业核心业务的关联程度和责任范畴，大致可以分为三类问题：企业内部运营问题、利益相关方自身问题和纯社会问题。从选题的内容范围与方法来看（图2-2、图2-3、图2-4），选题的内容范围可以是供电企业自身运营管理过程中需要解决的社会与环境问题，也可以是利益相关方有着重大关切的社会与环境问题，还可以是企业整体层面都面临的社会与环境问题。但上述的选题内容范围都必须与利益相关方相关，要么是问题由利益相关方造成，要么利益相关方对问题解决有较大作用。如果只是纯粹技术或管理可以解决的问题，并不是好的选题来源。同时，社会责任根植项目选题也不能仅是利益相关方的自身问题，而是利益相关方与企业之间的连接性共同面对的问题。要么是问题由企业造成，要么解决问题对企业有意义，或者企业对于解决问题有优势。在进行问题聚焦时，需要对选题进行深入挖掘，首先是要挖"新"，即寻找新的细分领域、寻找新的类似问题（延伸服务领域的类似问题）、寻找新的解决视角和开发新的应用工具。其次是要挖"深"，包括精细化深挖（对利益相关方的深度挖掘）、矛盾点深挖（对已有项目中最为突出的矛盾点进行深度挖掘）、方法上深挖和拓展性深挖（对已有项目的不同情境、已有项目的不同做法进行整合）。再次，在选题时要挖"细"，一方面要"以小见大"，通过一个小问题的解决反映其背后某些重要社会责任议题的落实；另一方面要结合选题边界，进行对象、流程、地理、领域的细化。最后，在选题时要挖"大"，要针对最近发生的重大事件、国家重大战略、社会重大问题及国家电网公司推进的重大工作为出发点，聚焦社会责任根植项目的选题。

图2-2　企业运营管理问题选题范围

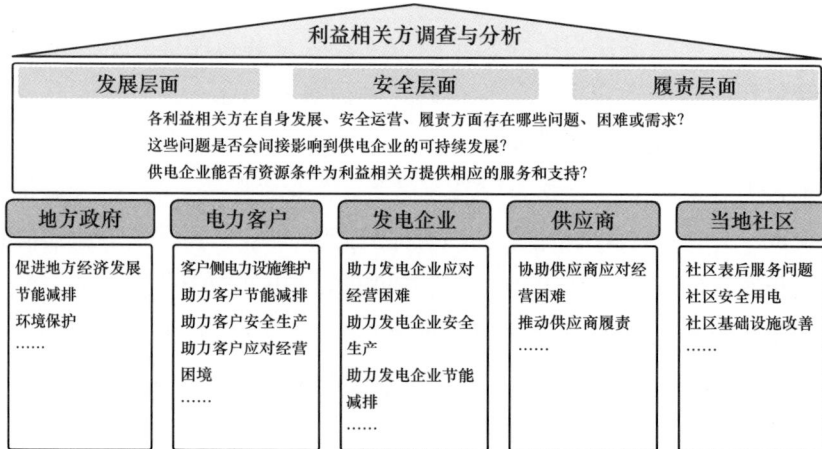

图2-3　利益相关方问题选题范围

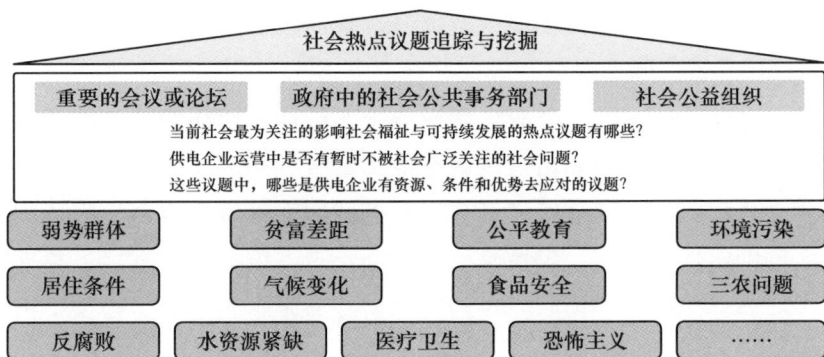

图2-4　社会问题选题范围

2. 设定边界：确定根植项目工作范围

任何一个问题所涉及的范围都可大可小，某一个社会责任根植项目不可能一蹴而就地解决全部的问题，而只能逐步解决其中某个方面或某个范围内的问题。这就需要在聚焦的问题上，进一步设定作用边界，明确根植项目的工作范围，将项目实施范围限定在问题表现突出的地域或领域，进一步缩小选题的范围。问题的作用边界可分为地理边界、对象边界或职能边界等。具体在确定根植项目的工作范围时，可分别或同时从以下三方面去考虑项目的边界。

地理边界是指解决多大地域范围内的问题。即将开展项目的区域限定为某片社区、某个乡镇或某个区县内。界定范围的标准在于判定聚焦的问题是否为局限在某个地域内的特色问题、哪些片区在该问题上最为突出。如果地理范围太大，则需要先选某个片区作为试点。例如，针对写字楼电费欠交问题，选择写字楼最多的CBD一带作为根植项目的地域范围；而针对树线矛盾问题，则需要将地理边界定位于高杆树的栽种区域。

对象边界是指该问题解决哪一类利益相关方群体的问题。以利益相关方中的客户为例，根据客户性质可以将客户划分为居民客户和企业客户；根据客户规模可以将客户群体划分为大客户和中小客户。对象边界是为了判定该问题是否为局限在某类群体中的专有问题，哪些群体对该问题最为敏感和关注。如果受影响群体太多，需要先选某部分对象作为试点。例如，针对表后服务问题，在进行选题时选择对表后服务最为敏感的社区居民作为根植项目的服务对象。

职能边界是指在哪一个职能领域或工作层面来解决问题。即从供电企业的角度出发，判断问题出自供电企业运行过程中的某项工程或环节、某个专业或流程、某家供电所或子公司及哪些职能领域最容易发生该问题。如果项目操作难度太高，先选某个点作为试点。例如，在解决工程受阻问题进行社会责任根植立项时，一般选择最容易发生阻工的工程为根植项目的根植点。

3. 预选方法：确定根植项目初步思路

在确立了社会责任根植项目的主题和工作范围之后，就需要对项目如何开展设定一个初步的思路，即找出解决问题的核心方法。该方法可以是某个社会责任理念、某种管理方法、某个工具或某个平台。

需要重点根植的社会责任管理理念包括：①社会责任与业务共生，即社会责任内生于企业决策和活动对利益相关方、社会和环境的影响。企业的任何业务必然会对人和环境产生影响。企业的任何决策，既是商业决策，又是社会决策和环境决策。所以，没有与社会责任无关的人，也没有与社会责任无关的事，离开业务过程谈社会责任，是缘木求鱼、舍本逐末，这是任何工作、业务、活动和管理都可以成为社会责任根植项目的内在逻辑，也是社会责任为什么具有"时时可创新、处处可创新、人人可创新、事事可创新"功能的根本原因。②综合价值创造最大化。判断企业行为是否对社会负责任，归根结底要以综合价值创造结果作为科学标准，即企业行为能否促进社会资源的优化配置，最大限度地为社会创造综合价值。综合价值的内容，从价值维度来看，包含经济价值、社会价值、环境价值；从主体维度来看，包含企业价值、利益相关方价值和社会整体价值。③经济社会环境影响管理。担责的核心是有效管理企业决策和活动对利益相关方、社会和环境的影响。影响从内容上讲，包括社会影响、经济影响、环境影响；从形成上讲，包括直接影响、间接影响；从性质上讲，包括积极影响、消极影响。有效管理的内涵，是指凝聚各方力量，最大限度地增加积极影响，最大限度地减少消极影响。要认识、预防和化解项目运行全生命周期过程中的舆情风险、社会风险和环境风险。④利益相关方识别和参与。要深刻理解社会责任源于影响，而有影响就有利益相关方。利益相关方的识别和参与是企业最为基本的履责实践，也是企业实现综合价值最大化的根本机制。每一个根植项目都需要建立利益相关方识别的流程和工具，推动形成利益相关方参与机制，从制度安排、资源保障和行动部署等各方面保证利益相关方的知情权、监督权和参与权，发挥各利益相关方的综合价值创造潜力。⑤透明度和"三个认同"。要增强社会责任根植项目透明运营意识，反思信息公开状况，加强社会表达，推进"内部工作外部化"，充分保证利益相关方的知情权；用利益相关方感兴趣、能看懂、易接受的方式，强化社会沟通，积极增进各方对相关业务和活动开展的利益认同、情感认同、价值认同。

社会责任方法，是指为确保社会责任理念和内容得到有效落实，而应遵循的思维逻辑、行为方式和问题解决路径。企业整体层面的社会责任方法就是推行全面社会责任管理，这适用于面根植项目。业务运行层面社会责任方法的核心是指为最大限度地发挥综合价值创造潜力，或找到特定问题的"双效"解决方案，而应遵循的思维逻辑、行为方式和问题解决路径。主要包括社会责任项目根植的责任边界管理、战略融合、全生命周期管理、跨界合作、平台化履责、"互联网+"、社会化沟通、品牌化运作等方法。进行社会责任方法根植，需要注意以下七点：①坚持理性标准。把探求问题的长效解决方案和实现综合价值最大化作为社会责任的根本标准。注重解决问题的内在逻辑，尊重自利的基本人性，绝不将问题解决建立在长期学雷锋的基础之上，不缺位，也绝不越位，自觉克制政绩冲动、奉献冲动、能力冲动，杜绝越俎代庖和大包大揽，坚决让有责任、有能力、有优势的主体发挥其应有作用和最佳功能，争取对社会长期有利的结果。②坚持"3C"方法。把共识（Consensus）、合作（Cooperation）、综合价值（Comprehensive Value）作为社会责任的根本方法。尊重"社会的问题只有回到社会中去，才能得到终极的解决"的规律，厘清问题相关各方，加强沟通交流，达成认识和解决问题的共识；厘清各方解决问题的意愿、能力、资源、优势，推动多方合作，实现优势互补，谋求问题的长效解决，最大限度地创造综合价值。③坚持创新驱动。把社会责任推动创新作为社会责任方法的核心。通过导入社会责任理念，推动企业发现新的可能解决的社会问题，催生社会或工作问题新的解决方案，或者推动业务运营方式和工作方式的创新，充分考虑社会和环境因素及利益相关方参与。④坚持主动作为。推动各方基于自利的逻辑共同解决问题，往往需要某一方主体"先迈开一步"，主动厘清问题现状及产生的根源和可能的解决方案，形成推动各方共同解决社会问题的初始动力，使道德发挥关键支点作用。⑤保持道德反省。强调社会责任不能离开道德动力，绝不是倡导道德至上，必须克制主导问题解决冲动。问题解决的不同阶段往往需要不同的主导方，"先迈开一步"的主导者，未必适合成为问题解决全程的主导者。道德冲动会导致"好心办坏事"，阻碍问题的长效解决、高效解决。真正的道德或对社会负责任的态度，应该是"需要你主导时你主导，需要你当配角时你就当好配角"，要谨防落入道德陷阱，也要防止被道德绑架。⑥保持责任边界清晰。追求综合价值最大化，要以守住法律风险管控的底线为前提和基础，严格厘清各方的责任边界。⑦保持谦卑。坚持每个主体都不可能是终极真理的掌握者，综合价值最大化的解决方案或问题的"双效"解决，永远可能是次优的、阶段性的，要保持解决方案的开放性，自觉接受各方的检验和监督。

4. 拟定清单：确定根植项目初选题目

在选定好核心主题（即要解决的关键问题）、界定好项目的范围及确定初步思路之后，就可以将其列为一个单独的项目并填入相应的选题清单中，供下一步项目筛选。每个地市级公司在初步选题中应选出不少于10个题目，所涉及的问题应覆盖企业内部运营问题、利益相关方自身问题、纯社会问题三种不同类型。这份清单在结构化程度、规范化程度、信息关联程度、操作便捷程度、动态更新冗余度上都依然不高。因此，对于有着上百项现实与潜在社会责任议题的大型企业来说，利用信息技术构建企业社会责任议题库尤其必要。企业社会责任议题库不仅能够解决单纯社会责任议题清单在结构化、规范化、信息关联、操作上和动态更新上存在的各种局限性，而且可以拓展企业社会责任议题管理的许多功能，实现对企业社会责任议题的系统化、规范化、动态化、共享化、智能化、一体化管理。

（二）项目筛选

项目筛选最根本的逻辑是要通过根植项目的实施，充分体现和展示社会责任的科学内涵、理念方法和增量价值。通过社会责任理念、内容、方法和工具的有效导入，可以推动各方更新观念、开拓视野、创新思路，引导各方更广泛地发现问题、更客观地界定问题、更全面地理解问题、更深刻地分析问题，推动解决问题的方法和方案更创新、解决问题的效果和效率更有效，带给各方更多启示，带给社会更多"社会责任有效知识供给"。而企业的资源是有限的，不可能对社会责任根植项目中的所有项目都投入大量资源，即使企业有较为充足的资源，也不可能对每个项目均匀发力。相反，从提升社会责任根植项目实施效率和效果的角度，企业应当对不同的项目差异化配置资源，这要求企业建立一套科学合理的评估机制，对不同社会责任根植项目选题实施的优先次序进行评估。对选出的每一个项目，都需要对其按照图2-5所示的流程进行筛选，以决定该项目是否应作为根植项目被立项及项目实施的优先顺序。

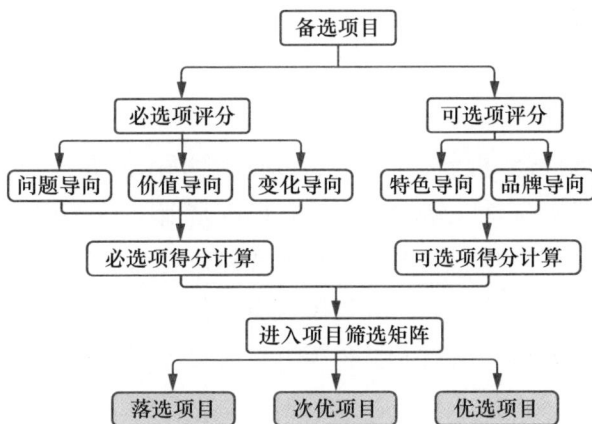

图2-5　项目筛选流程

各省级电力公司组织专家评估团队，对其管辖范围内申报的项目依据项目筛选评估标准进行评分，评分方式采用累计加分制。优选项目，即优先立项的项目，可继续向国家电网公司申报，入选条件：必选项得分在6分以上并且可选项得分在3分以上；次优项目，在资源充裕的情况下可在省级电力公司内部立项的项目，入选条件：必选项得分在3~6分，可选项得分在3分以下；落选项目，不给予立项的项目，入选条件：必选项得分在3分以下。并将评分结果纳入项目筛选矩阵中（见图2-6），以判定项目是否获选及项目的优先顺序。

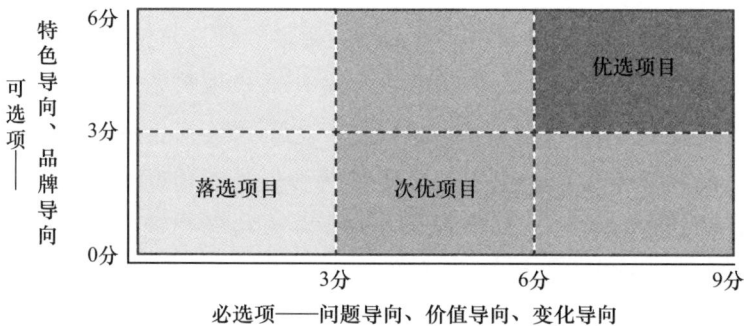

图2-6　项目筛选矩阵

二、策划实施

（一）项目策划

社会责任根植项目的策划包括前期调查与分析及策划项目实施方案两部分。**前期调查与分析**包括确定调查对象、提出问题假设、选择调查方式、调查过程执行四个过程。首先，在调查之前，要准确并完整界定出需要被调查的对象，选取科学合理的抽样比例进行深入的调查，为厘清问题的本质、查找问题解决的思路提供第一手的信息。一般情况下，调查对象主要包括三大类群体：直接利益相关方、公司内部相关责任部门、有助于解决问题的第三方。涉及直接利益相关方要思考的问题包括：该问题会损害或造福的直接利益相关方、该利益相关方是个人还是单位及具体的数量预计。涉及公司内部相关责任部门要思考的问题包括：公司内部与该问题有责任关联的部门、负责该问题的直接工作人员及具体的数量。涉及有助于解决问题的第三方要思考的问题包括：同样关注或解决该类问题的主体、谁与直接利益相关方之间有密切的关联、谁在解决该问题上具有一定的权力或资源。其次，要提出问题假设，即确立调查对象之后，为了保证调查的效果和质量，需要项目工作组提前针对不同调查对象提出一定的问题假设，围绕这些假设来设计调查方案并展开调查。在确定调查对象和提出问题假设以后，需要对调查方式进行选择或组合。通常情况下，调查方式包括问卷调查、一对一访谈和圆桌会议等不同类型。每一种调查方式都有其特点和适用条件，项目组应结合项目具体情况，选择合适的调查方式，准备好相应的调查问卷、访谈提纲或会议议程等资料。最后，是调查过程的执行，在准备充分之后，即可开展相应的调查工作。前期调查工作是根植项目的关键环节，需要安排足够的人手，各司其职，分工协作做好根植项目的前期调查工作。不同调查方式在执行过程中，有各自需要注意的事项和技巧（见表2-1）。

表2-1   不同调查方式特点及使用情况

调查方式	特点	使用情况	注意事项
问卷调查	调查效率高、信息结构化易整理、获取的信息有限、互动性较弱	调查对象数量较多，所需要获取的信息主要用于判断趋势、倾向、比例等情况	应提前设计好调查问卷并邀请人试填，以修正问卷中的缺陷和不足，保证调查对象的数量、抽样比例的设计全面、具有代表性，还要做好问卷有效性的检查和筛选，对重要的问卷需要抽样联系被调查者，以核实问卷的真实性
一对一访谈	交流充分深入、互动性较强、获取信息量全面	调查对象数量不多但非常关键，需要进行深入沟通交流以获取对方的具体意见和诉求等，或共同商讨解决思路	提前预约好调查对象，准备好通俗易懂、循序渐进、逻辑连贯的访谈提纲并提前一两天发给被调查者，确保被调查者有足够的时间准备访谈的信息，而在访谈过程中要专心倾听和记录，并与被调查者有融洽、顺畅的互动，尽可能全面、细致、深入地挖掘被调查者的信息

续表

调查方式	特点	使用情况	注意事项
圆桌会议	交流充分深入、获取信息量较多、互动性很强、组织难度大、对会议主持人的能力要求较高	调查对象类型多样且相互之间有关联或冲突，需要集中在一起通过头脑风暴和相互探讨的方式获取各个调查对象的诉求及对问题的解决思路等	提前协调好被调查各方的时间，保证两个小时以上充足的会议时间，同时准备一份详尽的会议议程并提前一两天发放给每个参会人员，让其能有足够的时间准备好自己需要谈论话题的内容，在会议中应安排一位协调应变能力较好的项目成员作为会议的主持人，并且应保证每个成员都有发言的机会，同时也要激发起大家互动、讨论的氛围

　　策划项目实施方案共分为制定项目目标、制定项目策略、细化工作步骤、明晰资源保障、编写项目实施方案五个步骤（见图2-7）。第一步是**制定项目目标**，制定项目目标是对根植项目绩效的提前预估，是策划社会责任根植项目实施方案的动力和方向。项目目标包括该项目可能对直接利益相关方带来的价值创造，给供电企业自身带来的积极变化及给社会或环境带来的增量贡献等。第二步是**制定项目策略**，一般情况下针对不同类型的问题要制定不同的实施策略。解决企业内部运营问题的基本策略就是增加透明度和互动参与，将外部期望内部化、内部工作外部化，以提高企业与利益相关方之间的沟通和信任；同时创新工作方式和方法，提升价值创造能力。解决利益相关方自身问题的基本策略就是立足利益相关方视野，寻找第三方力量，搭建合作平台共同应对问题，通过改善利益相关方的状况进而优化供电企业的运营环境。而解决社会层面问题的基本策略是主动发现问题、暴露问题，向社会各方呼吁对问题的解决，寻找有助于解决问题的各方并进行资源整合。第三步是**细化工作步骤**，即围绕制定的项目目标和总体策略，依据拟根植的社会责任理念与方法，策划详细的工作举措与实施步骤。工作举措应尽可能详细、清楚，有明确的实施主体、实施对象和具体的工作内容与实施顺序。第四步是**明晰资源保障**。在项目实施方案制

定过程中，需要结合项目的目标、策略及具体的举措建立清晰的资源保障体系以保证项目方案有足够的资源支撑。首先要确保资金保障、物资保障和不同角色的人员支持和参与。最后一步**编写项目实施方案**。社会责任根植项目实施方案的编写是项目推动的第一关，也是最为关键的环节之一。通过前期的调查、分析和对各个阶段的目标、策略、举措的制定，以统一的格式、简洁明了的风格编写实施方案，确保项目涉及的各个利益相关方都能明确了解方案的内容，并给予合作。编写项目实施方案需要说清该项目的背景、工具方法、创新举措、预期成效、工作分工、沟通策略和资源匹配策略，通过清晰明了的策划保障项目顺利实施。

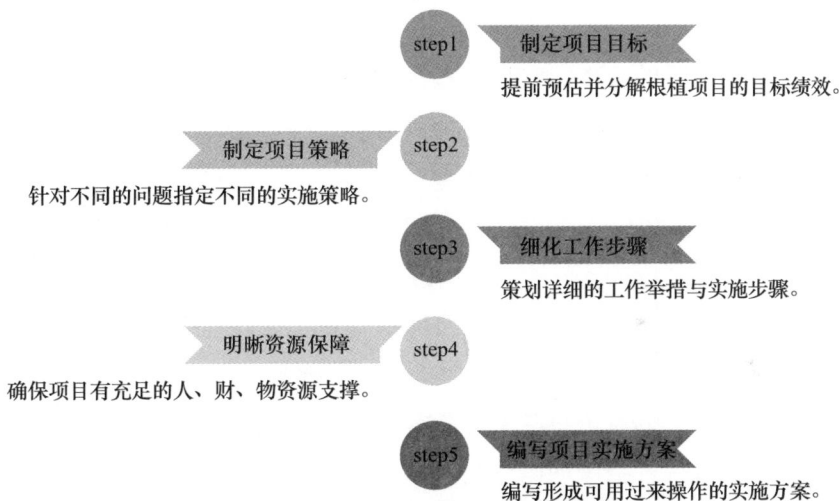

step1　**制定项目目标**
提前预估并分解根植项目的目标绩效。

制定项目策略　step2
针对不同的问题指定不同的实施策略。

step3　**细化工作步骤**
策划详细的工作举措与实施步骤。

明晰资源保障　step4
确保项目有充足的人、财、物资源支撑。

step5　**编写项目实施方案**
编写形成可用过来操作的实施方案。

图2-7　策划项目实施方案五个步骤

（二）项目实施

社会责任根植项目开展与实施的第一个环节是召开项目启动会。项目实施方案获批通过之后，即可进入实施阶段。在实施之前，应由各地市级公司组织各项目组召开项目启动会。其目的在于提高项目组成员实施社会责任根植项目的积极性，提高公司其他员工对社会责任根植项目的理解和配合，提高利益相关方和社会大众对社会责任根植项目的了解和支持。对于需要借助外部力量或提升员工技能才能顺利实施项目的情况，有必要在项目启动之后开展项目培训，邀请相关方面的专业人员对项目组成员进行相应的培训，以确保项目成员具备执行项目的能力。

项目的具体实施是社会责任根植项目的最重要环节，是决定项目成败的关键。为了顺畅地推进根植项目，有必要从以下四点着手：①明晰的项目推进时间表。项目实施之前，应制定详细的推进时间表，分解出每周的工作任务和重要的关键节点。②合理高效的人员分工与协作。必须充分了解项目成员的能力及优势，为每个成员分配与其资质、能力相匹配的工作任务，必要情况下邀请第三方参与项目的实施。③严格的项目过程管控。项目负责人不定期召开项目沟通会，了解项目进度，督促各个项目成员尽职尽责地完成相应的工作。对项目过程中遇到的困难、问题，及时碰头讨论解决对策，必要时向上级机构申请协助和支持。④内外部资源的充分利用。项目实施过程中需要开展的调查或活动，可充分依托公司内、外部既有的活动载体或资源，共用场地、人员或资金，实现项目资源利用的最大化。

在项目实施过程中，还应进行及时的信息披露。社会责任根植项目往往牵涉众多的利益相关方，做好项目信息披露有利于保证项目运行透明度，提高利益相关方对项目的关注、参与、支持和监督，保证项目有效顺畅地推进。项目信息披露的内容包括项目的总体计划、目标和承诺，项目可能给利益相关方带来的改变，项目实施中涉及利益相关方关心的内容（如停电信息、办电流程等），项目实施中需要对利益相关方进行宣传教育的内容（如安全用电的知识、电力设施产权分解的常识等），项目实施中需要利益相关方提供支持的内容（如对地方政府披露当地居民小区电力设施风险等级、寻求政府的合作等）。披露方式包括通过企业官方信息平台发布项目信息及进展状况，以发布会、开放日等形式向社会公开项目实施情况，通过点对点的方式向利益相关方披露项目信息及通过地方新闻媒介向社会发布项目信息等。

三、评估总结

根植项目的总结，对于发挥根植项目的社会责任传播功能至关重要，也是实现"社会责任有效知识供给"的关键环节。项目总结要突出项目所需要解决的问题，突出项目根植了哪些社会责任理念、工具和方法，突出社会责任与问题解决思路和举措创新的因果逻辑，突出社会责任带来的增量贡献，突出故事讲述的流畅性和问题解决逻辑的前后一致性。

（一）根植项目的绩效评估

首先要确定根植项目的绩效评估内容，从企业视角评估项目绩效，需要评估社会责任根植项目的实施对企业经营效率、质量和环境的影响，具体包括直接的经营业绩改善、经营成本降低、工作投入和压力降低、供电与服务质量提升、企业品牌形象提升、企业凝聚力提升、企业管理水平提升等指标。从利益相关方视角评估项目绩效，即对项目涉及的直接利益相关方的影响，具体包括但不限于政府、电力客户、员工、供应商、合作伙伴及周边社区等利益相关方。从社会与环境视角评估项目绩效，需要评估社会责任根植项目实施后给除企业自身和直接利益相关方以外的其他群体带来的额外的价值贡献，包括能耗水平降低、污染排放降低、促进产业转型升级等。

此外，还要建立相应的绩效评价程序。首先，要建立绩效评价指标体系。为了系统完整地评估社会责任根植项目的绩效，有必要建立一套项目评价指标体系。每个项目的社会价值和贡献各有不同，因此，指标体系的建立应结合每个项目的具体情况而定。指标也可以将定量指标和定性指标相结合。绩效指标体系应包括对企业自身的贡献、对利益相关方的贡献和对社会与环境增量的贡献三方面内容。绩效指标体系应和项目策划中的项目目标相对应，同时随着项目实施中的变化和调整，也可以适当增加或删除部分指标。绩效指标体系尽可能完整、全面、独立，并且容易进行数据收集和统计。其次，要进行指标数据采集，采集途径包括内部途径和外部途径。内部途径一般基于企业现有的KPI评价系统，适用于对企业自身的经营业绩、运营成本、效率等指标；外部途径一般基于利益相关方调查，适用于利益相关方贡献、社会环境贡献等方面的指标。最后，还要进行评估结果的对比和分析，包括项目实施前后的绩效对比，衡量项目实施产生的价值、带来的变化、项目实施后的绩效与预期目标对比，衡量项目实施对预期目标的实现或超越程度，调整目标或改进工作方案。

（二）根植项目的成果化总结

项目总结报告是社会责任根植项目的主要成果形式，对于发挥根植项目的社会责任传播功能至关重要，也是实现"社会责任有效知识供给"的关键环节。项目总结报告一般包含项目标题、项目背景、项目调研与论证、项目创新思路与举措、项目成效。

项目标题是项目总结报告的点睛之笔，是对项目所解决问题、根植的社会责任理念及引致的创新举措的高度提炼。一个生动、贴切而又深刻、创新的标题，意味着大家对根植项目所解决的问题及社会责任根植所带来的创新有了深刻的理解。项目标题应当聚焦问题，清楚地表达项目所解决的问题到底是什么，而不能泛泛地讲服务更优质、建设更高效，这也是经常说的"要挠痒痒，而不是挠后背"，深刻理解社会责任引致的创新，既包括处理问题思路的变化，也包括社会责任引致的创新举措。项目标题应做到特点鲜明、表达新颖、利于传播，争取能让读者对项目产生了解的兴趣和深刻的记忆。最后，项目标题在形式上建议采取主、副标题的形式，这有利于充分传达项目的信息，同时有助于根植项目的内部分类管理，如果用于对外传播，也可以视情况不保留副标题。主标题主要揭示解决了什么问题，根植了什么样的理念，推出了什么样的创新举措。副标题主要介绍社会责任根植在哪个领域，推动了哪个领域工作的创新。

项目背景是项目立项的根源，也是项目实施的根本前提。项目背景要表达的核心内容是项目涉及的问题、问题产生的原因和严重性及项目实施的必要性。项目背景应立足电网企业，清晰界定电网企业与该问题的相关性，该问题可能给电网企业带来怎样的影响，以及电网企业为什么需要关注和致力于解决该问题。立足于利益相关方视野，要站在利益相关方的角度查看该问题的重要性，以及该问题可能给利益相关方带来怎样的影响，关注和解决该问题可以给企业和利益相关方带来怎样的益处。另外，还要兼顾宏观视角，从社会大环境中看待该问题发生的背景、原因和带来的社会影响；宏观背景下遇到的新老问题、事情的来龙去脉，描述现象、现状；分析关注和解决该问题可以为供电企业的经营环境带来怎样的益处。

项目调研与论证是对项目背景的进一步细化和深化，是产生项目创新思路与举措的思考过程。项目调研与论证应包括以下内容：①调研范围。调研范围包括地理范围、人群范围及时间范围等，总结时应尽量用清晰简洁的图表、数字或地图等方式概述调研范围。②调研中的具体发现。在总结调研中的具体发现时，应注重分析公司原来的工作方式是什么，原有工作方式的优、缺点和可改进的空间，调研对象对电网企业的诉求和意见，解决该问题有哪些外部资源和优势没有得到充分发挥等问题。对调研中的发现应归纳为若干条逐项进行阐述，阐述应论点鲜明、论据充分，尽量结合调查的结果进行分析。③有关社会责任根植的思考。对有关社会责任根植的思考是一个理论结合实际、探索问题解决之道的过程。在总结这部分内容时，应围绕"为什么需要根植""根植什么""怎么根植"三个方面进行分析和阐述。

项目创新思路与举措是项目总结报告中系统深入阐述项目实施的总体思路和过程的核心篇章。项目创新思路与举措应包括以下内容：①模型统揽。指对项目的总体思路进行理论上的总结和提炼，最终归纳为具有项目特色的模型统揽，这有助于提高项目的理论创新水平，有助于读者清晰完整地了解项目的整体运作机制和思路。②案例运用。对项目实施过程中具有代表性的小案例、小故事可做详细描述并穿插在项目报告中以增强报告的生动感和可读性。③图片运用。在项目实施过程中应注重对相关活动举措进行拍照记录，选取与主题最为贴合且质量精美的图片穿插在项目总结报告中，增强报告的可读性和说服力。④逻辑清晰。对项目实施举措的总结应尽量逻辑清晰，将各类举措根据不同的特征归纳为相应的类型。举措的逻辑一般包括变化逻辑、内外逻辑和对象逻辑等。

最后，要针对社会责任根植项目展开全面总结，即对项目实施带来的变化要全面总结，包括对企业内部运营的改善、为外部相关方创造的价值及对社会与环境的增量贡献，都要逐项论述和总结。对企业内部运营的改善包括企业面临的运营问题是否得到解决、是否带来业务创新、是否带来业务流程的优化、是否带来运营方式的变化、是否带来管理方法的创新、是否带来外部认知和品牌形象的提升。为外部利益相关方创造的价值包括是否解决了利益相关方面临的问题、是否为利益相关方创造了综合价值、是否合理满足了利益相关方的期望和偏好、是否带来利益相关方满意度的提升、是否充分发挥了利益相关方的价值创造潜能等。对社会与环境的增量贡献则包括与项目相关的社会问题是否得到解决、是否促进地方经济的发展、是否促进地方环境的改善、是否促进当地社会的和谐、是否促进社会资源的优化配置等。另外，还可以通过汇报PPT、汇报视频、新闻报道、研究论文等形式展示根植项目的完整过程和综合绩效。

四、改进推广

（一）改进提升

项目的改进提升过程一般划分为项目实施过程中的改进提升及项目实施后的改进提升。在项目的实施过程中，一方面，要基于内部协同进行改进调整，即项目组有必要与项目涉及的内部职能部门及子公司不定期召开沟通会，了解其对社会责任根植项目的态度和建议，收集内部各方意见，以此为参考进一步调整改进项目的实施方案和目标。需要收集的意见主要包括但不限于以下内容：该项目的实施是否给职能部门的工作内容、流程或方式带来变化，这种变化是否有利于职能部门更好地开展工作，该项目的实施是否给职能部门增加额外的负担或产生利益冲突，以及该项目是否有更好的解决途径和方法。通过对意见的收集不断完善社会责任根植项目的实施方法和路径。另一方面，项目组可以基于外部利益相关方反馈进行项目的改进调整。项目组有必要在项目实施中不定期召开利益相关方沟通会或设立意见反馈渠道，收集各方对社会责任根植项目的态度和建议，并以此为参考进一步调整改进项目的实施方案和目标。需要收集的意见主要包括但不限于以下内容：该项目的实施是否给利益相关方的生产生活方式带来变化，这种变化对于利益相关方而言是积极的，还是消极的，该项目的实施是否给利益相关方增加额外的不便或负担，以及该项目是否有更好的解决途径和方法。最后，对项目实施中创造或形成的一些新的工作流程、方式或方法，在基于内部协同和利益相关方反馈修改的基础上，应固化为规范和长效的工作机制，保证项目后续的稳定执行。

项目实施后的改进提升方式主要是对项目进行周期管理。周期管理是指每年在项目总结的基础上提出下一年持续改进提升的目标与任务。实施项目周期管理适用于具有长期影响、需要投入较长时间和精力的项目。首先，要总结项目实施中还存在哪些局限性、哪些不足和问题。如项目调查的样本是否足够、根植的社会责任理念是否切合实际、项目实施举措是否达到了满意的效果、外部合作是否有待进一步发展、项目成效没有达到预期目标的原因等。其次，在自我总结项目局限性的基础上，分析实际绩效与预期成效的差距，制定本项目持续改进提升的目标并将目标落实为具体的任务分解到相关的职能部门中。

（二）经验推广

对评选出的优秀社会责任根植项目，应提炼其成果中的精髓，以案例、新闻报道、图片、视频或论文等多种方式进行总结，并对外发布。其一，可以通过经验分享与传播对项目进行推广。优秀的社会责任根植项目都有较多的理念创新、技术创新、方法创新和机制创新。对于这些创新的成果和经验，可以邀请社会各方、业内外人士召开项目研讨会、交流会或发布会，分享和传播根植项目的有益经验，也可以通过媒体广泛宣传报道和参加大型活动赛事，为全社会提供创造综合价值的思路和方法。其二，要落实优秀项目的制度机制。对社会责任根植项目中的制度创新、流程创新和机制创新，在经过实践检验的基础上，可考虑将创新的制度流程进行固化，形成公司制度体系的一部分，在更大范围内进行普及和推广，从整体上改进公司的运营管理效率和水平。其三，可以在优秀的社会责任根植项目中提炼管理工具。对社会责任根植项目实施过程中应用或开发的管理工具，在经过实践检验的基础上，选择操作性强、效果优良的管理工具进行总结提炼，形成国家电网公司社会责任根植项目管理工具箱，并将这些工具在更多领域和范围内进行应用和推广，切实提升社会责任管理的效能和水平。

项目成果的推广应用主要划分为三类：①地域间的推广应用，指将项目的影响范围从区县等某个试点区域向更大的地理范围扩展。地域间的推广应用的难度和变化较小，根植项目的经验和方法可以直接进行复制。在推广过程中，应选择具有较大共性的地域进行推广应用。②系统间的推广应用，指将项目从某个职能部门或子公司向其他职能部门或子公司进行复制推广。系统间的推广应用难度和变化较大，需要考虑不同职能部门或子公司之间的特征和差异，选择项目中具有普适意义的方法进行推广。③行业间的推广应用，指将项目从供电企业向供水、供气等其他行业企业的推广。行业间的推广难度最大，需要政府等第三方机构的推动及相关行业的自愿参与。供电企业在行业间推广应用中主要发挥知识传播和分享的职责，具体的推广应用工作需要其他相关行业切身投入和执行。

第四节
社会责任根植项目开展的关键要求

社会责任根植项目开展的基本前提是存在新的问题或存在难以解决的老问题，而项目开展的过程就是通过社会责任理念和管理方式在企业内的根植，来寻找问题创新解决方案的过程。故而，社会责任根植项目开展的关键要求就是发现新问题、找到新方案、创造新做法、达到新效果。

一、发现新问题
任何一个优秀的社会责任根植项目都是围绕解决某个或某类核心问题

展开。即社会责任根植项目制是基于问题导向而展开的。企业内部运营问题包括企业责任边界范畴内的各类矛盾、纠纷、工作难点、利益相关方诉求或期望等，属于企业的应尽责任和必尽责任，决定企业的良好经营与可持续发展，可以通过职能部门访谈和利益相关方访谈聚焦问题。与此同时，企业内部运营问题不是纯粹的内部问题，而与利益相关方相关，要么是问题由利益相关方造成，要么利益相关方对问题解决有较大的优势作用。而并非纯粹的技术或管理可以解决的问题。涉及企业内部运营的新问题则主要包括长期的未解决的矛盾与冲突、新出现的突出问题及国家电网公司关注的重大问题。利益相关方问题是指运营过程中所涉及的利益相关方自身所面临的困境或需求，属于企业责任边界之外的愿尽责任，间接影响可持续发展及企业与外部环境的和谐共赢，可通过利益相关方调查与分析进行问题聚焦。相应地，利益相关方问题不是纯粹的利益相关方自身问题（如供应商内部员工培训问题），而与企业相关，要么是问题由企业造成，要么解决问题对企业有意义，同时企业对于解决问题有优势。一般在发现新问题的过程中主要关注核心利益相关方（个体影响性）、核心利益相关方在运营和发展方面面临哪些关键问题（问题严重性）及这些问题与供电企业的关联性（问题关联度）。纯社会问题一般是指供电企业运营范畴之外的整个大社会所面临的困境或需求，对可持续发展不构成直接影响，在一定程度上影响企业的大环境，可通过对社会热点议题追踪与挖掘获得，如重要的会议或论坛、政府中的社会公共事务部门或社会公益组织广泛关注的社会问题等。最优社会问题与公司业务运营有联系，要么是公司业务运营所造成的问题（价值链主导型），要么是对公司业务运营产生重大影响的问题（竞争环境主导型），同时公司对于解决社会问题具有特殊优势。重要的社会问题主要包括全社会高度关注的可持续发展问题，中国当前高度关注的热点社会问题及地方关注的民生问题或特有社会问题。

二、找到新方案

开展社会责任根植项目的第二个基本要求是找到新方案，即公司内部已有的方案没有办法解决选题中的问题或难以有效解决问题，因此，在项目制推行过程中需要设计出比系统内已有方案更优的方案，以新模式、新方案破解长期存在的老问题或为新的问题设计新的方案。寻找新方案的过程，首先，要明确指出问题，在现有的选题中层次递进、抽丝剥茧地分析选题中面临的问题；其次，需要分析问题背后产生的原因，重点是从利益相关方视角、公司运营视角进行深度挖掘，然后进行综合考量；再次，对传统方法、做法难以解决或根治的问题，对应成因分析传统做法的弊端；最后针对以往方案的弊端，提出新的解决方案，推进社会责任根植项目进一步发展。以国家电网公司多家下属单位联合实施的京杭大运河全流域岸电推广联盟项目为例，其问题在于传统用油造成污染，岸电使用的积极性不高，而且目前并非全域性。对于船主来说，需要考虑用电的经济性、便捷性、可靠性；对于企业内部来说，需要考虑投资成本、建设标准、管理、运营、互动等因素。原有解决方案的弊端在于岸电推广中每一方都有优势，但都不能单独解决问题，而且单独一个地方的推广，难以解决全域问题，最终基于"互联网+岸电"模式提出了新的解决方案。

三、创造新做法

在提出新的解决方案之后，传统的方案实施方式没有办法在这一项目内进行落实，需要设计出比系统内已有方式更优的新做法来实施。如根植社会责任核心理念的创新、社会责任工具与方法应用的创新等均属于创造新的做法。是否进行了新做法的创造，主要是看在整体范式上是否有较大的创新、相对于以往的做法是否有新意、是否符合问题解决的需要、是否有和利益相关方之间的联系和互动等，而不能只在小的举措层面实现创新。继续以京杭大运河全流域岸电推广联盟项目为例，在方式创新上，首先该项目创新了商业模式，通过多方合作破解了岸电推广瓶颈；其次项目创新了电网公司的服务模式，"互联网+岸电"提升了供给方及船主的友好体验；最后该项目采取了区域联动"三三制"（三项机制、三个统一），助推浙江省内岸电推广小联盟，促成"三项机制"（属地协调机制、联合考评机制、信息通报机制），理顺浙江岸电合作模式，同时促进了"三个统一"（工作模式统一、技术标准统一、工作平台统一），化解了岸电推广技术难题，最终形成全线带动规模效应，形成京杭运河岸电推广大联盟。

四、达到新效果

社会责任根植项目是否顺利开展需要对项目的效果进行考量，判断该项目是否达到了新效果。其一，对新效果的衡量需要从问题本身出发，判断在新的解决方案和新的做法下，社会责任根植项目中包含的问题是否得到了有效解决，这是衡量项目是否实现新效果的最重要的标准，也是开展社会责任根植项目制的直接目的。其二，从价值增值的角度对社会责任根植项目的效果进行衡量，综合衡量企业价值、社会价值及利益相关方价值是否出现了增量。

从企业价值角度出发，一方面要考虑企业经济效益是否增加，这是显性的价值增量；另一方面要关注企业的管理模式、工作方式、运行方式、治理结构及员工能力等是否发生了积极变化，这作为隐形价值增量，能够提高企业的社会责任履责能力和竞争力，进而提高综合价值创造能力。

从利益相关方视角出发，新的效果需要考量利益相关方的经济收入是否增加、关系到利益相关方自身利益的问题是否得到妥善解决、利益相关方的发展方式和关联方式是否发生了积极变化。从社会价值对社会责任根植项目效果考量，需要考虑社会整体福利是否在项目实施后实现增加，考虑该项目是否可以发展成为可复制的项目模板、是否可以进一步在全社会范围内推广、是否可以实现社会资源的进一步优化配置，最后还要考虑价值创造的平衡性。价值的综合创造要求企业从单纯追求财务价值向创造经济、社会与环境综合价值的转变，是平衡多方利益和诉求的一种理性和最优的选择。

第三章

国家电网有限公司开展社会责任
根植项目取得的成效

◆ 开展社会责任根植项目的演变历程
◆ 社会责任根植项目管理体系
◆ 社会责任根植项目的分布
◆ 开展社会责任根植项目所实现的效果

社会责任根植项目制是国家电网有限公司（简称国家电网公司）探索社会责任在基层落地的重要实现方式。自提出社会责任根植项目制以来，国家电网公司无论是在社会责任根植项目的开展数量、范围深度、制度建设、体系完善方面，还是社会责任根植项目的对外传播、社会影响、价值彰显方面，都取得了重大成效。

第一节
开展社会责任根植项目的演变历程

根据实施程度、重点与制度变化，国家电网公司开展社会责任根植项目的演变历程大致可以分为四个阶段，即孕育阶段（2008—2013年）、探索阶段（2014—2016年）、深化阶段（2017—2018年）、常态阶段（2019年至今）。

一、孕育阶段（2008—2013年）

2007年12月，国家电网公司在中央企业中率先建立自上而下的社会责任组织管理体系，成立社会责任工作委员会和社会责任工作办公室，设立常设工作机构——社会责任处，所属各单位全部建立了社会责任工作推进机构。与此同时，国家电网公司发布中国企业首份履行社会责任指南——《国家电网公司履行社会责任指南》，阐述了企业履责的目标、方向、路径和重点，标志着社会责任与管理运营的融合，奠定全面社会责任管理的基础和开端。在这一顶层设计之下，国家电网公司于2008年启动了全面社会责任管理试点工作，为孕育和创造出社会责任根植项目制提供了机遇和可能。

2008年4月，国家电网公司选择国网天津市电力公司启动省级电力公司全面社会责任管理试点，通过"试点先行、以点带面"的模式推进全面社会责任管理。2009年7月，国家电网公司确定国网江苏省电力有限公司无锡供电公司为首个地市级供电企业全面社会责任管理试点单位；10月，确定国网浙江省电力有限公司嘉善县供电公司为首个县级供电企业全面社会责任管理试点单位，标志着全面社会责任管理"省—地市—县"三级试点工作全面启动。在这一试点过程中，国家电网公司提出了全面社会责任管理推进的"试点示范、根植基层"方式，"社会责任根植"概念由此出现。

2011年8月，为了扩大试点，国家电网公司下发《关于加强公司社会责任工作的指导意见》，要求各省级电力公司选择一家地市公司作为试点开展全面社会责任管理。2012年5月，国家电网公司在江苏无锡举行全面社会责任管理试点工作座谈会，正式确定27个省级电力公司所属的27家地市级供电企业作为国家电网公司全面社会责任管理试点单位，并下发《国家电网公司2012年全面社会责任管理推进工作方案》，启动全面社会责任管理"15333"工程。在这一扩大试点过程中，国网北京市电力公司大兴供电公司首先探索了社会责任项目制管理模式，并以"三合小区电力改造"项目为试点，形成社会责任项目制管理的首个典型案例。在此基础上，国网北京市电力公司于2013年开始在全市开展社会责任项目制管理，当年出台了《关于开展社会责任项目制管理的实施意见》，提出了社会责任项目制管理的思路、社会责任管理项目的选择、社会责任项目制管理的基本流程和总体要求，全年完成33项社会责任试点项目。国网北京市电力公司所探索的社会责任项目制管理成为国家电网公司开展社会责任根植项目制的雏形，为社会责任根植项目制的形成奠定了良好的实践基础。

二、探索阶段（2014—2016年）

结合全面社会责任管理试点中提出的"社会责任根植"概念和国网北京市电力公司所探索的社会责任项目制管理模式，国家电网公司创造性地提出了"社会责任根植项目制"，并开始了新模式的实践探索之路。2014年2月，国家电网公司对外联络部下发了《关于深化全面社会责任管理、推进社会责任根植的指导意见通知》（国家电网外联〔2014〕268号），提出将组织各单位实施社会责任根植项目制确定为深化全面社会责任管理的重要实施路径。特别是，明确提出"省级电力公司、地市供电企业试点单位要围绕问题导向、价值导向、传播导向，选择至少2项重大履责议题，运用项目管理方式，推进社会责任根植。""省级电力公司要将项目统一报送公司外联部审核，明确项目名称、工作内容、工作计划、预期成效。公司外联部将定期开展工作交流，年底组织实施项目完成情况评价。"根据国家电网公司的统一部署，2014年各单位共开展了99个社会责任根植项目的探索实践，经系统总结，汇编形成社会责任根植项目案例。

2015年1月，国家电网公司外联部下发了《关于组织实施社会责任根植项目制的指导意见》（外联社会〔2015〕2号），专门对各单位开展社会责任根植项目制进行部署，对社会责任根植项目制的实施继续进行探索。这一《意见》明确了国家电网公司实施社会责任根植项目制的重要意义、工作目标、工作原则、工作实施、工作要求和工作保障，要求建立实施社会责任根植项目制的工作体系，提出"各省电力公司、各地市供电公司每年实施至少1个根植项目，鼓励有条件的县级供电企业实施根植项目"，同时国家电网公司每年进行评优表彰，持续推出一批具有示范效应、可借鉴、可推广、可传播的优秀成果。《意见》还明确了开展社会责任根植项目制的实施步骤，即科学确定根植项目、加强根植项目计划管理、组织实施根植项目、总结提炼根植项目案例。2015年3月，国家电网公司举行年度社会责任培训，对2014年度的99个社会责任根植项目进行了初步评价，并开展社会责任根植项目评价标准的研究和讨论。同年5月，国家电网公司启动2015年度社会责任根植项目立项审核，共开展2轮7批社会责任根植项目审核，确定公司2015年度社会责任根植项目278个。

2016年2月，《国家电网公司2016年外联品牌工作要点》提出要进一步推进社会责任根植；3月，国家电网公司下发《2014、2015年社会责任根植项目评优及2016年项目立项申报通知》，旨在深入推进公司社会责任根植工作开展，形成一批可传播、可复制、可推广的项目成果；4—6月，国家电网公司启动2014—2015年优秀社会责任根植项目评选，经过两轮评审，评选出65个优秀根植项目；与此同时，5月国家电网公司启动2016年度社会责任根植项目立项审核，经五轮审核，确定公司2016年度社会责任根植项目356个；12月，编制了《国家电网公司社会责任根植项目案例选编2014—2015》，结合具体根植项目，剖析社会责任根植工作给公司业务运营带来的具体变化，展现各单位立足于地方和企业实际，运用社会责任理念与工具所带来的管理与业务创新。

三、深化阶段（2017—2018年）

在经过三年的探索之后，国家电网公司社会责任根植项目制进入到规范深化阶段。2017年2月，国家电网公司下发了《关于进一步深化社会责任管理的意见》（外联社会〔2017〕7号），对深化社会责任根植项目制做出了系统部署，主要包括：

一是明确社会责任核心议题和推荐项目。国家电网公司全面梳理与企业经营活动最为相关、对利益相关方具有重大影响、对可持续发展具有重大贡献的核心议题和优秀根植项目，每年一季度编制发布《国家电网公司社会责任根植核心议题分类参考》和《国家电网公司优秀社会责任根植推荐项目》，作为年度社会责任根植项目的选题立项和创新推广依据。核心议题分类参考将全面梳理公司社会责任根植项目已涉及和未涉及的企业运营关键领域。推荐项目是从已发布的优秀社会责任根植项目中，遴选出的符合"五个有利于"标准（有利于公司和社会可持续发展、有利于解决利益相关方的迫切问题或长远问题、有利于创造价值增量贡献和明显工作成效、有利于大范围复制推广和创新应用、有利于广泛传播产生显著社会影响）的典型案例。要求各级单位对照核心议题和推荐项目，结合自身特点、经营规模、地方实际情况，选择填补空白领域的议题或推荐项目确立根植项目，实现社会责任管理的全员参与、全过程覆盖、全方位融合。

二是建立社会责任根植常态立项机制。建立国家电网公司和各单位社会责任根植项目两级立项审核机制。国家电网公司负责审核《国家电网公司社会责任核心议题分类参考》中，各单位没有立项解决过的、涉及重要运营管理问题的首创项目。各单位负责审核本单位申报的、国家电网公司已推荐的创新推广项目。每年二季度，各单位向国家电网公司申报1～3个符合"五个有利于"标准的社会责任根植项目，申报项目包括需要国家电网公司审核的首创项目和向国家电网公司备案的创新推广项目两类。各单位要根据国家电网公司有关要求，严格立项程序和立项标准，确保项目的针对性、实效性和规范性。

三是建立社会责任根植常态评价机制。每年四季度，国家电网公司对各单位申报项目开展星级评价，并在星级项目中评选公司社会责任管理十大优秀案例，召开社会责任管理工作交流会，发布十大优秀案例，组织各级单位学习推广应用，并推荐申报国家级企业管理创新成果。

四是建立社会责任根植常态推广机制。大力推广十大优秀案例，充分发挥标杆示范作用，在获评优秀案例的县（市）级及以下单位和全面社会责任管理试点单位中，择优建立国家电网公司社会责任管理示范基地并挂牌。制定社会责任示范基地评价办法，将示范基地建设成为展示国家电网公司社会责任管理成果和履责实践的窗口，负责承接公司内外部各级组织、领导机构、社会团体和媒体参观交流、学习培训、调研考察的任务。

当年同月，国家电网公司编制出版《国家电网公司社会责任根植项目工作手册》，明确了社会责任根植的基本概念、方法、内容、项目实施步骤和管理机制，更加规范地推进社会责任根植项目制，为基层单位提供实施社会责任根植项目的具体工作方法和工具。2017年4—5月，国家电网公司下发《国网外联部关于组织实施2017年社会责任根植项目的通知》（外联社会〔2017〕10号），对各单位申报立项的社会责任根植项目进行审核和精简，确定公司2017年度社会责任根植项目96个。国网江苏、浙江省电力有限公司等省级电力公司继续广泛开展社会责任根植项目，在省内推广和创新实施根植项目逾百个，形成省内全面普及态势。2017年10—12月，国家电网公司启动社会责任示范基地和社会责任根植示范项目评选工作，派出专家组对53家申报单位、96个根植项目进行实地考察评估。

2018年1月，国家电网公司在评估基础上，下发了《国家电网公司关于命名表彰社会责任示范基地和社会责任根植示范项目的通知》（国家电网外联〔2018〕71号），确定国网江苏省电力有限公司泰兴市供电公司等11家单位为社会责任示范基地，"绿色岸电联盟"等35个项目为公司社会责任根植示范项目。2月，在《国家电网公司2018年新闻宣传和品牌建设工作要点》中，提出要扩大社会责任管理和根植成效。特别是强调要坚持问题导向、价值导向、变化导向、品牌导向，加大社会责任根植广度、深度，继续实施社会责任根植项目制，进一步加强优秀成果推广应用和宣传交流，加快培育社会责任示范基地和社会责任根植示范项目。同时，要总结社会责任根植理论，梳理经验成果，召开理论研讨会、专业培训会，发布优秀社会责任案例。基于这一部署，国家电网公司启动了《企业社会责任根植理论与实践》研究项目，并立项推广社会责任根植重点项目146个，进一步深化了社会责任根植项目的理论与实践。

四、常态阶段（2019年以后）

鉴于各单位已经形成社会责任根植项目实施的工作体系，具备了开展社会责任根植项目管理的能力，因此2019年开始国家电网公司将社会责任根植项目的立项权完全下放到省级电力公司，由省级电力公司进行项目立项审核和一次评价，国家电网公司层面主要对各单位推荐的项目成果进行二次评价，对优秀项目开展入库管理，由此社会责任根植项目制进入常态化的运行阶段。2019年，国家电网公司继续组织省级电力公司和直属单位实施社会责任根植项目，并开始优化根植项目评价机制和规则，开展根植项目案例库开发和年度社会责任根植重点项目推荐评价。《中国经济周刊》以专辑白皮书方式集中报道了国家电网公司20个社会责任根植项目案例。

2020年，国家电网公司继续以组织实施社会责任根植项目为抓手，自下而上推动社会责任融入公司管理运营，组织2019年度社会责任根植项目评审。2020年4月，国家电网公司下发通知征集优秀项目案例，下属各单位共推荐196个项目申报，经过内外部9名专家的匿名评审，最终共有97个社会责任根植项目入选重点项目目录。国家电网公司汇编重点项目案例集，利用成果开展延伸培训，推动16家省级电力公司将社会责任根植项目评价结果纳入企业负责人年度绩效评价体系，推进各单位实施2020年度社会责任根植项目立项。为了更科学地对社会责任根植项目进行评价，国家电网公司启动了社会责任根植项目评价标准的研究工作，出版了《企业社会责任根植理论与实践》。2021年，国家电网公司组织开展2020年度社会责任根植项目评审，经专家匿名评审，90个根植项目被收录到重点项目目录中，国家电网公司结合评审结果进行了培训讲评。2022年，在国家电网公司组织的2021年度社会责任根植项目的评审中，107个项目被收录到重点项目目录中。

第二节
社会责任根植项目管理体系

经过孕育、探索、深化和常态化发展，国家电网公司已经形成一套较为成熟的社会责任根植项目管理体系，为社会责任根植项目制的有序实施提供了有力保障。

一、社会责任根植项目的组织管理

国家电网公司对社会责任根植项目的组织管理分为四个层次：国家电网公司、省级电力公司、地市与县公司、外部专家，如图3-1所示。其中，国家电网公司主要是对社会责任根植项目管理进行顶层设计，制定国家电网公司社会责任根植项目实施的规划与计划，研究和制定社会责任根植项目的规则标准，指导下属公司的社会责任根植项目开展，建立社会责任根植项目库，并开展社会责任根植项目优秀成果的评价评选。省级电力公司是社会责任根植项目的具体管理单位，负责组织本公司社会责任根植项目的立项管理、策划管理、实施监督、成果评价管理、考核管理、发布推广管理，并在国家电网公司的统一部署下，制定本公司的社会责任根植项目规划与计划、管理规定。地市与县公司是社会责任根植项目的主要实施单位，具体开展项目选题、评估筛选、立项申报、项目策划、项目实施、成果总结、成果发布、改进提升。外部专家主要发挥顾问指导作用，为社会责任根植项目的具体实施提供问题诊断、理念构思协助、方法指导、提炼完善等，根据需要提供辅助实施服务，并在项目评价中发挥第三方评价作用。

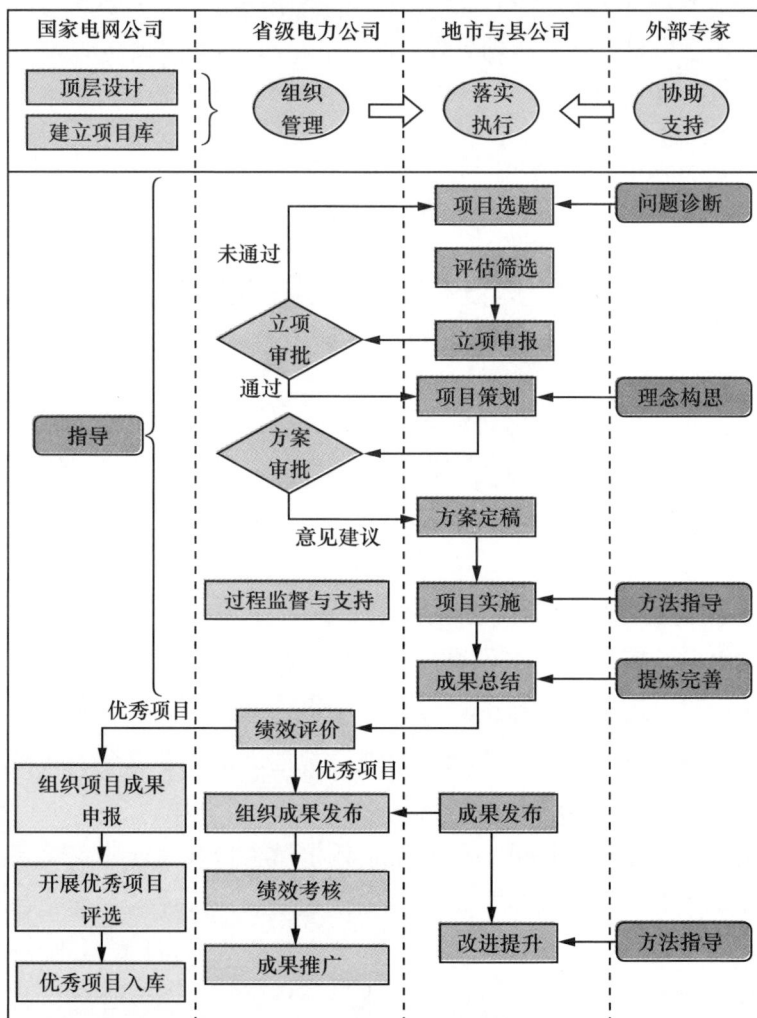

图3-1 国家电网公司社会责任根植项目组织管理体系

二、社会责任根植项目的闭环管理

目前，各省级电力公司都按照PDCA循环的原则，结合社会责任根植项目制实施情况，建立了社会责任根植项目的闭环管理体系，即"立项—策划—实施—总结—考核—改进"的管理系统，如图3-2所示。

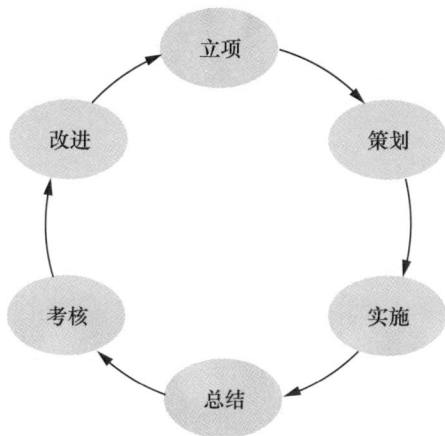

图3-2   省级电力公司的社会责任根植项目闭环管理体系

对于立项管理，各省级电力公司几乎都采取了类似的立项程序：由省级电力公司下发年度立项申报通知，各地市公司组织本级相关部门和县公司进行社会责任根植项目的选题申报，并提交项目申报方案，由省级电力公司对项目申报方案进行评审，并将通过评审的立项项目清单下发到各地市公司。在这一过程中，省级电力公司根据项目申报评审需要，对申报单位就选题和申报方案进行质询，并提出完善建议。

对于策划管理，省级电力公司在下发立项项目清单后，各地市公司需要组织相关项目组对社会责任根植项目的实施进行策划，编制相应项目开展方案和实施计划，明确项目实施重点和步骤。如有必要，省级电力公司可组织重点社会责任根植项目实施方案的策划研讨，确保实施方案的可行性和创新性。

对于实施管理，主要是地市公司或县公司项目团队按照实施方案的要求，对社会责任根植项目进行具体落实。在这一实施过程中，除了项目团队按照项目制模式开展项目管理外，地市公司的社会责任推进部门也会对社会责任根植项目的实施予以指导和监督，以推进项目符合要求实施。在必要的情况下，省级电力公司也会对部分重点社会责任根植项目的实施进展予以关注和检查，并对优化项目实施给予指导。

对于总结管理，每年第四季度，省级电力公司下发通知要求各地市公司组织对当年立项项目的成果进行总结，提交社会责任根植项目总结报告和相关成果佐证。在此基础上，由省级电力公司组织对社会责任根植项目总结报告和成果进行评审，评选出当年的优秀项目。部分省级电力公司还会组织社会责任根植项目成果发布会，对优秀项目成果予以发布。

对于考核管理，已经有16家省级电力公司将社会责任根植项目纳入企业负责人年度绩效考核，即将当年社会责任根植项目开展情况作为考核地市公司社会责任工作的重要内容。省级电力公司依据地市公司社会责任根植项目的评优数量、对项目实施的组织情况、项目成果的社会影响和传播效果等多方面因素，对社会责任根植项目的绩效表现进行评定和考核。

对于持续改进，各省级电力公司都建立了不同形式的社会责任根植项目持续改进机制。一方面，省级电力公司对社会责任根植项目成果进行评审，并将评审结果和意见反馈给各地市公司，各项目组可以了解到项目实施的不足，并在后续业务和管理工作中予以改进；另一方面，省级电力公司也会对当年社会责任根植项目的全过程管理进行经验教训总结，并在下一年度的立项、策划、实施、总结、考核中予以吸收和改进。

第三节

社会责任根植项目的分布

自2014年以来，国家电网公司开展了大量社会责任根植项目实践，涵盖的下属公司和领域众多，涉及多个方面的议题，对推动社会责任在基层落地、促进公司创新发展发挥了不可忽视的作用。

一、社会责任根植项目的总体情况

2014—2020年，国家电网公司立项社会责任根植项目总计1158个（见图3-3）。从各年的数量来看，2016年数量最多，2015年次之，最近两年由于国家电网公司将社会责任根植项目立项权下放到省级电力公司，重点关注各省级电力公司上报的优质项目，因此数量基本上都在100个以下。

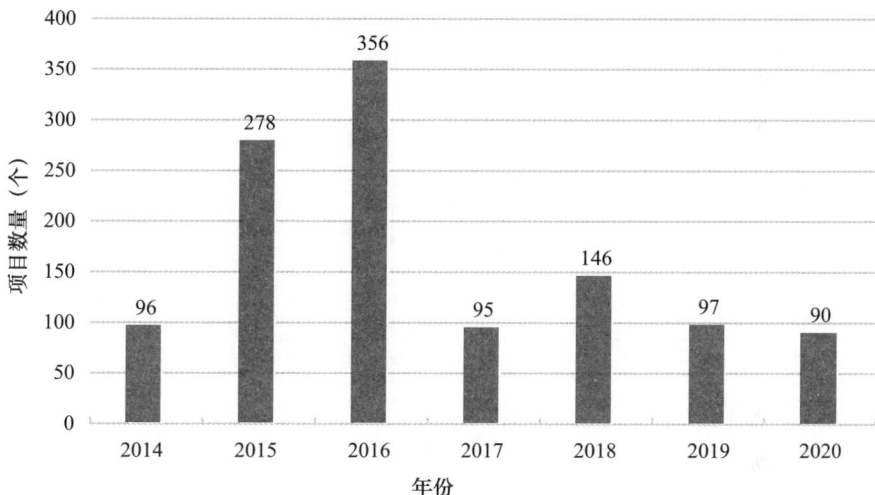

图3-3　国家电网公司社会责任根植项目数量的年度分布

二、社会责任根植项目的下属公司分布

2014—2020年，国家电网公司立项的1158个社会责任根植项目涉及33家单位，包括27家省公司和6家直属单位（或其下属公司）（见表3-1）。其中，27家省级公司立项实施社会责任根植项目1127个，占总数的97.3%，6家直属单位（或其下属公司）立项实施社会责任根植项目31个，占比为2.7%。实施社会责任根植项目数量最多的前五家公司是国网浙江省电力有限公司、国网江苏省电力有限公司、国网山东省电力公司、国网福建省电

力有限公司和国网上海市电力公司，数量分别是143个、91个、71个、71个和56个（见图3-4）。在最近的两年，国网江苏电力被国家电网公司确定为高质量的社会责任根植项目数量最多，2019年和2020年分别为8个和10个，均居于首位。

表3-1　　　国家电网公司社会责任根植项目数量的下属公司分布

单位：个

省级电力公司＼年份	2014	2015	2016	2017	2018	2019	2020	总计
国网北京电力	3	6	14	6	5	2	3	39
国网天津电力	4	7	12	3	5	1	3	35
国网河北电力	4	13	8	2	5	2	6	40
国网冀北电力	3	10	4	3	5	1	0	26
国网山西电力	2	1	3	3	5	2	3	19
国网山东电力	4	18	22	5	7	8	7	71
国网上海电力	3	16	18	4	5	7	3	56
国网江苏电力	3	29	30	4	7	8	10	91
国网浙江电力	10	37	66	4	11	8	7	143
国网安徽电力	6	9	15	1	5	4	5	45
国网福建电力	4	21	28	5	7	4	2	71
国网湖北电力	2	4	16	4	5	7	3	41
国网湖南电力	3	1	19	4	5	6	6	44
国网河南电力	8	8	18	4	4	6	1	49
国网江西电力	2	15	2	3	3	1	1	27
国网四川电力	1	8	4	4	4	4	4	29
国网重庆电力	2	9	11	4	4	6	6	42
国网辽宁电力	4	6	13	5	5	2	0	35
国网吉林电力	5	4	1	2	5	0	0	17
国网黑龙江电力	2	9	5	1	3	1	1	22
国网蒙东电力	2	5	9	3	4	1	1	25

续表

省级电力公司 \ 年份	2014	2015	2016	2017	2018	2019	2020	总计
国网陕西电力	3	13	10	3	5	1	6	41
国网甘肃电力	6	5	6	4	3	5	3	32
国网青海电力	3	10	9	3	4	1	0	30
国网宁夏电力	0	3	1	2	6	2	2	16
国网新疆电力	5	8	11	3	5	4	5	41
国网西藏电力	2	3	1	4	5	2	2	19
国网技术学院	0	0	0	0	1	0	0	1
国网客服中心	0	0	0	0	1	1	0	2
国网电商电力	0	0	0	0	2	0	0	2
国网鲁能集团	0	0	0	1	3	0	0	4
国网山东电工	0	0	0	0	2	0	0	2
南瑞集团	0	0	0	1	0	0	0	1
总计	96	278	356	95	146	97	90	1158

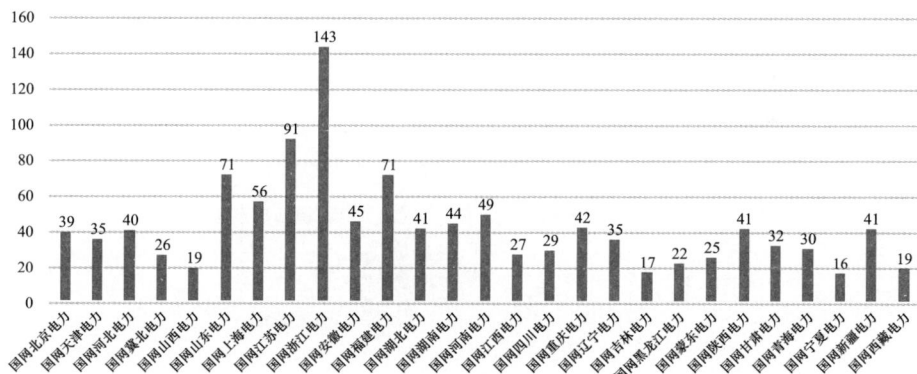

图3-4　27家省级电力公司实施社会责任根植项目数量

三、社会责任根植项目的领域与议题分布

从社会责任根植项目所涉及的领域来看，大体上可以分为社会责任根植业务运营和企业管理两大模块，其中企业管理又分为基础管理、职能管

理和专项管理。2014—2020年间，国家电网公司社会责任根植于业务运营领域的项目最多，达到886个，占总数的76.5%；其次是社会责任根植于专项管理领域的项目，数量为164个，占总数的14.2%；社会责任根植于职能管理和基础管理的项目数量分别为99个和9个，占比分别是8.5%和0.8%（见图3-5）。

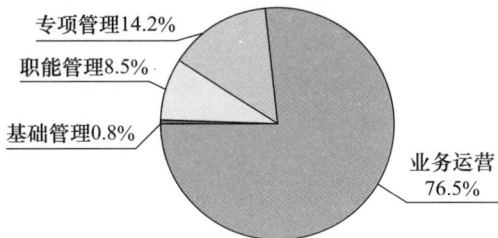

图3-5　不同领域社会责任根植项目的分布情况

在业务运营领域，社会责任根植于电力营销业务的项目数量最多，达到572个，占该领域项目总数的64.6%；其次是社会责任根植于电网检修，项目数量为133个，占该领域项目总数的15%；另外，社会责任根植于电网建设的项目数量也达到100个，社会责任根植于电网运行和电网规划的项目数量则相对较少，分别为65个和16个（见图3-6）。

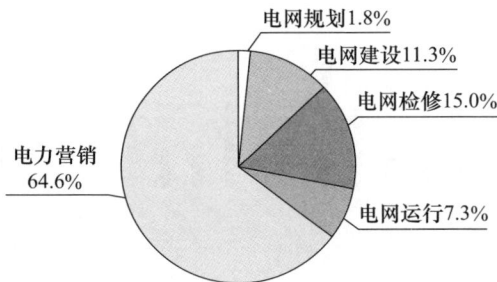

图3-6　不同业务运营领域社会责任根植项目的分布情况

在基础管理领域，社会责任根植于决策管理的项目数量为7个，根植于绩效管理的项目数量为2个，尚没有社会责任根植于流程管理和制度建设的项目。

在职能管理领域，社会责任根植于安全生产管理、物资管理、人力资源管理的项目数量位居前三，分别为34、26、23个，占该领域项目总数的比重分别是34.3%、26.3%、23.2%；社会责任根植于环境管理、科技信息管理、财务资产管理和风险管理的项目数量较少，分别为7、5、2个和2个（见图3-7）。

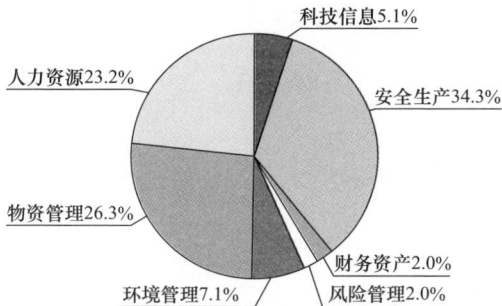

图3-7　不同职能管理领域社会责任根植项目的分布情况

在专项管理领域，社会责任根植于公益管理的项目占据绝大多数，数量达到115个，占该领域项目总数的70.1%；利益相关方沟通、社会责任全面融入的社会责任根植项目数量均为18个，占该领域项目总数的比重均为11.0%；社会责任根植于党建管理、企业文化建设和品牌管理的项目数量分别为7、5个和1个（见图3-8）。

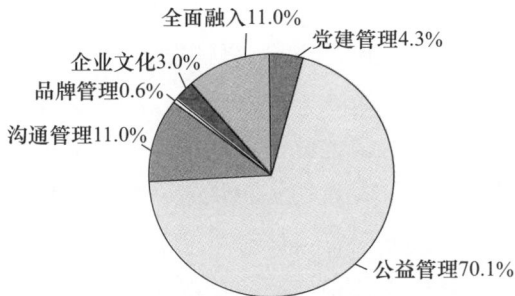

图3-8　不同专项管理领域社会责任根植项目的分布情况

从社会责任根植项目涉及的具体议题来看，2015年开始，社会责任根植于精准扶贫的项目出现，已累计35个；2018年开始，社会责任根植于营商环境的项目出现，大部分社会责任根植于电力营销的项目都与营商环境有关；同年，社会责任根植于乡村振兴的项目也出现，凡是与农村用电有关的项目都涉及乡村振兴；2019年开始，社会责任根植于大数据的项目出现；2020年开始，双碳、抗击疫情项目出现，具体数量虽然不多，但大部分项目背景都会涉及这些内容。

第四节
开展社会责任根植项目所实现的效果

国家电网公司通过持续实施社会责任根植项目制、开展大量社会责任根植项目的创新实践，对基层员工、企业、利益相关方和社会都带来积极的价值增进作用，为中央企业甚至中国企业社会责任发展作出了重要贡献。

一、探索出中央企业社会责任在基层落地的新模式

中央企业往往规模大、层级多、员工数量多，社会责任在基层落地面临比较大的困难，传统的社会责任管理模式和议题实践模式效果不显著。对于中央企业来说，推广落实科学的企业社会责任观，碰到的最大的困难和问题就是初始导入工作非常难。企业社会责任是一项典型的知识驱动型工作，认知不发生变化，行动就不会改变；行动不发生改变，结果就不会发生变化，社会责任工作的绩效就难以体现。社会责任根植，为科学的社会责任观扎根基层，提供了有效的知识供给。在实际推行中，通过一个个具体项目让员工有了直接体验，有体验就会有积淀，有积淀就会有动力，有动力就会有发展。社会责任根植项目制的实施，成功通过组织的力量实现了社会责任有效知识的扩散和共享。

从国家电网公司的实践来看，1158个社会责任根植项目的实施，让地市和县级供电企业从事不同业务、管理工作的员工对社会责任、社会责任

根植、社会责任管理有了真正理解，通过亲身实践掌握了社会责任的理念、方法和要求。通过社会责任根植项目的具体开展，基层员工结合自身的岗位实际，明确了岗位所赋予的社会责任要求，同时也创新了从事业务和管理工作的方式方法。从"国家电网公司—省级电力公司—地市公司—县公司"的社会责任根植项目管理体系来看，国家电网公司可以通过这一体系将社会责任真正在基层落地。国家电网公司的社会责任根植项目制，破解了中央企业社会责任在基层落地难的问题，形成了社会责任真正在基层落地的有效模式。

二、推动公司业务运营和管理水平的不断提升

国家电网公司实施的社会责任根植项目，涉及业务运营和企业管理的方方面面。社会责任在这些领域的根植和融入，推动业务运营和企业管理不断创造出新做法，进而推动业务运营和管理水平的不断提升。如在决策管理水平优化层面，实现了议题提交与选择、议题的方案、议题的最终决策及议题的执行与督办全过程的优化；在流程管理优化层面，实现了基于社会责任理念对流程进行优化、优化后流程在实际中得到具体应用，并建立对业务活动流程进行社会责任要素检验与控制机制；在完善制度建设层面，实现了基于社会责任理念对制度进行优化及推进优化后制度的落地执行；在完善绩效管理层面，不断推进社会责任融入传统的绩效考核，并实现社会责任绩效的评估与优化改进；在优化业务运营层面，持续建立负责任的电网规划、负责任的电网建设、负责任的电网运行、负责任的电网检修及负责任的电力营销；在优化职能管理层面，持续推进对人力资源管理、财务资产管理、物资采购管理、科技信息管理、全面风险管理、品牌管理及企业文化建设的优化；在优化公益管理层面，进一步推进社会责任融入公益选题、公益策划、公益实现及公益评估过程，推进公益管理变革。

三、推动公司综合价值创造能力和水平稳步提升

每一个社会责任根植项目都要求从社会和利益相关方视角出发，分析

项目涉及各方的利益诉求，考虑经济、社会、环境综合价值，充分发挥利益相关方合作和社会资源优化配置的功能，最大限度发挥项目的综合价值创造潜能，实现多方共赢的局面。以点带面，1158个社会责任根植项目不仅创造了自身价值，而且给基层单位带来业务运营和企业管理上的变革，以及公司整体综合价值创造能力和水平的提升。

在经济价值创造方面，社会责任根植项目制不仅实现了营业收入、利润水平等直接经济价值的提升，更在税收、就业、创新等方面创造了间接经济价值。

在社会价值创造方面，社会责任根植项目制的推行实现了为客户创造价值、为伙伴创造价值、为员工创造价值、为社区创造价值的效果。随着社会责任的根植落地，客户用电质量、客户服务水平及客户满意度不断提高，从而实现了客户价值的创造；随着社会责任的根植落地，公平竞争蔚然成风、合同履约率稳步提升、责任采购不断深化、政企合作成效卓著、产学研合作不断创造价值，从而实现了伙伴价值的创造；随着社会责任根植落地，员工权益保护水平不断提高、员工安全健康水平不断增加、员工培训力度不断增强、员工关爱水平稳步提高、员工满意度不断提高，从而实现了员工价值的创造；随着社会责任根植落地，社区发展水平进一步提升、社区关系持续和谐、员工志愿者持续为社区提供服务，从而实现了社区价值的创造；随着社会责任的根植落地，公司安全生产水平不断提高、安全应急机制逐步建立、安全事故数量不断降低，从而实现了安全生产价值的创造。

在环境价值创造方面，随着社会责任根植项目制的深入实施，企业环境管理水平不断提升，环境价值创造能力持续提升。供电企业通过不断实现线损的降低、能耗的节约及污染排放的有效控制，助力节能减排；通过促进清洁能源、电动汽车产业发展，推进节能环保产业的发展及用户的绿色低碳转型，推进能源绿色低碳转型；通过减少生态环境破坏、积极生态恢复与治理，开展生物多样性保护，实现对生态环境的保护。

四、获得利益相关方和社会各界充分肯定

国家电网公司社会责任根植项目的实施，使利益相关方价值创造水平和价值获得感不断提升，利益相关方对供电企业的社会责任表现更加认可，企业品牌形象得到进一步优化。从客户来看，社会责任根植供电服务项目的实施，让供电服务得到优化，供电企业的履责表现获得用户认同，客户满意率获得提升，投诉率持续下降。从政府来看，供电企业将社会责任根植与政府关心的重大经济社会问题联系起来，通过社会责任根植和共享价值创造方法更加有效解决这些经济社会问题，赢得各级地方政府高度肯定。此外，国家电网公司开展的社会责任根植项目得到了广泛的社会认可，获得许多社会赞誉。国网江苏、浙江电力等省级电力公司的多个社会责任根植项目获得了省部级和国家级荣誉，社会责任根植项目制也使得国家电网公司的社会责任表现赢得了多项国家级荣誉，推动国家电网公司在中央企业成为当之无愧的引领者。正是卓越的表现和广泛的利益相关方认同，根据世界品牌实验室（World Brand Lab）发布的2021年《中国500最具价值品牌》分析报告，国家电网品牌价值连续15年攀升，国家电网品牌连续第6年位居该榜榜首。

第四章

国家电网有限公司社会责任根植
项目评价标准的构建思路

◆ 开展项目评价的价值和意义
◆ 评价标准构建的依据与原则
◆ 评价标准构建的流程与方法

第一节
开展项目评价的价值和意义

项目评价标准是确保社会责任根植项目纵深发展与优化改进的指南针、助推器和公平秤，明确项目评价的功能定位，制定合理、规范的评价组织程序，能够从机制上保障社会责任根植项目评价标准的现实意义与实用价值的实现。

一、社会责任根植项目评价的功能定位

充分发挥评价标准作为"指南针""助推器"和"公平秤"的三大功能，提高国家电网公司社会责任根植项目制的科学性、积极性和公平性，是组织开展社会责任根植项目评价工作的要旨。

（一）发挥"指南针"功能，提供项目优化的方向指引

国家电网公司实施社会责任根植项目制数年来，已经立项实施了上千个项目，涉及上百家供电企业，覆盖电网规划、建设、运检、营销等各业务领域，以及财务、人力、物资等关键职能部门。但是从质量水平和实施绩效来看，不同的根植项目之间存在巨大的差异。有些企业的根植项目过程规范、为业务部门创造了很多基于社会责任的新思路和新举措，很好地帮助企业解决问题、创造价值。但也有一些企业，只是将业务部门的工作或项目简单总结，一直未能区分社会责任根植项目与日常工作、实践项目之间的区别，没有真正发挥出社会责任根植的价值。这主要在于，不同企业对于社会责任根植项目，无论在内涵理解还是在方法掌握上，都缺乏统一的评价标准。对社会责任根植项目开展科学评价，建立清晰、统一的社会责任根植项目评价标准，让项目执行者能够全面、系统地通过评价标准，掌握社会责任根植项目的工作思路、操作方法和标准要求，从标准的角度发现自身项目存在的问题，以及与优秀项目之间的差距，为项目的策划实施和优化改进提供方向指引。

（二）发挥"助推器"功能，创造项目实施的内在动力

开展社会责任根植项目的核心目标是通过融入社会责任的理念和方法，帮助业务部门和职能部门更好地优化其工作，找到对问题更好的新的解决办法，为企业和社会创造更大的价值。这就需要从社会责任根植项目选题、策划、实施、传播，到总结、推广的全过程，都有业务部门和职能部门的高度参与。但是在实际的推进过程中，社会责任根植项目更多只是社会责任部门单方面的工作，是对业务部门既有工作在社会责任根植语言体系下的再包装，没有真正形成部门合力与联动，"空中楼阁""形式主义"的问题普遍存在。同时，由于缺乏科学的评奖、评优等激励机制，各部门、各单位对社会责任根植项目的重视程度有逐年降低的趋势，推动社会责任优化供电企业运营的外在推力与内生动力不足。要改变这样的现状，就需要对社会责任根植项目进行科学评价，通过建立评价标准、营造竞争氛围、树立示范标杆、发现差距和改进方向，形成各个项目之间的比较，为常态化开展的社会责任根植项目制注入新的动力与活力，再次提高各部门各单位实施社会责任根植项目的工作积极性。

（三）发挥"公平秤"功能，实现项目评价的公平公正

国家电网公司组织实施社会责任根植项目制的数年间，经历过不同阶段的评价方式。早期是由国家电网公司组织各省级电力公司的社会责任根植项目集中开会汇报并接受专家的现场点评打分，这种方式有较好的现场效果，但是比较耗时费力；之后对社会责任根植项目进行星级评价。随着内部评优工作的调整，社会责任根植项目又被下放到各省级电力公司自行组织评优。国家电网公司层面主要是进行全网优秀社会责任根植项目入库筛选工作。这些工作依然保留了对社会责任根植项目的评价，但是这些评价有一个共同的特点，就是主要依赖项目专家组的主观判断和经验偏好，缺乏客观的、统一、适用的评价标准，因此合理判定社会责任根植项目的优劣，充分比较各个社会责任根植项目之间的差异存在一定的不足。如果仅仅取决于专家或评价小组的主观判断，缺乏客观的评判依据，会让社会责任根植项目的评选结果在一定程度上缺乏公平和公正，损害参与单位的

积极性和创造力。因此，充分发挥项目评价的"公平秤"功能，对社会责任根植项目展开系统、科学评价，用统一的、可衡量的、可操作的评价标准和公开透明的评估程序，对社会责任根植项目的选题、实施、绩效、传播、应用等各个方面进行逐项逐条地参照对比、评估打分，形成更加科学、系统、精准的评估结果，有利于获得更加具有现实指导意义的评价结果，提高社会责任根植项目评级评优的公平性。

二、构建社会责任根植项目评价标准的必要性

评价标准是开展项目评价工作的关键与核心。构建社会责任根植项目评价标准，就是要从方法论、标准化等方面进一步解决当前社会责任根植项目制推进过程中遇到的问题，进一步优化升级公司全面社会责任管理的工作路径和模式。

（一）让项目执行人有方法可循

国家电网公司从2014年组织实施社会责任根植项目制以来，已连续8年开展社会责任根植。公司系统内各级地市、县公司，运用社会责任理念和方法，优化改进公司在日常业务、重大议题、职能管理中的各项问题，形成了一大批案例成果。与此同时，社会责任根植项目在系统内的推进也存在不均衡、不可持续等问题。具体表现在：仍然有很大一部分下属公司在什么是社会责任根植、如何开展社会责任根植、根植项目与社会责任实践项目的区别等基础性问题上存在困惑，不能合理地实施符合社会责任根植要求的项目，难以发挥社会责任在优化企业运营管理中的实际价值。制定社会责任根植项目评价标准，从项目选题、策划实施、沟通传播、效果评估、成果转化等全过程制定指标、标准，能够重塑社会责任根植的理论框架和方法路径，深化员工对社会责任及社会责任根植的认识，让根植项目的执行人能够有方法可循、有工具可用，进一步提升国家电网公司社会责任工作的整体水平。

（二）让项目评估方有标准可依

国家电网公司在历年对社会责任根植项目的评价中，多采用专家主观

判断的定性评价方式,对每个根植项目做符合性判断(是否为社会责任根植项目),并加以点评。对于每年两三百个社会责任根植项目,采用上述主观评价的方式难以做到精细化。通过构建社会责任根植项目评价标准,从项目选题、策划实施、沟通传播、效果评估、成果转化等全过程制定详尽的评价指标,并对指标设置定量化的评分标准,让项目评估方有标准可依,能够支撑评估专家更加科学、精细、客观地对根植项目进行评价。采用评价标准对项目展开评价,一方面能够尽可能减少专家判断的主观性,提高项目评价的公平、公正性;另一方面,通过对各指标项的打分,所得到定量化的评价结果,能够对项目质量、等级等做出明确的界定,有利于更好地营造竞争氛围,提高各公司参与社会责任根植项目的积极性;除此之外,通过构建社会责任根植项目评价标准,能够指导项目执行方依据标准展开自评,分析自身工作与标准之间的差距,及时找到短板与缺陷,为项目未来的持续改进找到前进的方向。

第二节

评价标准构建的依据与原则

社会责任根植项目评价标准的构建将以项目评价、全面社会责任管理、社会责任根植工作手册及根植项目案例为依据,遵循系统性、指导性、可比性、可量化、可参与、动态性等基本原则,科学合理地制定兼具理论价值与实践意义的评价标准。

一、评价标准构建依据

社会责任根植项目评价标准的构建将以全面社会责任管理作为基本理论依据,一般项目评价及《国家电网公司社会责任根植项目工作手册》作为方法依据,社会责任根植项目案例作为实践依据,综合以上基础完成对评价标准从体系框架到内容细节的建构。

（一）依据项目评价的基本方法

所谓项目评价，即项目在其生命周期全过程中，为了更好地进行项目管理，针对项目生命周期每阶段特点，应用科学的评价理论和方法，采用适当的评价尺度所进行的"根据确定的目的来测定系统属性，并将这种属性变为客观定量的计值或主观效用的行为。"为保证项目评价思想的具体落实，需要建立一个实用的、结构良好的、以计算机技术为基础的评价模型，包含评价指标、指标权重、评分标准及计算模型等。社会责任根植项目评价标准的构建，将参考遵循一般项目评价的基本原理和方法，从项目选题、策划实施、沟通传播、效果评估、成果转化等全生命周期出发，从评价指标体系构建、指标权重设置、评分标准设定等模型建构着手，综合运用德尔菲法、层次分析法等标准构建的工作方法（详见第四节），建立社会责任根植项目评价标准的总体框架，确保社会责任根植项目在评价过程中利用定量、半定量的评价技术，使得评价方法逐步转向结构化或半结构化，尽量减少个人偏好等主观因素的影响，确保社会责任根植项目评价标准的科学性和系统性。

（二）依据全面社会责任管理的总体要求

全面社会责任管理，是企业在科学的社会责任观指导下正在形成的新的管理模式。它是企业以自身行为应对社会负责任的价值追求为动力，以充分实现企业的社会功能为内容，通过激发利益相关方的社会价值创造潜能，有效管理企业运营对社会和环境的影响，最大限度实现经济、社会与环境的综合价值的管理模式。全面社会责任管理的核心要求包括三个方面：一是实现全员参与，从领导层到基层员工，树立履责意识、能力与自觉行动；二是全方位融入，从企业核心价值观、发展战略、管理体系等全过程融入社会责任理念；三是全过程覆盖，构建融合社会责任理念的生产经营体系、资产生命周期管理体系与企业目标运行机制。这些要求本身也是社会责任根植项目的根本要求。由此可见，全面社会责任管理既是社会责任根植项目生根的土壤，也是其努力追求与实现的目标。社会责任根植项目评价标准的构建，将依据全面社会责任管理的总体要求，以可持续发展与综合价值最大化为目标导向，充分体现"全员参与、全方位融合、全过程覆盖"的"3T实施体系"，围绕社会责任管理理念全面融入业务运营、职能管理、运行机制和企业文化建设，并全面推动和加强企业公益管理、利益相关方管理和社会沟通管理的管理内容，制定系统、全面的评价标准，确保社会责任根植对全面社会责任管理的有效落地和常态支持。

（三）依据《国家电网公司社会责任根植项目工作手册》的操作思路

《国家电网公司社会责任根植项目工作手册》是2017年国家电网公司编制发布的社会责任推进系列工作手册之一，为各下属公司开展实施社会责任根植项目提供全面、具体指导。手册分为基本概念与方法、社会责任根植的内容、社会责任根植项目实施步骤和社会责任根植项目管理机制四个部分，系统回答了什么是社会责任根植、社会责任根植项目的实施步骤、每个步骤中的关键核心问题、社会责任根植项目的统筹和管理、可以运用的管理工具等诸多问题。社会责任根植项目评价标准的构建，将着重依据《国家电网公司社会责任根植工作手册》这一重要工具，完整覆盖项目选题、策划实施、沟通传播、效果评估、成果应用的全过程，系统呈现社会责任理念、方法和工具在公司决策、运营、职能管理的各方面根植融入的基本要求和操作思路，确保评价标准与工作手册从理论内涵到工作方法的一脉相承。

（四）依据社会责任根植案例的实践基础

国家电网公司从2014年正式启动社会责任根植项目制以来，已经实施了千余个社会责任根植项目，涉及上百家供电企业。这些案例中，既有对业扩报装、树线矛盾、防外力破坏等电网企业常规议题的新的解决方案，也有电力大数据、碳中和等时代新命题在供电企业中的落地与深化，更有对黑楼道治理、独居老人、疫情防控等社会问题的新发现与新创造，展现了社会责任根植项目丰富的素材来源与广阔的触角。这些案例不仅将社会责任理念充分融入到日常的业务运营与社会问题的解决中，有效发挥了社会责任的价值与贡献，也进一步拓展了社会责任理念的内涵与外延，创造出许多新的视角、新的理念与方法，实现了社会责任根植项目制的动态更新与持续发展。社会责任根植项目案例从实践的层面为社会责任根植工作所能够实现的程度与效果均给出了答案。社会责任根植项目评价标准的构建，将系统研究和分析历年来国家电网公司社会责任根植项目案例尤其是优秀案例的工作方法和实践特征，总结社会责任根植在实践中的一般规律、侧重点、共性和差异等，将其运用到对评价标准指标体系及评分标准的设定中，确保社会责任根植项目评价标准具有充分的可操作性与指导性。

二、评价标准构建原则

社会责任根植项目评价标准的构建原则应从总体设计、应用操作和目标方向三个层面考虑。评价标准的总体设计应遵循系统性、指导性原则，以确保项目评价的"指南针"功能；评价标准中各项指标的设定应可比较、可获得、可量化、可参与，以便于评价标准的应用和操作；评价标准的构建还应着眼于未来，具有动态更新的持续性，以指引社会责任根植项目的持续优化。社会责任根植项目评价标准的构建原则如图4-1所示。

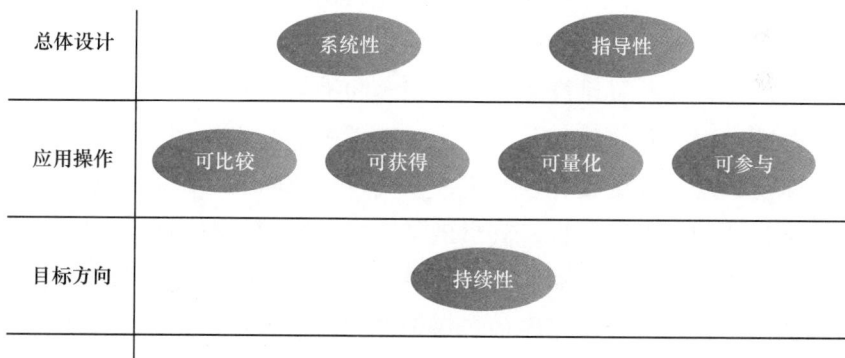

图4-1　社会责任根植项目评价标准的构建原则

（一）系统性原则

构建社会责任根植项目评价标准，要树立系统思维，遵循系统性原则。所选择的评价指标应能全面反映社会责任根植项目推进的总体思路、操作步骤和基本要求，通过这些指标能够从整体上把握社会责任根植的原理和方法，形成系统化、结构化的工作模式。其中，社会责任根植项目评价标准中的每个评价指标，都是相互关联、相互影响，自成一体。每个指标都是经过对社会责任根植步骤与要求的层层分解与落实，构成其内在的逻辑和层次，形成对社会责任根植项目推进机制的全面、系统的反映，树立起社会责任根植项目评价标准的科学性与权威性。

（二）指导性原则

社会责任根植项目评价标准的构建应遵循指导性原则。无论是指标设置、指标赋权还是评分标准的设定，都要具备切实可行的指导意义，有详尽的指标释义，清晰的操作说明和具体的案例作为参考，始终服务于"如何更好地推动社会责任融入企业运营""如何更好地运用社会责任理念方法优化改进公司的管理方式、工作方式、沟通方式"等根本目标，确保社会责任根植项目评价标准能够作为一份工具书、参考书，切实指导供电企业员工在日常工作及与利益相关方互动合作中的微改进与微创新。

（三）可比较原则

社会责任根植项目评价标准的构建应遵循可比较原则。重点是评价指标的设置要能客观反映社会责任根植项目的共同属性，实现纵向可比与横向可比。其中，纵向可比意味着指标在时间维度上具有可比性，不同时点上的指标值可以进行比较，其目的是反映根植社会责任理念和方法之后，可以给企业带来怎样的变化与贡献；横向可比意味着指标在企业与企业、项目与项目之间具有可比性，其目的是通过与其他企业的对比来客观评价社会责任根植项目的独特做法与先进性。遵循可比性原则，既能够拉开项目之间的差距，实现优劣排序或等级定评，也能够促进项目在自评过程中发现自身差距，持续优化改进。

（四）可获得原则

构建社会责任根植项目评价指标体系时，应充分考虑所涉及的指标在实践中是否便于获取，是否能够进行统计、收集和评估。也就是说，确保指标度量要在技术、投资和时间要求上可行，在项目执行过程中可沉淀、可追踪，能够通过文字记录、图片记录、实物等明确的佐证资料对指标进行评估论证；同时，指标的信息采集应尽量节省成本，讲究成本效益比，要用尽可能小的成本获得尽可能多的信息。

（五）可量化原则

社会责任根植项目评价标准的构建应遵循可量化原则。尽管社会责任根植项目的评价指标基本都是定性指标，但是社会责任根植项目最终的评定结果需要用分数这种可量化的方式来呈现。这就需要有一个对定性指标进行科学量化的过程，也就是用不同的分数等级衡量定性指标的完成情况。因此，要从完成度、创新性、社会反馈等不同的层面判定社会责任根植项目的实践深度与价值创造，并将其转化为可以量化的评分标准，从而确保社会责任根植项目评价标准的实用性。

（六）可参与原则

社会责任根植项目评价标准的构建应遵循可参与原则。利益相关方参与是社会责任的基本原则之一，是确保企业决策运营过程中，充分管理自身对利益相关方产生的影响，尊重利益相关方的知情权、监督权和参与的重要准则和工具。社会责任根植项目大多解决的是企业与社会有接口的那部分问题，与利益相关方关系紧密。因此，在制定社会责任根植项目评价标准的过程中，必须引入利益相关方参与机制，邀请社会责任专家、各下属单位社会责任负责人及客户等重要利益相关方，对评价标准进行审阅并提出修订意见，确保社会责任根植项目评价标准的多方满意。

（七）持续性原则

社会责任根植项目评价标准的构建还要遵循持续性原则。无论是全面社会责任管理，还是社会责任根植，都是国家电网公司对社会责任工作在企业落地与持续推进的一种探索，是一个不断发展、不断优化的过程。因此，社会责任根植项目评价标准，也需要持续动态更新，要立足《国家电网公司社会责任根植项目工作手册》，同时也要超越该手册，结合新的社会责任理论发展、社会责任根植项目实践基础及利益相关方在实践过程中的意见反馈等，不断对评价标准进行持续优化改进。

第三节

评价标准构建的流程与方法

社会责任根植项目评价标准的构建需要遵循"构建指标体系—指标释义—指标赋权—制定评分标准—意见征求与定稿"等一系列规范的流程，综合专家定性评估与模型量化计算等方法，实现对评价标准的搭建。社会责任根植项目评价标准构建程序与方法如图4-2所示。

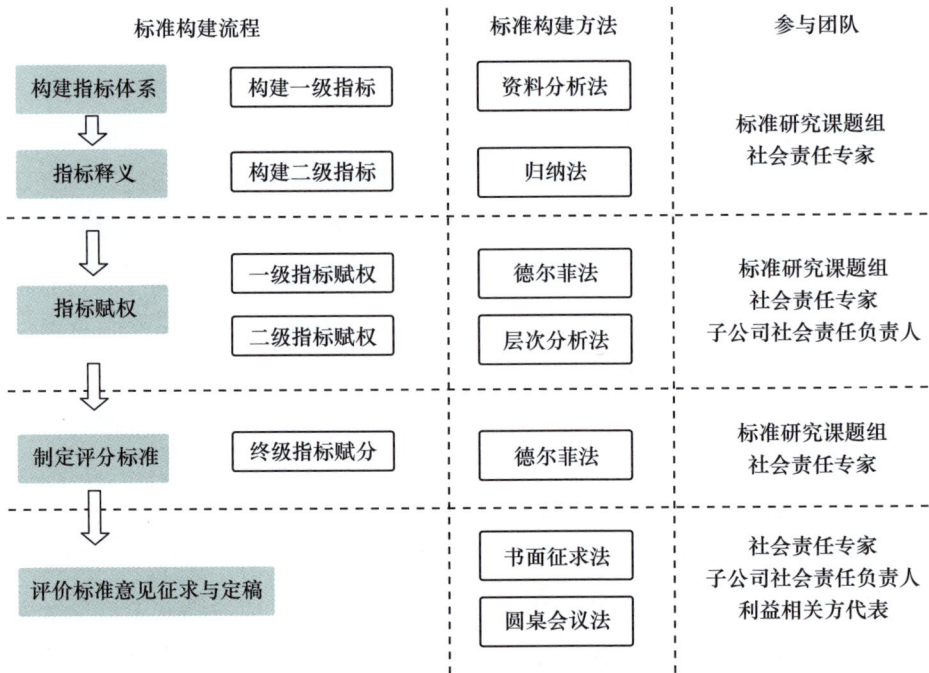

图4-2 社会责任根植项目评价标准构建程序与方法

一、评价标准构建流程

社会责任根植项目评价标准的构建，需要遵循一般项目评价的基本流程，首先是构建社会责任根植项目评价指标体系，包括一、二、三级指标，并对指标的内容进行详细的解释说明；其次是对一、二、三级指标的权重进行赋权；然后是对终级指标即三级指标制定详细的评分标准；综合上述工作成果形成社会责任根植项目评价标准的初稿并开展意见征求，最终修订定稿。

（一）构建指标体系

评价指标体系是评价标准的骨架。构建社会责任根植项目评价指标体系是标准构建的第一步，也是最为重要的一步。这一步将由标准研究课题组的成员，在社会责任专家的指导下，运用资料分析法和归纳法等方法，通过对《国家电网公司社会责任根植工作手册》、社会责任根植项目案例库等资料，进行方法过程的共性提炼与归纳完成。其中，评价指标将以"项目选题、策划实施、沟通传播、效果评估、成果转化"五大社会责任根植工作模块作为一级指标，以每个工作模块下的过程性指标和结果性指标作为二级指标；以对每段过程和结果所要达到的基本要求作为三级指标，构建社会责任根植项目的评价指标体系。评价指标全部为定性指标，综合反映出项目的完成度、创新性、成果反馈等实践深度与价值创造效果。其中，完成度是指项目实施单位在某项指标上工作开展的广度、深度或是对要求的满足程度；创新性则是指项目提出的解决思路、解决方案与常规工作的差异性、先进性等；成果反馈则是项目完成之后所积累的佐证资料、所获荣誉或外部评价等。

（二）指标释义

指标释义是指对所构建的社会责任根植项目评价指标体系下的每一级指标进行详尽的定义与解释说明，让标准使用者尽可能对同一个指标的基本内涵达成统一的共识。这部分工作主要由标准研究课题组在社会责任专家的指导下运用资料分析与归纳法完成。指标释义能够进一步明确各社会责任根植项目评价指标的内涵，加深使用者对评价标准的理解，为后续指标赋权、制定评分标准等工作奠定统一的共识基础。指标释义的文字要简单直白、通俗易懂，必要时可以引用社会责任根植项目案例进行解释说明。指标释义的重点是对需要直接赋分的三级指标进行解释说明。这一级的指标主要是要求性指标，也就是要求一个好的社会责任根植项目需要在该项指标上应该完成的程度、创新的要求和佐证情况等。指标释义越详尽，越能体现评价标准作为社会责任根植工作的工具参考书的价值。

（三）指标赋权

权重是一个相对的概念，是针对某一指标而言。某一指标的权重是指该指标在整体评价中的相对重要程度。设定评价体系指标权重的方法有多种，比较普遍的是专家直接评分法，这种方法依靠了专家的专业知识，具有一定的权威性，但缺点是这种方法过度依赖部分专家的主观判断，缺乏定量分析的支撑。因此在权重设置中，一般还会引用以数据分析为基础的层次分析法，用更加科学、定量化的方式为指标赋权。指标赋权将采用德尔菲法与层次分析法相结合的方法，做到主观与客观并重，定量与定性相结合，确保指标权重既反映专家的主观判断，又具有统计学上的科学性。对指标赋权的工作将由标准研究课题组运用德尔菲法制定专家调查表格，分别下发给社会责任专家与国家电网公司各下属单位社会责任负责人填写，再将调查结果运用层次分析法做最后的归一化计算，从而得出社会责任根植项目评价指标体系中一级指标、二级指标和三级指标各自的指标权重。

（四）制定评分标准

制定评分标准是指对社会责任根植项目评价指标体系中的终级指标（本标准中主要为三级指标）进行赋分，以此制定不同等级的评分标准，是评价标准构建中的最后一环，也是决定评价标准实用性、指导性和科学性最为关键的一环。制定评分标准同样将采用德尔菲法，由标准研究课题组在社会责任专家的指导下逐项完成。为尽可能提高评价标准的精细化评估功能，单个指标的分值通常在0~100分之间，实行分数累加制。在制定评分标准之前，需要从指标的完成度、创新性、成果反馈等不同层面对社会责任根植项目的理想状态做尽可能详尽与精细的预判，并在这些预判的基础上，给社会责任根植项目的每个三级指标下所要求达到的状态赋予相应的区间分数。区间分数可以是课题组提前设置，再分发给各个社会责任专家进行修订。经过几轮修订，完成最终的制定评分标准。

（五）评价标准意见征求与定稿

社会责任根植项目评价标准是未来指导、评判与推动社会责任根植项目制更好更优发展的重要工具。其实用性、操作性到底如何，还需要得到实际参与社会责任根植项目的各利益相关方的认可。因此，引入利益相关方参与机制，对社会责任根植项目评价标准（意见征求稿）进行公开公示，并征求利益相关方意见是非常必要的。意见征求可以通过书面意见征求和圆桌会议相结合的方式，发放给社会责任专家、各下属公司社会责任负责人及利益相关方代表等审阅，请其对评价指标体系、指标释义、指标权重、评分标准等各个方面的内容进行评估，并形成对评价标准的书面意见，返给课题组修订完善，最终定稿发布。

二、评价标准构建方法

为确保社会责任根植项目评价标准的科学性、规范性、权威性，需要引用资料分析、归纳法、德尔菲法、层次分析法、专家征询法等常规的社会科学研究方法，将其融入到指标体系构建、指标赋权、评分标准制定及意见征求等过程中，下面介绍每类方法的基本内涵及在评价标准制定中的具体应用。

（一）指标体系构建方法——资料分析与归纳法

资料分析法，是指为了获得某项成果或进行下一步调查研究，利用现有资料，分析利用以扩展研究深度广度的研究方法。资料分析法又细分为历史研究法、比较研究法和文献研究法等方法。其中，比较研究法是对物与物、人与人之间的相似性或相异程度的研究与判断的方法。也可以理解为是根据一定的标准，对两个或两个以上有联系的事物进行考察、寻找其异同，探求普遍规律与特殊规律的方法。文献研究法是搜集、鉴别、整理文献，并通过对文献的研究形成对事实的科学认识的方法。资料分析法具有分析成本低、工作效率高等特点，但是也存在信息不够全面，需要与其他方法结合使用等问题。而归纳法是一种由个别到一般的推理，由一定程度的关于个别事物的观点过渡到范围较大的观点，由特殊具体的事例推导出一般原理、原则的解释方法。

　　社会责任根植项目评价指标体系的制定，将主要采用以文献研究和比较研究相结合的资料分析法与归纳法等方法，通过对全面社会责任管理相关文献、《国家电网公司社会责任根植工作手册》、历年社会责任根植项目案例库中的优秀案例等资料，进行分析、整理、归纳，提炼出反映社会责任根植项目工作水平的评价指标体系。

　　具体工作思路和方法如下：

　　首先，对国家电网公司全面社会责任管理的相关理论文献、政策文献及《国家电网公司社会责任根植项目工作手册》等资料进行分析，提出第一层思考逻辑：社会责任根植工作的流程和内容模块有哪些？将这些流程与内容模块整理归纳出来，作为备选的一级指标。这里包括项目选题、策划实施、沟通传播、效果评估、成果应用等五大模块。然后结合社会责任根植项目的实践案例，比较这些内容模块是否在大多数优秀的根植项目中均有所展示；如果是，则归纳出一级指标。

　　其次，针对每一项一级指标，也就是社会责任根植项目开展过程中的每一个流程环节，提出第二层思考逻辑：在该环节上有哪些具体的工作过程及会产出怎样的结果？将其中的过程性指标与结果性指标整理出来，作为备选的二级指标。如在项目选题环节中，就有题目筛选这个过程性指标及题目命名这个结果性指标，将这两个指标结合根植项目案例进行实践归纳，最终确定出项目选题的两个二级指标：题目筛选、题目命名。

　　最后，再针对每一项二级指标，提出第三层思考逻辑：这个阶段的工作要点和核心要求是什么？将这些要求性指标提炼整理出来，作为备选的三级指标。如在题目筛选过程中，需要遵循社会责任根植的问题导向、特色导向及全面社会责任管理的全员参与等要求，结合社会责任根植项目实践案例的比较分析，最终确定出题目筛选下的三个三级指标：问题发现、特色挖掘和全员参与。

　　（二）指标赋权方法——德尔菲法与层次分析法

　　德尔菲法，也称专家调查法，1946年由美国兰德公司创始实行，其本质上是一种反馈匿名函询法，其大致流程是在对所要预测的问题征得专家的意见之后，进行整理、归纳、统计，再匿名反馈给各专家，再次征求意见，再集中，再反馈，直至得到一致的意见。它有三个明显区别于其他专家预测方法的特点，即匿名性、多次反馈、小组的统计回答。匿名是为了消除权威的影响，尽可能获得各专家客观、真实的想法，此法既依靠专家，又能尽量避免权威专家等所带来的不利影响；反馈则是指该方法需要经过3~4轮的信息反馈，使专家们的想法逐步趋于一致，获得最终的共识，该过程中专家之间的意见交换和修正，是利用严格的程序来保证结论的公正性、真实性；而小组统计则有效避免了专家会议法只反映多数人观点的缺点，将少数派的意见同样考虑其中，同时对专家们提出的意见运用数理统计方法处理，保证了意见汇集的可靠性和科学性。小组统计环节的梳理统计将采用层次分析法来完成。

层次分析法，也称AHP法，由Satty在20世纪70年代创立，是一种定性与定量分析相结合的多目标决策分析方法。在评价不同方案优劣的计算过程中，层次分析法会对评价指标的权重进行相应的设定。在德尔菲法的基础上，采用层次分析法进行小组统计与数据处理，就可以做到既能充分依靠专家的权威性，同时又能够较好地消除个别专家的主观判断对结论的影响，许多绩效评价工作都采用过这种方法，实践证明效果理想。层次分析法确定权重的步骤如图4-3所示。

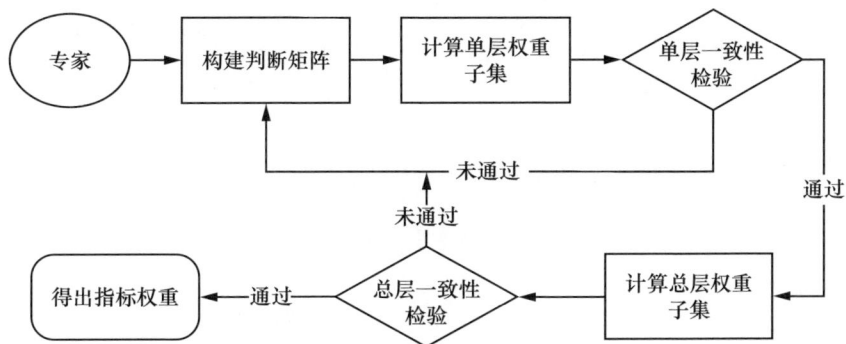

图4-3　层次分析法确定权重的步骤

社会责任根植项目评价指标权重的设定，将联合采用德尔菲法与层次分析法。首先由评价标准研究课题组制作指标赋权的调查表，然后将指标赋权的调查表格分头下发给社会责任专家、下属公司社会责任负责人填写，最终运用层次分析法的计算模型，对各专家的指标权重进行归纳统计，得出相应的权重结果。

层次分析法的方法步骤及数量模型

第一步：对选取的评价指标之间两两比较的判断矩阵。设某一层有n个指标因素，为了避免评价者对评价指标赋权值的主观性，采用层次分析法建立重要性标度值表（见表4-1），请P位专家采用1~9分制（或e^0~e^8）对该层各指标作两两之间的对比打分，从而形成P个判断矩阵。

表4-1　　　　　　　　　　重要性标度值表

重要性标度	含义
1	表示两个元素相比，具有同等重要性
3	表示两个元素相比，前者比后者稍微重要
5	表示两个元素相比，前者比后者比较重要
7	表示两个元素相比，前者比后者十分重要
9	表示两个元素相比，前者比后者绝对重要
2，4，6，8	表示两个元素相比，表示上述判断的中间值
倒数	若元素i与元素j的重要性之比为A_{ij}，则若元素j与元素i的重要性之比$A_{ji}=1/A_{ij}$

第二步：对P个判断矩阵$A_k=[a_{ijk}]n \times n$，$k=(1, 2, p)$求平均值，得出指标相互重要程度的平均值$A=(a_{ij})n \times n$，其中：

$$a_{ij}=(\prod_{k=1}^{p} a_{ij}^k)^{1/p} \quad (1)$$

第三步：采用层次分析法的"和法"，根据矩阵$A=(a_{ij})n \times n$确定n个评价指标的权值$w=(w_1, w_2, w_n)$，其中：

$$w_i = \frac{1}{n} \sum_{j=1}^{n} \frac{a_{ij}}{\sum_{k=1}^{n} a_{kj}} \quad i=1, 2, \cdots, n \qquad （2）$$

对 w 进行归一化，形成归一化权向量

$$w' = （w_1', w_2', w_n'） \qquad （3）$$

第四步： 进行一致性检验。先计算最大特征值，$\lambda_{max} = \sum_{j=1}^{n} \frac{v_j}{nw_j}$，其中 $v = A'w^T$，$CI = \frac{1}{n-1}(\lambda_{max} - n)$，$CI=0$，为完全一致，CI值越大，判断矩阵的一致性越差，一般只要 $CI \leq 0.1$，认为判断矩阵的一致性可以接受。

以上数据中，通过对专家调研得到的评价数据通过最终归一化处理后得到的向量 w' 就是整个评价体系中各指标的权重指数。

（三）制定评分标准方法——征询专家意见法

征询专家意见法亦称"专家调查法""专家评估法"。这个方法是集合有关领域的专家意见、经验、知识和判断能力进行预测的一种定性方法。在对预测目标未来发展方向缺乏必要的情报资料时，往往采用这种预测方法。这种方法常采用以下三种方式。

一是专家个人判断。这种预测方法简单，并能最大限度地利用个人的能力和经验，但受到专家个人的知识深度和广度的影响，易带有片面性。

二是专家会议。这种预测方法，可获取大量信息，而且专家之间可以相互启发，交换意见，考虑的因素较多、较全面。但是，这种预测形式，少数人容易屈服于多数人或权威的意见，出现"沉默的螺旋"效应，也有可能因个体的刻板印象、固有观点与众不同而影响群体共识的达成。

三是德尔菲法。德尔菲法是三种预测方法中运用最多的一种。此法主要用于技术、政治、经济、社会和文化环境的发展趋势预测。具体做法是：先由主持预测的机构事先特邀若干名（一般为10~12名）某领域内的专家，

将所要预测的问题和有关背景材料，用通信的方法提供给专家们，请他们用匿名的方式就有关需要预测的问题发表自己的看法。然后将这些意见汇集整理，再反馈给每一位专家，请他们重新考虑。专家们根据反馈再次发表意见（可以修正或改变原来意见）。如此进行多次，使专家们的意见趋向一致，最后得出能代表多数专家意见，作为预测的根据。

社会责任根植项目评分标准的制定，将采用专家会议和德尔菲法相结合的方法进行，在保证工作效率的同时，确保评分标准的科学性和可靠性。首先运用专家会议法，由课题组邀请若干名权威的社会责任专家，开会商讨出社会责任根植项目评分标准的赋分规则，细化出规则的具体内容；再运用德尔菲法，分别对每项细则的分数进行打分，经过多轮修正，确定出社会责任根植项目评价指标的最终评分标准。

（四）评价标准意见征求方法——书面征求与圆桌会议法

在完成社会责任根植项目评价标准之后，需要引入利益相关方参与机制，通过书面征求或圆桌会议等方式，充分征求利益相关方对标准的意见诉求，确保评价标准能够在各方面得到利益相关方的认可与接纳。书面征求的方法主要是，向行业内社会责任专家、下属公司社会责任负责人及政府、重要客户等利益相关方代表分别发放《国家电网公司社会责任根植项目评价标准（意见征求稿）》，由其审阅之后填写书面反馈意见。为了尽可能提高意见反馈质量，可以制作意见反馈表格，统一设置问题，用选择题与开放式问题相结合的方式，最大范围收集修改意见。

在完成书面意见征求后，也可酌情考虑邀请各下属公司社会责任负责人召开圆桌会议，以意见征求与标准培训相结合的方式，进一步向各下属公司社会责任负责人面对面讲解社会责任根植项目评价标准的构建依据、构建方法、指标体系、赋分原则及操作指南等，加强各项目实施单位对社会责任根植项目评价标准的理解与细节把握。同时也充分了解各下属公司在社会责任根植项目具体实践过程中的难点、问题，并将其整合到对标准的修订之中，让各下属公司更好地将评价标准应用到未来的社会责任根植项目的项目选题、策划实施、沟通传播、效果评估、成果转化的全过程。

三、评价结果的汇总与定级

指标赋权和赋分标准设定以后，由社会责任专家组对提交的每个社会责任根植项目依据赋分标准对项目的各项指标进行赋分，再由评估工作组对每位专家的打分表进行逐项的检查核实，确认无误后，在计算模型的原理指导与工具支撑下，计算出最终的评估结果，形成当年社会责任根植项目的得分排序。

计算模型

计算模型是指将各个专家对社会责任根植项目所评分数换算成最终结果的一组计算公式。具体如下：

单个专家评出的项目得分=$\sum\{\sum[\sum(三级指标×三级指标的权重)×二级指标权重]×一级指标权重\}$

项目最终得分=$\sum$单个专家评出的项目得分/专家数量

依据项目的得分排序，可以将社会责任根植项目分为A、B、C、D四个等级（见表4-2），并将评估结果以文件形式下发给各省级电力公司。社会责任根植项目评估结果可纳入各省级电力公司的绩效考核或评级评优工作中，鼓励各公司在评价标准的指导下进一步优化改进各自的社会责任根植工作。

表4-2　　　　　　　社会责任根植项目评价结果定级标准

项目得分	等级评价	等级含义
0～60分	D	不及格，说明不符合社会责任根植项目的要求，不是真正的社会责任根植项目
60～70分	C	及格，属于社会责任根植项目，但是在项目执行的各方面都还有很大的提升空间
70～90分	B	优良，基本达到社会责任根植项目的各方面要求，还可以继续优化改进
90～100分	A	优秀，是非常优秀的社会根植项目，可以作为示范在其他公司推广借鉴

第五章

国家电网有限公司社会责任根植
项目评价指标与标准

- ◆ 评价指标体系概览
- ◆ 项目选题评价指标
- ◆ 项目过程评价指标
- ◆ 项目传播评价指标
- ◆ 项目绩效评价指标
- ◆ 项目成果化评价指标

第一节

评价指标体系概览

社会责任根植项目评价指标体系包含三个层级，5个一级指标、12个二级指标及25个三级指标。一级指标由项目选题、项目过程、项目传播、项目绩效和项目成果化五大基本模块组成，构成了社会责任根植项目开展的完整程序；二级指标是对每个模块下的工作流程进行再分解，如项目选题又细分为题目筛选和题目命名两项工作流程，项目过程又可细分为立项过程、策划过程、实施过程和总结评估四大流程；三级指标是对每项子流程的过程性要求与成果性要求，如立项过程的过程性要求是立项程序、成果性要求是立项报告。社会责任根植项目评价指标体系概览见表5-1。

表5-1　　　　　　　　社会责任根植项目评价指标体系概览

一级指标	二级指标	三级指标
1. 项目选题（10%）	1-1 题目筛选（60%）	1-1-1 问题发现（50%）
		1-1-2 特色挖掘（30%）
		1-1-3 全员参与（20%）
	1-2 题目命名（40%）	1-2-1 标题内涵（60%）
		1-2-2 标题形式（40%）
2. 项目过程（40%）	2-1 立项过程（20%）	2-1-1 立项程序（60%）
		2-1-2 立项报告（40%）
	2-2 策划过程（30%）	2-2-1 项目调研（40%）
		2-2-2 项目方案（60%）

续表

一级指标	二级指标	三级指标
2. 项目过程（40%）	2-3 实施过程（30%）	2-3-1 过程控制（60%）
		2-3-2 工作日志（40%）
	2-4 总结评估（20%）	2-4-1 评估程序（50%）
		2-4-2 总结报告（50%）
3. 项目传播（15%）	3-1 品牌运作（50%）	3-1-1 品牌塑造（40%）
		3-1-2 品牌宣传（60%）
	3-2 社会传播（50%）	3-2-1 传播报道（60%）
		3-2-2 社会反馈（40%）
4. 项目绩效（20%）	4-1 内部价值（60%）	4-1-1 问题解决（50%）
		4-1-2 企业价值（50%）
	4-2 外部价值（40%）	4-2-1 利益相关方价值（50%）
		4-2-2 社会与环境价值（50%）
5. 项目成果化（15%）	5-1 成果固化（40%）	5-1-1 机制固化（70%）
		5-1-2 成果理论化（30%）
	5-2 成果推广（60%）	5-2-1 内部推广（50%）
		5-2-2 外部交流（50%）

注 表中指标i是一级指标的编号（1、2、3、4、5等共计5个一级指标）；指标i-k是二级指标的编号（1-1、1-2、2-1、2-2等共计12个二级指标）；指标i-j-k是三级指标编号（1-1-1、1-1-2、1-2-1等共计25个三级指标）。

第二节
项目选题评价指标

项目选题是指选择一个议题或问题展开社会责任根植项目探索的最初过程，是社会责任根植项目取得成功的第一步。好的选题能够事半功倍地推动社会责任根植项目的顺利实施，取得更大的经济、社会与环境综合价值，为项目带来更优的评价绩效。项目选题根据过程性指标和结果性指标二分法，又可分为题目筛选、项目命名两个二级指标。其中，题目筛选的权重占比为60%，题目命名的权重占比为40%。

一、题目筛选

题目筛选是项目选题的过程性指标，是指从公司日常运营及与利益相关方互动的过程中，主动发现和挖掘可以开展社会责任根植项目的问题点和价值点的过程。好的题目筛选过程应遵循问题导向、特色导向和全员参与等原则，聚焦问题，凸显特色，集合全员智慧，从源头上确保打造出一个具有现实意义与群众基础的社会责任根植项目。因此，题目筛选又可细分为问题发现、特色挖掘和全员参与3个三级指标。其中，问题发现是最为重要的指标，权重占比50%；特色挖掘的权重占比30%；全员参与的权重占比20%。

（一）指标1-1-1 问题发现

问题发现是指项目执行方坚持问题导向，主动发现企业运营中的问题，并通过社会责任根植项目来聚焦特定问题的解决。问题发现是项目选题中最为关键的一项指标，是社会责任根植项目的最基本要求，也是区别于社会责任实践项目或其他工作汇报最为重要的一项指标。依据评分标准的设定，问题发现满分为100分，可细分为四个层面（见表5-2）：一是问题的聚焦性；二是问题的关联性；三是问题的代表性；四是问题的创新性。

表5-2 　　　　　　　　　　"问题发现"的评分标准

赋分规则	分值
问题的聚焦性——项目选题有清晰的问题聚焦点	40分
问题的关联性——所聚焦问题与企业运营有直接或间接的关联	20分
问题的代表性——问题具有代表性，是公司或社会普遍关注的问题	20分
问题的创新性——是以往根植项目不曾涉及过的新问题	20分

1. 问题的聚焦性

问题具有聚焦性是指能够清晰地看出社会责任根植项目是围绕某一个特定问题展开分析、反省及思路创新并最终实现问题的解决的整个过程。问题聚焦性是社会责任根植项目的立项基础，在整个指标中的评分占比约为40%。在公司以往提交的社会责任根植项目中，仍然有部分项目缺乏问题聚焦，围绕比较宽泛、宏大的主题，将社会责任根植项目做成了社会责任实践项目甚至是一般性的工作汇报等。如《精准服务 精彩互动》《"网上国网"的建设与应用》等项目，就是完全没有聚焦问题，只是一般性的工作汇报；而《烤烟房"煤改电"美村富民》项目，则更像是社会责任实践项目，缺乏对电能替代问题的聚焦与深入探索；《你递便利，我递电——资源共享 破解城市快递充电难题》项目，就能明显看出项目是聚焦城市快递行业的充电难题来探索相应的解决之道。

2. 问题的关联性

问题具有关联性，是指所聚焦的问题与企业运营有直接或间接的关联。社会责任根植项目鼓励企业运用社会责任视角和方法对公司的业务进行"微创新"和"微改进"，以更好地体现社会责任的价值。因此，与企业运营有直接或间接关联的项目选题，会得到更高的评分，约占该指标分值的20%。其中，直接关联是指直接影响企业良性发展的运营难题，如《全景透明度管理 让电网建设项目推进不再难》聚焦的是电网工程阻工问题。或由企业运营直接产生的社会问题，再如《绿色处置 化危为安——社会责任根植电力危化废旧物资处置工作创新》聚焦的是电网运营产生的危险化学品污染的问题。间接关联主要是指企业间接产生的利益相关方问题，这些问题与企业运营有关但无法律责任和义务，如《"四维矩阵"筑牢农村用电安全防护网——社会责任根植破解防触电安全难题》聚焦的是用户侧的安全用电问题。

3. 问题的代表性

问题具有代表性，是指所聚焦的问题是企业或社会普遍关注和期望的典型问题。通过社会责任根植项目探索代表性问题的解决之道，有利于形成可复制、可推广的工作模式，提高社会责任的普适价值。因此，具有典型性、代表性的选题，可以得到更高的评分，约占该指标分值的20%。其中，问题的代表性既包括与企业有关联的内部典型问题，如《"变废为宝"——社会责任根植树障清理管理》聚焦的就是电网公司运营过程中普遍存在的树线矛盾问题；也可能是与企业运营无关但社会有普遍关注和期望的广义社会问题，如《"红杜鹃"——社会责任根植零距离关爱留守儿童》聚焦留守儿童这一广受公众关注的社会问题。

4. 问题的创新性

问题具有创新性是指所选题目是供电企业以往未曾关注过的新问题。社会责任根植是一件持续开展的常态化工作，需要不断推陈出新，才能激发社会责任根植的活力与动力。因此，具有创新性的选题更容易获得较高的评分，约占该指标分值的20%。其中，发现新问题体现在两个方面，一是按照传统的工作思维和方式，可能不认为是企业应该推动解决的社会问题，而从社会责任视角思考，却是企业应该用创新的方式推动解决的社会问题，如《阳光赋能增值，让楼道亮起来——社会责任根植清洁能源就地消纳策略》，就将本不属于供电企业责任范围的居民黑楼道问题纳入企业创新的范畴；另一种新问题是随着时代发展涌现出的新的社会问题或新的解决思路，如《"关爱之眼"——电力大数据助力社区关爱》，就是聚焦老龄化问题，运用电力大数据的新思路新办法，解决独居老人的照看问题。

（二）指标1-1-2 特色挖掘

特色挖掘是指项目执行方坚持特色导向，立足时代发展和地方特色，选择特点鲜明、容易引起关注和共鸣的根植项目展开创新与探索。"特色挖掘"是项目选题中与"问题发现"互为补充的一项指标，是社会责任根植项目的另一个方向，即围绕需求、任务、趋势等，展开社会责任根植。依据评分标准的设定，特色挖掘满分为100分，可细分为两个层面（见表5-3）：一是具有地方特色；二是具有时代特色。

表5-3　　　　　　　　　　"特色挖掘"的评分标准

赋分规则	分值
具有地方特色——项目选题围绕当地的风土人情与社会特定需求而展开	50分
具有时代特色——项目选题围绕当下备受关注的时代命题而展开	50分

1. 具有地方特色

题目具有地方特色，是指项目选题是围绕当地的风土人情与社会特定需求而展开，体现出鲜明的地域、文化特色。鼓励社会责任根植项目具有地方特色，是为了推动各单位充分运用社会责任理念方法解决地方特定问题或需求，让社会责任工作与地方工作更好地融合、更接地气。因此，具有地方特色的项目选题可以有更高的评分，约占该项指标分值的50%。其中，地方特色又可细分为具有地方特色的用电相关问题，如《"千里传音"2.0——社会责任根植缩短供电公司故障停电信息获取时间》，解决的就是边远地区的用电服务问题；还有围绕地方特色文化而展开的项目，如《电窑炉协同推广体系助力青瓷非遗焕活新生》，通过电能替代支持青瓷非物质文化遗产的发扬光大。

2. 具有时代特色

题目具有时代特色，是指项目选题紧扣时代主题，围绕国家或地方发展战略、国内外热点议题展开社会责任根植的创新与探索。社会责任根植项目制是国家电网公司常态化开展的工作机制，要持续焕发社会责任根植的生机与价值，需要与时俱进，紧密结合外部环境的变化与发展趋势做出相应的选题调整。因此，具有时代特色的项目选题可以有更高的评分，约占该项指标分值的50%。"时代特色"与指标"问题发现"中的"创新性"有相似也有不同，相似点在于都是紧密结合时代变化选择相应的议题，但"问题发现"中的"创新性"主要聚焦的是新时代产生的新问题，如独居社会问题等，而"时代特色"更多关注新的趋势、任务，如碳中和、乡村振兴等议题。

（三）指标1-1-3 全员参与

全员参与是供电企业开展全面社会责任管理的基本要求，它要求企业各部门、各层级和各岗位的所有员工都有意愿、有能力去落实履行社会责任的要求，并将其转化为行动。同时，还要求企业将履行社会责任理念拓展到利益相关方，携手利益相关方共同实现综合价值最大化，形成真正意义上的，包括内部员工和外部利益相关方的最广泛的全员参与。社会责任根植项目作为全面社会责任管理的落地机制，同样需要全员参与才能充分发挥社会责任的专业服务功能。尤其在选题阶段，做到全员参与能够确保社会责任根植项目是自下而上、由外而内的自发生长，是基于内在需求而非任务，能更好地发挥员工的主动性、积极性。根据评分标准的设定，全员参与满分为100分，可分为两个层面（见表5-4）：一是自下而上的参与，二是由外而内的参与。

表5-4　　　　　　　　"全员参与"的评分标准

赋分规则	分值
自下而上的参与——项目选题由基层员工或业务部门主动向社会责任部门发起	50分
由外而内的参与——项目选题由外部利益相关方主动向公司发起	50分

1. 自下而上的参与

自下而上的参与是指项目选题是由基层员工或业务部门基于自身工作的思考与需求，主动向社会责任部门发起。自下而上的参与很好地体现出员工及其他业务部门主动参与社会责任根植项目的积极性，是社会责任的价值得到公司上下全体员工理解和认识的重要标志。因此，自下而上参与的项目选题，可以得到更高的评分，约占指标分值的50%。对这部分指标的完成情况，主要是通过专家问询，以及提供由基层员工或业务部门提交的选题提案、前期沟通会议纪要等佐证资料来判定。

2. 由外而内的参与

由外而内的参与是指项目选题是由外部利益相关方基于其现实需要和发展愿景而主动向供电企业提出共同发起。由外而内的参与体现出社会责任根植项目的影响范围已经从供电企业内部走向了利益相关方，是国家电网公司全面社会责任管理的品牌影响力得到社会认可的重要表现。因此，由外而内参与的选题，可以得到更高的评分，约占指标分值的50%。对这部分指标的完成情况，也是通过专家问询，项目单位提供由利益相关方提交的选题提案，以及前期沟通会议纪要等佐证资料来判定。

二、题目命名

题目命名是项目总结报告的点睛之笔，是对项目所解决问题、根植的社会责任理念及引致的创新举措的高度提炼。项目标题的质量与水平，对项目总结报告的总体质量与水平至关重要。因为一个生动、贴切而又深刻、创新的标题，意味着大家对根植项目所解决的问题及社会责任根植所带来的创新有了深刻的理解。项目标题一般在项目立项之初就会设定，但项目标题可不拘泥于项目立项时的名称，而应随着对项目所解决问题理解的不断深化，以及社会责任根植所引致的举措创新，而进行不断的优化。项目标题可细分为标题内涵和标题形式两个三级指标，其中标题内涵的权重占比为60%，标题形式的权重占比为40%。

（一）指标1-2-1 标题内涵

标题内涵是指通过标题所能承载和表达的社会责任根植项目的丰富内容，包括根植项目解决了什么问题、根植了什么样的社会责任理念、推出了什么样的创新举措、社会责任根植在哪个领域、社会责任推动了哪个领域工作的创新等。标题包含的内涵越丰富，越利于项目的传播及评价。根据评分标准的设定，标题内涵满分为100分，具体可细分为三个层面（见表

5-5）：一是根植的领域；二是根植的理念；三是根植的效果。

表5-5　　　　　　　　　　　**"标题内涵"的评分标准**

赋分规则	分值
根植的领域——体现出项目是针对哪个业务领域或议题展开社会责任根植探索	20分
根植的理念——体现出项目引入了哪些社会责任核心理念或创新举措	40分
根植的效果——反映出通过社会责任根植解决了怎样的问题或带来怎样的变化	40分

1. 根植的领域

根植的领域是指社会责任根植项目所涉及的范围，体现出项目是围绕哪个业务领域或议题展开社会责任根植探索。在题目中，能够直观看出社会责任根植项目所根植的领域，有利于对项目进行分类整理，也方便阅读者迅速查阅自身感兴趣的根植项目。因此，能够明确显示出根植领域的题目，可以得到更高的评分，约占指标分值的20%。根植的领域一般是以副标题的形式出现，如《清障"共同体"——社会责任根植树线矛盾工作创新》《"变废为宝"——社会责任根植树障清理管理》，都是围绕树线矛盾展开社会责任根植探索。

2. 根植的理念

根植的理念是指社会责任根植项目所融入的社会责任理念、方法或创新举措。将社会责任根植项目的核心理念提炼出来，在题目中予以呈现，可以让阅读者清晰地看到项目执行方的思路创新与工作创新，形成良好的第一印象，对项目参阅和项目评价都有重要意义。因此，具有清晰理念的题目，可以得到更高的评分，约占整个指标分值的40%。如《"朋友圈"让水乡钓友远离触电悲剧——社会责任根植推动安全用电服务创新》这一项目题目中的"朋友圈"，就同时呈现了在推动用户安全用电服务中，运用了利益相关方合作的社会责任理念及微信朋友圈作为沟通载体的举措创新。

3. 根植的效果

根植的效果是指通过开展社会责任根植项目解决了怎样的问题或带来

怎样的变化。社会责任根植的核心目标是通过引入社会责任理念和方法，给常规工作难以突破和解决的问题创造新的解决思路、产生新的目标和影响。因此，通过标题让社会责任根植项目的价值一目了然，可以让阅读者直观掌握项目的成果，对项目评价有很好的提分效应。根植效果同样占整个指标分值的40%。如《"朋友圈"让水乡钓友远离触电悲剧——社会责任推动安全用电服务创新》就在题目中呈现了对钓鱼触电悲剧问题的解决；《让黑楼道持续地亮起来——社会责任根植推动供电延伸服务创新》则直观地表达了根植项目所解决的"黑楼道"长效治理问题。

（二）指标1-2-2 标题形式

标题形式是指标题所呈现出来的格式、语言、修辞等形式上的呈现与表达。题目标题要做得特点鲜明、表达新颖、利于传播，争取让读者对项目产生了解的兴趣和深刻的记忆。根据评分标准的设定，标题形式满分为100分，可细分为两个层面（见表5-6）：一是标题格式；二是语言修辞。

表5-6　　　　　　　　　　　　"标题形式"的评分标准

赋分规则	分值
标题格式——运用主副标题的标题格式	40分
语言修辞——文字简练、表达新颖、有感染力等	60分

1. 标题格式

社会责任根植项目在标题格式上，一般都采用主副标题的形式。主标题的要素可聚焦三点：解决了什么问题？根植了什么样的社会责任理念？推出了什么样的创新举措？副标题主要用于表明社会责任根植在哪个领域、社会责任推动了哪个领域工作的创新，这有利于根植项目的内部分类管理，也可以有效区分履责实践与社会责任根植项目之间的区别。如原题目为《以电相连，大爱无疆——"宁波妈妈"网络爱心互助平台》，建议将题目改为《让普通人的爱流动起来——社会责任根植推动员工爱心服务创新》。"以电相连，大爱无疆"的标题宣传气息浓厚，很容易让人误以为是公益工作报道。实际上该项目解决的核心问题是，如何发挥"宁波妈妈"的道德品牌和公信力资源，搭建社会公益平台，有效联通爱心人士和受助者，让员工参与公益事业创造更大的价值；体现的核心社会责任理念是追求综合价值最大化，让每一份爱心创造的价值最大化、发挥的功能最大化；最为重要的创新举措就是搭建"让普通人的爱流动起来"的爱心互助平台。

2. 语言修辞

社会责任根植项目的标题通常需要包含较多信息量和丰富内涵，既要有问题聚焦，还要体现社会责任理念与创新举措，而作为标题本身，又需要尽可能简洁、新颖才能利于传播。这就对标题的语言修辞提出了较高要求，即项目标题应尽可能用少量的文字精准表达丰富的内涵，要将常规的工作表达转化为更具风格特色的社会表达，要通过标题引发人联想、思考并产生共鸣。修辞好的标题更容易给人留下深刻印象，获得更高的评分，占整个指标分值的60%。如《"阳光N次方"让办电又快又好——社会责任根植业扩报装服务创新》，就采用通俗直白的语言风格（让办电又快又好），独具品牌效应的修辞表达（阳光N次方），展现了透明理念在业扩报装业务中的根植创新及其带来的成效价值，成为供电企业持续多年的社会责任根植项目典范。

第三节
项目过程评价指标

项目实施过程是指从社会责任根植项目立项到策划、实施和总结的全过程，是社会责任根植项目落地实践的主体内容和核心模块。良好的项目实施能够真正实现社会责任理念、方法在公司运营中的有效运用，能够切实帮助企业最大化创造经济、社会与环境综合价值。项目实施根据项目推进的环节，细分为立项过程、策划过程、实施过程和总结过程等四个二级指标。其中，立项过程的权重占比为20%，策划过程的权重占比为30%，实施过程的权重占比为30%，总结过程的权重占比为20%。

一、立项过程

好项目的立项过程应当有严谨、规范的立项程序，以确保能够从众多的备选项目中脱颖而出；同时有清晰、准确的立项报告，为项目的开展思路指明方向。立项过程细分为立项程序和立项报告两个三级指标。其中，立项程序权重占比60%，立项报告权重占比40%。

（一）指标2-1-1 立项程序

立项程序是指社会责任根植项目从选题确认到立项报批全过程的相关活动、要求与流程。立项程序通常由各省级电力公司分头组织，由下属的县级供电公司（包含个别优秀供电所）、地市级供电公司自行甄选、逐级上报，并完成立项申请。严谨、规范、科学的立项程序，既体现供电企业对社会责任根植项目的重视，也从源头上保障社会责任根植项目的水平和质量。根据评分标准的设定，立项程序满分为100分，可细分为三个层面（见表5-7）：一是立项研讨；二是量中择优；三是立项申请。

表5-7   "立项程序"的评分标准

赋分规则	分值
立项研讨——为社会责任根植项目立项组织内部研讨	30分
量中择优——从多个备选项目中甄选最优项目进行立项	30分
立项申请——按照要求及时提交并修改立项申请	40分

1. 立项研讨

立项研讨是指各项目执行单位为社会责任根植项目立项所专门组织的内部研讨，就选题及项目开展的方向、思路、所需资源、预期成效、难点等进行初步的分析与商讨，形成最终上报的选题及初步的立项报告。立项研讨一般由各单位社会责任部门召集选题涉及到的业务部门、职能部门或子公司参加，同时也可以酌情邀请外部社会责任专家，就初步的选题及立项思路进行把关。立项研讨的参与者越多，过程记录越详细，越能体现社会责任根植项目在前期准备上的充分性，也就越容易获得较高的评分。立项研讨占整个指标分值的30%。评价依据包括：项目立项研讨的视频、照片、会议纪要等文件。

2. 量中择优

量中择优是指每家单位所申请立项的社会责任根植项目是从多个备选项目中甄选出的最优项目。量中择优不仅仅是为了确保社会责任根植项目的质量水平，更重要的是为了鼓励供电企业的每个部门、每位员工在日常工作中保持敏锐的社会责任思维，善于从工作中寻找问题、发现问题，主动思考社会责任的定位与价值，积极参与社会责任根植项目选题申报，为公司积累丰富的项目储备，形成全员常态化参与的良好氛围。量中择优是一项逐级完成的任务，各县公司从内部量中择优，提交最优的项目给地市公司；地市公司再量中择优，提交最优的项目给省级电力公司；省级电力公司同样量中择优并最终提交给国家电网公司。量中择优占整个指标分值的30%。评价的依据包括备选项目清单及获评意见等。

3. 立项申请

立项申请是指各单位在完成内部立项研讨、量中择优之后，将最终甄选的项目选题按照格式要求，填写立项申请并提交立项报告的过程。立项申请同样是遵循从县公司—地市公司—省级电力公司—国家电网公司的逐级申请过程。为减少工作重复性，立项申请的模板要求尽量全公司保持一致。规范的立项申请过程体现出项目执行单位从始至终的参与度及配合度，容易获得更高的评分。立项申请占整个指标分值的40%，评价的依据主要包括立项申请表的填写及意见反馈情况。

（二）指标2-1-2 立项报告

立项报告是各单位提交的社会责任根植项目的项目提案，是对项目为什么做及准备怎么做的集中阐述和预判。一份好的立项报告，可以给人留下深刻的第一印象，也是决定项目能否量中择优的关键，同时也为项目后续的策划实施指明了方向。根据评分标准的设定，立项报告满分为100分，可细分为三个层面（见表5-8）：一是立项背景；二是计划安排；三是组织保障。

表5-8　　　　　　　　　"立项报告"的评分标准

赋分规则	分值
立项背景——对项目提出的背景有清晰、深入的阐述	30分
计划安排——有详细、合理的工作计划与进度安排	50分
组织保障——对项目所需资源有充分预估并建立相应的保障机制	20分

1. 立项背景

立项背景是立项报告的开篇章节，主要阐述社会责任根植项目提出的根本原因，包括企业自身的主观原因，也包括利益相关方或经济社会等外部客观原因。好的立项背景能够清晰、深入地阐述社会责任根植项目的选题思路，如为什么要选择这个项目？项目致力于解决什么核心问题？问题产生的原因及后果是什么？从而为后续工作的推进设置充足的理由和条件。立项背景占到整个立项报告指标分值的30%，主要评价的依据包括：立项背景是否紧扣主题、背景中的各要点是否逻辑清晰层层递进、是否有量化的数据或真实的案例作为论证依据、是否能充分说明项目开展的必要性等。

2. 计划安排

计划安排是立项报告中的重点章节，是对社会责任根植项目准备怎么推进所做的初步工作方案，包括如何开展调研、如何融入社会责任理念、如何进行思路与工作的创新，以及工作进度安排等。好的计划安排能够清晰指明社会责任根植项目的工作方向，能够有效区分出一般性工作计划或项目计划与社会责任根植项目工作计划的区别，能够深入项目背后的问题、困境进行深刻地解析并融入社会责任的理念方法加以解决和创新。计划安排占到整个立项报告指标分值的50%；主要评价的依据包括：计划安排是否清晰明确，是否符合社会责任根植项目的工作思路，是否具有可操作性等。

3. 组织保障

组织保障是立项报告中不可或缺的内容，是社会责任根植项目得以顺利推进的支撑和保障，包括组织机构及职责分工、资金预算、其他资源及合作需求等。好的组织保障能够清晰考虑到社会责任根植项目推进中的各项需求，周密部署协调相关资源，是根植项目真正得以落地的基础和前提。组织保障占到整个立项报告指标分值的20%；主要评价的依据包括：是否有人、财、物的资源保障和周密安排，组织保障是否具有可操作性，是否与计划安排的内容相符合等。

二、策划过程

策划过程是决定社会责任根植项目成效的关键，也是最能体现社会责任根植项目与一般性的实践项目区别的关键所在。好的策划过程能够深刻发现项目推进面临的困境、厘清各利益相关方的关系与矛盾、找到社会责任在其中的发挥空间和价值，为项目做出清晰、准确的执行方案。策划过程又可细分为项目调研和项目方案两个三级指标。其中，项目调研的权重占比为40%，项目方案的权重占比为60%。

（一）指标2-2-1 项目调研

项目调研是策划过程的第一步，也是不可或缺的一步。项目调研将围绕立项报告的计划安排，与专业部门共同拟定和实施有针对性的调研方案。调研过程要始终运用社会责任思维，在社会责任理念的指引下，厘清问题本质，找到利益相关方与问题解决的内在联系，立足整合多方资源，汇聚各方优势，为创新问题解决方案搭建思路框架。根据评分标准的设定，项目调研满分为100分，可细分为三个层面（见表5-9）：一是调研方案；二是调研记录；三是调研报告。

表5-9 **"项目调研"** 的评分标准

赋分规则	分值
调研方案——有详尽的利益相关方调研方案	30分
调研记录——有调研过程的佐证记录	30分
调研报告——有对项目调研的总结分析报告	40分

1. 调研方案

调研方案是指针对具体议题所开展的利益相关方的调研方案，这是根植项目区别于一般工作或实践项目所不同的调研方案，关注的重点是利益相关方的认知、诉求、意见，供电企业员工的思维、工作方式方法、面临的困惑等。好的调研方案能够深入剖析项目选题所涉及的问题，是对立项报告的有效落地，也是后续工作推进的有效衔接。调研方案占整个"项目调研"指标分值的30%；评价的依据包括：是否有完整的调研背景、方法、对象、任务及时间安排等工作部署，是否有详细的调研提纲或问卷，是否对项目涉及的所有利益相关方都开展调研，调研方案是否具有可操作性等。

2. 调研记录

调研记录是指开展利益相关方调研过程中佐证资料的收集，是对项目执行方切实开展真实调研过程的有效证明。好的调研记录能够充分展现社会责任根植项目调研的过程，也为后续工作提供详尽的素材。调研记录占整个"项目调研"指标分值的30%；评价的依据包括：是否有访谈记录，是否有真实有效的调研问卷，是否有关于调研过程的录音或视频图片，调研记录的内容是否详细充分，是否对项目具有实用价值等。

3. 调研报告

调研报告是指利益相关方调研工作的总结分析报告，是为后续项目策划提供思路、方向的重要工具。好的调研报告能够对调研过程中发现的问题、利益相关方的期望诉求进行准确地提炼与分析，能够对社会责任根植项目所涉及的各利益相关方的思想认识和行为方式进行深度剖析与反思，帮助项目组找到社会责任根植的工作思路和方向。调研报告占整个项目调研指标分值的40%；评价的依据包括：是否有单独的项目调研分析报告，报告是否对各方展开详细的问题剖析（见表5-10），报告对后续工作是否具有启发和参考价值等。

表5-10   问题剖析示例

对电网企业自身的问题剖析	对利益相关方的问题剖析
是否对问题的认知有偏差？ 工作思维是否缺乏外部视角和换位思考？ 工作方法是否遵照惯例和规程在单打独斗？ 工作能力是否忽略了主动沟通、超前协调和多方合作？	对供电企业和出现的问题是否存在信息不对称、知识不对称、认知不对称？ 对解决问题的责任、义务和能力、优势是否有客观充分的了解？

（二）指标2-2-2 项目方案

制定项目方案是整个社会责任根植项目工作的重中之重，是后续工作推进的操作指南，也是体现项目创新性与实用性的根本所在。社会责任根植项目方案要比立项报告更加详细、深入，更加有针对性地提出问题解决思路和解决方案。项目方案要立足变化导向，运用社会责任理念和方法，重新思考对特定问题的理解方式、界定方式、分析方式，找到解决特定问题的新思路、新方法、新途径。根据评分标准，项目方案满分为100分，可细分为两个层面（见表5-11）：一是思路创新；二是工作创新。

表5-11   "项目方案"的评分标准

赋分规则	分值
思路创新——用什么样的理念方法，重新认识问题、分析问题、解决问题	40分
工作创新——用什么样的创新举措或工作方式，来推进问题的具体解决	60分

1. 思路创新

思路创新是指项目方案要阐明期望运用什么样的社会责任理念及工具方法，重新认识问题、分析问题、解决问题。好的思路创新，是由社会责任部门引导专业部门，从社会责任视角出发，共同对问题的理解方式、界定方式、分析方式、解决方式进行深度反思，并将外部视野、利益相关方参与、透明运营、社会资源整合、综合价值创造等社会责任理念方法有机融入，形成问题解决的新思路、新认知。思路创新占整个项目方案指标分值的40%；主要评价的依据包括：是否分析以往的工作思路及其问题所在，是否清晰且恰如其分地引入社会责任理念，是否清晰阐述引入社会责任理念后的工作思路变化等。

思路创新实例

以电力系统关注的防钓鱼触电问题为例，在导入社会责任理念之前，对该问题的理解主要定位于规避法律责任问题，重点是确保电力设施的建设和维护要符合安全规定，并对高、低压线路下的鱼塘警示牌进行规范性清理与维护。导入社会责任理念之后，对问题的理解、分析和解决思路都发生了很大的变化，通过树立利益相关方思维和真正的担当精神，摒弃了思维惰性，告别了不自觉的作秀，坚持理性、创新与合作，凝聚各方合力，不仅认真开展防钓鱼触电和电力设施保护工作，加大对线下垂钓的安全隐患排查力度；而且通过联合相关部门通过发放告知书和宣传资料、广播车警醒等方式进一步提高垂钓人员的安全意识，谋求问题的长效、高效解决，为百姓、用户和社会创造更多的安全价值和人文关怀。

2. 工作创新

工作创新是指在社会责任理念的引导下，考虑用什么样的创新举措或采用什么样的新的工作方式，来推进问题的具体解决。如果说思路创新是理念、认知层面的转变，工作创新则是行动、举措层面的转变，是更加具体的行动解决方案。好的工作创新能够清晰阐明融入社会责任理念前后的工作方式、合作模式的转变，以及这种转变能有效实现对问题的持续解决，切实创造新的价值和机会。工作创新占到整个项目方案指标分值的60%；主要评价的依据包括：是否制定兼具创新性与可行性的行动举措，行动举措是否体现出社会责任的理念内涵，行动举措是否有利益相关方参与等。

三、实施过程

好的实施过程有与之相匹配的团队建设、进度监控、沟通机制，同时还有关于项目实施的日志记录，能够充分呈现出社会责任根植项目的实施过程，而非简单的工作总结。实施过程细分为过程控制和工作日志两个三级指标。其中，过程控制权重占比60%，工作日志的权重占比40%。

（一）指标2-3-1 过程控制

过程控制是社会责任根植项目方案落地实施中的推进与过程管控，是保证项目达成预期目标的重要工作环节。项目组通过召开项目启动会，提高项目组成员、配合部门员工，以及利益相关方和社会大众对实施根植项目的积极性；开展多种形式的培训，确保各方具备项目推进能力；实施严格的项目过程管控，做好项目进度监控、困难协调解决，以及多方沟通汇报。按照评分标准的设定，过程控制满分为100分，可分为三个层面（见表5-12）：一是团队建设；二是进度监控；三是沟通机制。

表5-12　　　　　　　　　　　"过程控制"的评分标准

赋分规则	分值
团队建设——建立项目推进的工作团队、明确责任分工与能力建设	30分
进度监控——明确不同阶段的工作重点与管控节点，进行过程监督	40分
沟通机制——建立团队沟通载体并实现信息实时互通	30分

1. 团队建设

团队建设是指为了顺利保障社会责任根植项目方案的落地实施，建立项目推进的工作团队、明确责任分工、组织动员并开展能力培训等工作。好的团队建设能够最大化提高各利益相关方对实施社会责任根植项目的积极性与推进能力。团队建设占整个过程控制指标分值的30%；主要评价的依据包括：工作团队是否由公司社会责任部门与项目涉及的业务部门成员共同组成，是否有外部力量的参与，是否召开项目启动会明确职责分工，是否组织员工能力培训等。

2. 进度监控

进度监控是指在社会责任根植项目推进过程中，明确不同阶段的工作重点与管控节点，并展开过程监督。进度监控既包括项目总负责人对项目本身的过程监督，也包括上级部门对下属单位的过程监督。好的进度监控能够掌握项目的进展，了解项目推进的难点，及时帮助协调解决项目推进中的问题，确保社会责任根植项目按照预期的目标和进度顺利实施。进度监控占到整个过程控制指标分值的40%；主要评价的依据包括：是否制订详细的工作计划与关键节点，是否展开进度监控的记录与反馈，是否向上级部门组织项目阶段性汇报等。

3. 沟通机制

沟通机制是指在社会责任根植项目实施过程中建立团队沟通载体并实现信息实时互通的工具与制度。社会责任根植项目涉及众多利益相关方，也有来自社会责任部门、业务部门及外部参与机构等多方力量，在项目推进过程中，需要有一个更加灵活、实时的沟通载体，以达成项目成员之间意见诉求的及时沟通。好的沟通机制既展现出社会责任根植项目的真实落地，也能够为项目的顺利推进提供动力。沟通机制占到整个过程控制指标分值的30%；主要评价依据包括：是否建立项目团队工作微信群或其他沟通机制，群里是否有日常工作推进的互动信息，项目各方的意见诉求是否在群里得到充分的表达等。

（二）指标2-3-2 工作日志

工作日志是指针对社会责任根植项目推进工作，定期记录工作的内容、重要事件及在工作过程中遇到的问题，解决问题的思路和方法等一系列记录性文件。编写工作日志，有利于形成对社会责任根植项目的过程观察与反思。经过长期的积累，不仅能为项目推进留下详细的佐证资料，也能通过工作日志提高员工的工作技能。根据评分标准的设定，工作日志满分为100分，可细分为两个层面（见表5-13）：一是日志报告；二是日志报送。

表5-13 "工作日志"的评分标准

赋分规则	分值
日志报告——对社会责任根植项目实施过程编写工作日志并形成日志报告	60分
日志报送——主动向上级部门定期报送项目日志报告	40分

1. 日志报告

日志报告是指对社会责任根植项目实施过程编写工作日志并最终形成的日志报告。在参与社会责任根植项目评价的过程中，日志报告与立项报告、调研报告、策划方案、总结报告一样，是项目评价的重要参考文件。主动记录并汇编日志报告的项目，更容易获得较高的评分。日志报告占整个工作日志指标分值的60%；评价的主要依据包括：是否有专门的工作日志报告，日志报告内容是否翔实并附有图片等资料，是否在工作日志中对项目推进过程进行反思与创新等。

2. 日志报送

日志报送是指社会责任根植项目实施方主动向上级部门定期报送项目工作日志的行为。日志报送体现出下属单位主动与上级部门建立频繁、常态的项目沟通，有利于让上级部门及时掌握项目的实施动向，让项目在众多社会责任根植项目中脱颖而出，同时也有助于寻求上级部门帮助协调项目推进中面临的困难和问题。日志报送占整个工作日志指标分值的40%；评价的主要依据包括：是否向上级部门主动报送社会责任根植项目工作日志，上级部门是否对日志作相应的批阅，是否通过工作日志达成上下级之间项目上的有效合作与促进等。

四、总结评估

总结评估是发掘社会责任根植项目价值及进行持续改进的重要过程。好的总结评估会有严谨的评估程序，运用科学的评估工具，通过充分的调研与讨论，形成完整规范的总结报告，为上级部门最终评定社会责任根植项目成效提供丰富的佐证。总结评估细分为评估程序和总结报告两个三级指标。其中，评估程序的权重占比50%，总结报告的权重占比50%。

（一）指标2-4-1 评估程序

评估程序是指在社会责任根植项目完成并运行一段时间后，对项目目的、执行过程、社会效益和影响等进行系统的、客观的分析和评估。通过对社会责任根植项目的评估检查，确定项目预期目标是否达到，项目规划是否合理有效，项目主要指标是否实现。通过分析评估和总结等工作，找出项目成功或失败的原因，以总结经验教训，通过及时有效的信息反馈，为未来项目的设计、实施和决策等提出改进建议。根据评分标准的设定，评估程序满分为100分，可分为三个层面（见表5-14）：一是评估工具；二是评估调研；三是总结大会。

表5-14   "评估程序"的评分标准

赋分规则	分值
评估工具——有调查问卷、资料清单等成效评估工具	30分
评估调研——有开展项目成效评估的调研过程	40分
总结大会——有召开关于项目成效总结的讨论大会	30分

1. 评估工具

项目评估工作可以监测项目执行、反映项目成效；设计评估和讨论评估结果的过程则可以帮助厘清项目逻辑。因此，在对社会责任根植项目进行评估分析时，可采用成效评估工具，对项目进行全面的评估，用更为直观的方式分析项目成效。评估工具占整个评估程序指标分值的30%；评价的主要依据包括：在社会责任根植项目成效评估工作中是否使用了专门的评估工具，使用评估工具的类别，评估工具的使用对项目的评估工作产生了何种影响等。

2. 评估调研

评估调研是指在对社会责任根植项目进行评估过程中，围绕评估工作计划，通过资料调查和收集、调研座谈会等形式，推进评估工作的开展。

评估调研应紧扣项目主题，进行有针对性的调研和总结，做到有的放矢，取得实际成效。评估调研占整个评估程序指标分值的40%；评价的主要依据包括：在项目成效评估工作中是否开展了评估调研工作，调研评估工作是否制定了相关计划，评估调研工作采用了哪些形式方式，评估调研是否产出了工作成果等。

3. 总结大会

总结大会是指针对社会责任根植项目的工作情况，组织召开成效总结讨论大会，了解项目全过程的工作情况、出现的问题教训、值得借鉴学习的经验等内容，并对总结后的文档进行讨论和确定，作为知识成果文件进行保存。总结大会占整个评估程序指标分值的30%；评价的主要依据包括：是否组织召开了总结大会，总结大会参与人员是否覆盖了关键利益相关方，总结大会会议流程议题是否满足项目评估总结需要，总结大会是否产出了会议纪要、会议新闻等成果文件，成果文件是否进行了二次传播等。

（二）指标2-4-2 总结报告

项目总结报告是评价结果的汇总，是反馈经验教训的重要文件。总结报告应当反映真实情况，报告的文字要准确、简练，尽可能不用过分生疏的专业词汇；报告内容的结论、建议要和问题分析相对应，并把评价结果与未来规划及政策的制订、修改相联系，提供有说服力的评估结论。根据评分标准的设定，总结报告满分为100分，可分为四个层面（见表5-15）：一是格式规范；二是内容完整；三是文字优美；四是资料丰富。

表5-15　　　　　　　"总结报告"的评分标准

赋分规则	分值
格式规范——报告严格按照社会责任根植项目总结报告的模板规范撰写	10分
内容完整——报告完整阐述了对问题的剖析、社会责任理念根植的思路、工作创新做法及取得的成效等内容	40分
文字优美——报告文字流畅、简练，逻辑清晰，有感染力	30分
资料丰富——报告中附有大量项目开展的证明资料	20分

1. 格式规范

"不以规矩，不能成方圆"，格式规范是指社会责任根植项目总结报告的撰写，需按照格式标准和规范进行撰写，包括中英文字体和字号、行间距、页面大小等。总结报告格式规范是项目执行态度严谨、执行认真的最直观的反映。格式规范占整个总结报告指标分值的10%；评价的主要依据包括：是否严格按照总结报告的模板规范要求编制总结报告，总结报告中是否存在格式错误等。

2. 内容完整

内容完整是指社会责任根植项目总结报告内容完整，全面阐述了项目期望解决问题的情况、社会责任理念根植的思路和路径、创新做法、取得成效等内容。从报告结构来看，总结报告主要包括项目背景、项目概况、问题情况、原因分析、主要举措、经验和教训等内容。内容完整占整个总结报告指标分值的40%，是整个模块中占比最大的内容；评价的主要依据包括：报告是否对整个项目的情况进行了完整的阐述，总结报告是否满足"五个必须"的要求，报告结构是否符合整体要求等。

项目总结报告"五个必须"

必须突出项目所需要解决的问题，讲清楚社会责任理念的导入，引发了对问题的认识、理解、分析和解决思路的深度反思和创新思考。

必须突出项目根植了哪些社会责任理念、工具和方法，并确保这些社会责任理念、工具和方法要交代得充分和清楚。

必须突出社会责任与问题解决思路和举措创新的因果逻辑，对社会责任引致履责实践创新的逻辑关系要交代得充分和清楚。项目所运用的社会责任理念、工具和方法，与创新举措及取得的成效，能否构成一个明显的因果关系链条。

必须突出社会责任带来的增量贡献，即社会责任引致的创新要能够为利益相关方、社会或供电企业自身创造"综合价值增量"。

必须突出问题解决逻辑的前后一致性，增强叙述的流畅性，提升项目成果的感染力。

3. 文字优美

文字优美指的是社会责任根植项目总结报告文字内容在符合通俗易懂的基础上，一是文章具有逻辑连贯性，结构合理，且论证过程没有前后矛盾、含糊不清的情况；二是能选用恰当的、形象性的、具有表现力的文字，叙述基本事实和价值，增加阅读愉悦感。文字优美占整个总结报告指标分值的30%；评价的主要依据包括：文章是否逻辑连贯前后不矛盾，文字语言是否具有感染力等。

4. 资料丰富

资料丰富指的是社会责任根植项目总结报告使用多类型材料，包括事实材料、理论材料等，避免报告泛泛而谈、内容空洞，论证充分翔实，中心走向鲜明，能打动人、说服人。资料丰富占整个总结报告指标分值的20%；评价的主要依据包括：报告采用的材料类别有哪些，报告所采用的资料是否对报告的论证起到了辅助的作用等。

第四节
项目传播评价指标

项目传播是扩大社会责任根植项目影响力和知名度的重要工作，是社会责任根植项目区别于一般性工作的关键所在。好的传播不仅能提高社会责任根植项目的品牌影响力，还能促进社会责任根植项目解决实施过程中的问题。项目传播细分为品牌运作和社会传播两个二级指标。其中，品牌运作的权重占比50%，社会传播的权重占比50%。

一、品牌运作

品牌运作是指对社会责任根植项目本身或项目实施中的某项行动进行品牌化塑造并策划一系列品牌活动的过程。品牌运作不是社会责任根植项目的必选工作，但是却具有锦上添花的功能。好的品牌运作能够更好地促进社会责任根植项目的开展，更具向心力、凝聚力和影响力。品牌运作又可细分为品牌塑造和品牌宣传两个三级指标。其中，品牌塑造的权重占比40%，品牌宣传的权重占比为60%。

（一）指标3-1-1 品牌塑造

品牌塑造是指在国家电网整体品牌管理的范围内，对社会责任根植项目进行品牌打造，对根植项目进行品牌定位，并为此付诸行动。通过组织品牌活动、进行品牌推广等工作，系统、长期进行项目品牌运作，持续提升项目品牌的知名度、美誉度，进而形成利益相关方对国家电网品牌的忠诚度。根据评分标准的设定，品牌塑造满分为100分，可分为两个层面（见表5-16）：一是新建品牌；二是品牌包装。

表5-16　　　　　　　　　　"品牌塑造"的评分标准

赋分规则	分值
新建品牌——通过实施社会责任根植项目，创立出新的责任品牌或服务品牌	50分
品牌包装——新品牌有完整的品牌命名、内涵、标识等品牌元素	50分

1. 新建品牌

新建品牌是指在社会责任根植项目实施过程中，结合公司发展要求，根据项目定位、利益相关方需求调研等，为项目推出新的责任品牌、服务品牌，传递项目的形象、品质、体验、服务、售后等信息，进一步传播企业对承担社会责任的重视、对利益相关方需求的关注，以获得利益相关方对企业和项目的认知、认可。如根植项目《"e修哥"共享电工——社会责任根植表后贴心服务》，就创立了"e修哥"这样一个责任品牌。新建品牌占整个品牌塑造指标分值的50%；评价的主要依据包括：是否通过社会责任根植项目创立了一个新的责任品牌或服务品牌。

2. 品牌包装

品牌包装是指针对社会责任根植项目所作的整体文化包装，包括品牌名称、品牌视觉形象、品牌文化传播、品牌内涵定义等系列行为，构成完整的品牌塑造体系。品牌包装具有识别功能，是企业的无形资产，也是让利益相关方认识和了解根植项目的文化载体。和新建品牌一致，品牌包装约占整个品牌塑造指标分值的50%；评价的主要依据包括：是否进行了品牌包装，品牌包装工作具有哪些内容、品牌包装是否展现公司和项目特征、品牌包装设计是否简洁可识别、品牌是否有利于利益相关方迅速记忆等。

（二）指标3-1-2 品牌宣传

品牌宣传是企业与利益相关方之间进行沟通，让利益相关方了解项目信息的有效方式。品牌宣传是品牌力塑造的主要途径，能提高企业的知名度，塑造企业形象，提升企业美誉度，培养品牌忠诚度，优化企业外部发展环境。按照评分标准的设定，品牌宣传满分为100分，可分为两个层面（见表5-17）：一是品牌活动；二是品牌影响。

表5-17　　　　　　　　　"品牌宣传"的评分标准

赋分规则	分值
品牌活动——社会责任根植项目实施过程中策划并开展相应的品牌活动	50分
品牌影响——项目创立的责任品牌或服务品牌在当地有很好的知名度、认可度	50分

1. 品牌活动

在社会责任根植项目实施和推动过程中，可通过组织品牌活动，来传递项目的态度和温度，对项目的形象进行塑造，对项目的价值进行传播。通过活动的组织，项目的执行者和利益相关方将紧密连接在一起，利益相关方也能对项目进行沉浸式体验，提高其对项目的理解。品牌活动占整个品牌宣传指标分值的50%；评价的主要依据包括：是否组织了品牌活动，品牌活动的组织与推动是否系统持续进行，品牌活动的形式有哪些，有哪些利益相关方参与了品牌活动，利益相关方在品牌活动中的参与度和认可度如何，品牌活动组织的次数与参与人数如何，是否对品牌活动的影响进行了跟踪等。

2. 品牌影响

品牌影响是指在对社会责任根植项目进行宣传时，通过各项工作持续塑造项目品牌形象，使项目得到利益相关方的广泛认同，提高其对品牌及品牌价值的认知和理解，实现项目和企业从"广而告知"到"广而认知"。品牌影响占品牌宣传指标分值的50%；评价的主要依据包括：项目创立的责任品牌或服务品牌是否获得系统内外任何奖项，是否通过调研等途径了解到品牌在当地的影响程度，品牌是否得到了来自利益相关方的主动评价等。

二、社会传播

与品牌运作不同的是，社会传播更简单、直接，是社会责任根植项目开展的必选内容。好的社会传播能够最大化扩大社会责任根植项目在利益相关方及公众中的知晓度，并形成更加有效的参与和合作。社会传播又可细分为传播报道和社会反馈两个三级指标。其中，传播报道权重占比60%，社会反馈权重占比为40%。

（一）指标3-2-1 传播报道

传播报道是指通过报纸、杂志、电视、广播、新媒体平台等媒介向公众传播根植项目事实信息，通过传播让利益相关方迅速、直接了解项目内容、社会意义等情况，提高公众对项目和公司的认知和认可程度。按照评分标准的设定，传播报道满分为100分，可分为两个层面（见表5-18）：一是宣传物料；二是宣传投放。

表5-18 "传播报道"的评分标准

赋分规则	分值
宣传物料——有制作关于社会责任根植项目的图文或视频宣传物料	50分
宣传投放——宣传物料在多个媒体渠道进行投放（级别越高、得分越高）	50分

1. 宣传物料

宣传物料指为了推广社会责任根植项目品牌，而制作的宣传海报、折页、手提袋、短视频、展板等物料。宣传物料是品牌宣传推广组合的一部分，是品牌形象推广的实物支撑，具有投入可大可小、范围可窄可广、信息传递更直接等特点。宣传物料占整个传播报道指标分值的50%；评价的主要依据包括：是否制作了宣传物料，宣传物料的类别，宣传物料是否符合国家电网品牌管理要求，宣传物料展示和使用的渠道有哪些，是否有宣传物料形成了可持续的传播效应（比如短视频爆款传播、客户可重复持续使用的宣传纪念品等）等。

2. 宣传投放

宣传投放是指根据社会责任根植项目的项目特性和品牌定位，选择特定的目标用户和区域，采用文字、图片或视频等形式，精准地将项目宣传内容投放给利益相关方的做法。宣传投放占整个传播报道指标分值的50%；评价的主要依据包括：是否通过宣传投放的方式对社会责任根植项目进行了传播，宣传投放的渠道有哪些、分别是什么层级的媒体，是否有利益相关方基于宣传投放对项目进行意见或建议反馈等。

（二）指标3-2-2 社会反馈

社会责任根植项目品牌打造的目标，应包含积极的社会反馈。社会责任根植项目的实施过程中，应基于项目品牌的打造，向社会充分展示项目创造的经济、社会、环境方面的综合价值，获得利益相关方的有效反馈。根据评分标准的设定，社会反馈满分为100分，可分为两个层面（见表5-19）：一是传播绩效；二是社会荣誉。

表5-19　　　　　　　　　　"社会反馈"的评分标准

赋分规则	分值
传播绩效——有关于项目传播的点击量、点赞数、评论和转发量等绩效数据	50分
社会荣誉——项目获得社会责任等不同领域的奖项、荣誉等	50分

1. 传播绩效

传播绩效是指社会责任根植项目相关传播行为在受传者身上引起的心理、态度和行为的变化及产生的相关成效，是传播媒介的活动对受传者和社会所生产的一切影响和结果的总体。传播绩效是评判项目传播成功与否、社会反馈如何的有效载体。传播绩效占整个社会反馈指标分值的50%；评价的主要依据包括：项目传播受众覆盖面如何，不同渠道项目的阅读量、点击量、点赞数、评论和转发情况等如何等。

2. 社会荣誉

社会荣誉是社会责任根植项目获得的来自社会、企业内部的肯定和褒奖，是基于项目突出表现或贡献而做出的正式评价，是项目取得的社会认同。社会荣誉可以是项目本身获得的，也可以是项目中的某个集体或个人获得。社会荣誉占整个社会反馈指标分值的50%；评价的主要依据包括：项目获得的系统内的奖项有哪些，项目获得来自政府媒体等的外部奖项有哪些，除了奖项之外、项目获得的其他荣誉（比如表扬信、感谢信、锦旗等）有哪些，项目是否作为典型案例写入社会责任相关研究材料等。

第五节

项目绩效评价指标

项目绩效是指开展社会责任根植项目所取得的最终的成效。与前面的总结评估这一个过程性指标不同，这里的项目绩效，是静态的、更加详尽具体的结果的呈现。项目绩效是最终决定社会责任根植项目是否有价值及要不要持续推广的根本依据，在整个评价指标中极为重要。因此，单列一个小节来进行阐述。项目绩效根据其受益的群体，又可细分为内部价值和外部价值两个二级指标。其中，内部价值权重占比60%，外部价值权重占比40%。

一、内部价值

内部价值是指社会责任根植项目给问题本身和企业内部所创造的价值。项目具备内部价值是企业开展社会责任根植项目的内生动力。充分挖掘和评估项目所具备的内部价值，能够有效提升企业的积极性。内部价值又可细分为问题解决和企业价值两个三级指标。其中，问题解决权重占比50%，企业价值权重占比50%。

（一）指标4-1-1 问题解决

社会责任根植项目坚持问题导向，其设计与执行的出发点，是为了有效解决电网企业在发展过程中所面临的社会问题、环境问题、民生问题等，自觉把社会和环境因素整合到运营过程中，追求经济、社会、环境综合价值最大化。通过问题的解决，让电网企业各项业务得以高效率高质量推进，同时取得与社会的共同发展、成长，负责任地实现与企业核心业务运营过程相伴而生的社会功能，负责任地对待每一个利益相关方，最大限度提升积极影响、最大限度减少消极影响。按照评分标准的设定，问题解决满分为100分，可分为两个层面（见表5-20）：一是当下解决；二是可持续解决。

表5-20　　　　　　　　　　　"问题解决"的评分标准

赋分规则	分值
当下解决——项目中提到的问题通过社会责任根植项目在短期内得到较好的解决	50分
可持续解决——项目从根本上建立解决机制使得同类问题都能得到可持续解决	50分

1. 当下解决

当下解决是指供电企业通过实施社会责任根植项目，导入社会责任理念，帮助企业在短期内解决电网发展、企业运营过程中所面临的相关社会问题，并取得良好成效。当下解决占整个问题解决指标分值的50%；评价的主要依据包括：是否解决了社会责任根植项目所列示的社会问题，是否为系统内其他单位及全社会提供了创新的社会问题解决方案与经验等。

2. 可持续解决

可持续解决是指社会责任根植项目在实施过程中，通过运用社会责任的管理理念、方法和工具，主动考虑运营过程中遇到的社会问题，建立问题创新机制，找到可持续的、长效的、终极的社会问题解决方案，持续增强服务地方经济社会发展和人民生活品质提升的能力和水平、质量和效益。可持续解决占整个问题解决指标分值的50%；评价的主要依据包括：是否建立了解决问题的平台与机制，在解决问题的过程中电网企业所承担的责任，是否积极推动政府和社会各方力量共同努力找到相关问题的长效解决方案等。

（二）指标4-1-2 企业价值

不断提升其价值以期实现价值的最大化，这是企业一切经营活动的出发点和归宿。社会责任根植项目的实施，是通过社会责任理念和工具的引入，用创新的方式，解决供电企业在业务管理、企业发展方面遇到的难点问题，进而提升企业的运行效率，降低运营成本，实现综合价值的提升。按照评分标准的设定，企业价值满分为100分，可分为三个层面（见表5-21）：一是经营提升；二是环境优化；三是能力提升。

表5-21　　　　　　　　　"企业价值"的评分标准

赋分规则	分值
经营提升——项目提升了企业的经营管理绩效	40分
环境优化——项目为企业发展创造了更优的内外部环境	30分
能力提升——项目促进了员工的工作能力与履责能力的提升	30分

1. 经营提升

经营提升是指社会责任根植项目的实施，应服务于企业经营管理水平的提升，通过对问题的解决，引入新技术、新理念，提升企业管理水平和工作效率。经营提升占整个企业价值指标分值的40%；评价的主要依据包括：社会责任根植项目是否设置了经营相关KPI指标，是否通过数据分析等手段确认项目实施提升了企业的经营管理绩效等。

2. 环境优化

环境优化是指供电企业通过社会责任根植项目实施，在解决企业发展面临问题的同时，加强利益相关方协作，积极塑造负责任、具有竞争力的责任形象，进而获得内外部的肯定和认同。环境优化占整个企业价值指标分值的30%；评价的主要依据包括：社会责任根植项目是否关注了利益相关方的需求并获得其肯定，项目是否塑造了供电企业的责任形象，项目是否优化了企业发展的内外部环境等。

3. 能力提升

能力提升是指社会责任根植项目考虑了员工的能力提升需求，在项目的实施过程中，充分调动员工主观能动性、工作积极性和创造性，发挥员工专业特长，促进员工工作能力与履责能力的提升，实现企业与员工的共同成长。能力提升占整个企业价值指标分值的30%；评价的主要依据包括：社会责任根植项目是否能吸引员工参与，员工在项目实施中是否能发挥自身专业作用，是否通过调研等手段了解了员工在项目中能力提升的情况等。

二、外部价值

外部价值是指社会责任根植项目给项目所涉及的利益相关方及社会或环境等更大更广层面所创造的价值贡献。外部价值往往是社会责任根植项目所衍生的、附加的价值增量，可在解决核心问题的同时，让更多利益相关方群体从中受益。外部价值又可细分为利益相关方价值和社会环境价值两个三级指标。其中，利益相关方价值的权重占比为50%，社会与环境价值的权重占比为50%。

（一）指标4-2-1 利益相关方价值

社会责任根植项目选择运营过程中社会关注程度较高的问题，采取项目制的管理运营方式，以社会责任的理念和方法促进管理改进、解决核心业务工作重点和难点问题。在项目实施过程中，推动利益相关方参与，业务和工作流程开始推动形成利益相关方参与机制，从制度安排、资源保障和行动部署等各个方面保证利益相关方的知情权、监督权和参与权，发挥各利益相关方的综合价值创造潜力，推动各利益相关方以对社会更加负责任的方式开展工作项目和业务运营，创造性地解决企业与社会共同面临的问题。按照评分标准的设定，利益相关方价值满分为100分，可分为两个层面（见表5-22）：一是单方价值；二是多方价值。

表5-22 "利益相关方价值"的评分标准

赋分规则	分值
单方价值——项目为至少一类利益相关方创造了经营贡献、能力提升、难题解决等价值	50分
多方价值——项目为两类及以上利益相关方创造了额外的经营贡献、能力提升、难题解决等价值	50分

1. 单方价值

单方价值是指在社会责任根植项目实施过程针对特定利益相关方，担负特定责任。通过项目的实施，制定对特定利益相关方负责的政策和重点，完善与其沟通合作机制，发挥其优势与力量，有针对性地开展工作，为特定利益相关方创造经营贡献、能力提升、难题解决等价值。单方价值占整个利益相关方价值指标分值的50%；评价的主要依据包括：项目是否为至少一类利益相关方创造了相关价值，项目是否建立与至少一类利益相关方的合作机制与沟通交流机制等。

2. 多方价值

多方价值是指社会责任根植项目针对利益相关方趋于多元化的发展趋势，深入分析不同利益相关方解决问题的意愿和各自优势，探索差异化的沟通策略与管理方式，推动形成各方合作解决社会问题的平台与机制，运用社会责任理念和社会责任管理的特定方法与工具，让各利益相关方参与解决社会问题的意愿、资源、能力、优势充分凸显出来，激发利益相关方的价值创造潜能，创造企业发展的经济、社会和环境综合价值最大化，创造性地解决企业与社会共同面临的问题。多方价值占整个利益相关方价值指标分值的50%；评价的主要依据包括：是否在项目实施中综合分析不同利益相关方的工作实际和发展需求、推动形成各方合作平台与机制，是否发挥各利益相关方优势和特长，项目的实施是否为多个利益相关方创造了经济社会环境价值等。

（二）指标4-2-2 社会与环境价值

作为关系国家能源安全和国民经济命脉的国有重要骨干企业，国家电网公司通过社会责任根植项目的实施，立足于新的企业运行方式，新的企业管理模式的视角，来认识推进企业社会责任的实践，推动企业管理目标从追求利润最大化转向追求经济、社会和环境综合价值最大化。按照评分标准的设定，社会与环境价值满分为100分，可分为两个层面（见表5-23）：一是社会价值；二是环境价值。

表5-23　　　　　　　"社会与环境价值"的评分标准

赋分规则	分值
社会价值——项目给利益相关方以外的更广大的社会公众带来的福祉	50分
环境价值——项目给生态、环境、资源等自然领域创造的增量价值贡献	50分

1. 社会价值

社会价值是指社会责任根植项目的实施，除了能解决电网企业、利益相关方在经营发展、生产生活过程中面临的问题，形成互利互赢、共同成长良性发展局势之外，还能通过项目的实施，惠及公司及利益相关方之外的更广大的社会群体，提升当地民生福祉水平。社会价值占整个社会与环境价值指标分值的50%；评价的主要依据包括：社会责任根植项目的实施除解决项目直接面临的问题外是否带来了企业的社会价值，所产生的相关社会价值影响覆盖群体有哪些、人数有多少等。

2. 环境价值

环境价值是指通过社会责任根植项目的实施，对项目辐射范围内的生态环境、自然资源等带来的积极影响，创造的增量价值。环境价值同样占整个社会与环境价值指标分值的50%；评价的主要依据包括：社会责任根植项目是否在节能减排、资源节约、污染治理、景观和谐、生物多样性保护等方面产生积极的影响。

第六节
项目成果化评价指标

项目成果化是指将社会责任根植项目所取得的成果、形成的经验进行成果的固化并在其他业务领域、其他单位进行推广应用的过程。国家电网公司推行社会责任根植项目制的根本目标，是通过一个一个项目的微改进，实现全面社会责任管理的大战略。这其中，离不开根植项目的成果化，离不开各单位通过项目间的相互参考借鉴实现工作的创新与发展。成果化又可细分为成果固化和成果推广两个二级指标。其中，成果固化的权重占比40%，成果推广权重占比为60%。

一、成果固化

成果固化是指对社会责任根植项目所形成的经验成果在实践或理论层面上的转化与固化的过程。成果固化是进行成果推广的前提条件，是对根植项目经验成果的再总结、再提炼、再加工。成果固化又可细分为机制固化和成果理论化两个三级指标。其中，机制固化的权重占比为70%，成果理论化的权重占比为30%。

（一）指标5-1-1 机制固化

制度化、流程化是固化社会责任根植项目成功经验模式和优秀管理方法的有效举措。用制度机制巩固项目的经验成果，能使各项管理工作依据既定的"轨迹"运行，最大限度避免偏离目标和规避风险。按照评分标准的设定，机制固化满分为100分，可分为两个层面（见表5-24）：一是制度化；二是流程化。

表5-24 "机制固化"的评分标准

赋分规则	分值
制度化——项目所取得的经验成果固化成为公司的制度	50分
流程化——项目所取得的经验成果固化成为相关工作的流程	50分

1. 制度化

制度化是指将社会责任根植项目取得的经验成果，固化为公司的制度，用来规范公司的行为，使公司运行更规范、更标准。同时，制度化工作能使各项工作程序化、标准化，统一固化员工行为，减少决策失误。制度化占整个机制固化指标分值的50%；评价的主要依据包括：企业是否将根植项目取得的经验成果转化为公司制度，新制度与公司已有制度是否互相匹配，制度的执行是否获得公司管理层支持等。

2. 流程化

流程优化是指基于社会责任根植项目的经验成果，对现有工作流程进行梳理、完善和改进，提高工作质量和效率、降低成本和员工劳动强度、节约能耗、保证安全生产、减少污染等，以保持、提升公司竞争优势。流程化占整个机制固化指标分值的50%；评价的主要依据包括：是否基于社会责任根植项目的经验成果对现有工作流程进行了优化和改进，是否制订了相应的流程优化计划与实施步骤等。

（二）指标5-1-2 成果理论化

社会责任根植项目的实施过程中，应注重对相关信息的收集、总结，经过对相关现象和规律进行解释，形成经验报告、论文、书刊等理论成果，对后续社会责任工作的开展，提供更系统化的指导。按照评分标准的设定，成果理论化满分为100分，可分为两个层面（见表5-25）：一是理论成果；二是理论获奖。

表5-25　　　　　　　　　　"成果理论化"的评分标准

赋分规则	分值
理论成果——项目所取得的经验成果形成了论文、书籍等理论成果	80分
理论获奖——论文在核心期刊发表或理论成果获得外部奖项	20分

1. 理论成果

理论成果是指对社会责任根植项目所取得的相关经验成果，包括指导思想、工作思路、工作方案、具体措施、工作效果、推广应用、有待改进提高的问题等方面的内容进行总结梳理，编写经验报告、论文，书籍等理论成果。理论成果占整个成果理论化指标分值的80%；评价的主要依据包括：是否对社会责任根植项目取得的经验成果进行梳理总结形成理论成果，理论成果的类别有哪些，形成的理论成果的数量等。

2. 理论获奖

理论获奖是指社会责任根植项目形成的书籍和论文等理论成果，在核心期刊发表，或获得了外部专业奖项，取得了一定的社会认可。理论获奖占整个成果理论化指标分值的20%；评价的主要依据包括：社会责任根植项目的理论成果是否在核心期刊发表，发表的篇数有多少、理论成果是否获得了外部奖项，获得奖项的数量和级别等。

二、成果推广

成果推广是指将社会责任根植项目所形成的经验成果在其他业务领域、其他组织机构进行推广应用的过程。成果推广是最大化实现社会责任根植项目价值创造的最终环节，是让社会责任根植项目在更大范围产生价值和影响力的关键所在。成果推广又细分为内部推广和外部交流两个三级指标。其中，内部推广的权重占比为50%，外部交流的权重占比为50%。

（一）指标5-2-1内部推广

社会责任根植项目实施中具有指导性、借鉴性和推广价值的经验成果，应通过内部培训、成果汇报、经验分享等形式，在公司内部进行推广应用，达到公司内互相学习、互相交流、共同进步的目的。同时通过内部推广应用，抓好经验成果的巩固，切实发挥社会责任根植项目的工作价值，力求通过一个项目，做好一系列推广，解决一类问题。按照评分标准的设定，内部推广满分为100分，可分为两个层面（见表5-26）：一是内部培训；二是内部应用。

表5-26　　　　　　　　"内部推广"的评分标准

赋分规则	分值
内部培训——在公司内部组织关于根植项目成果的内部交流与培训	50分
内部应用——将根植项目的经验成果在公司内部常态化应用	50分

1. 内部培训

内部培训是指公司组织内部学习交流活动，对社会责任根植项目的经验成果进行分享，通过交流培训的方式，巩固项目经验成果在公司发展的积极影响，持续发挥项目的工作价值。内部培训占整个内部推广指标分值的50%；评价的主要依据包括：是否对项目成果进行了内部学习，学习的方式和渠道，学习的覆盖人群类别和人数等。

2. 内部应用

内部应用是将社会责任根植项目经验成果在公司内部进行常态化应用的工作。社会责任根植项目引入社会责任理念，用创新思维和方法解决企业发展遇到的各类问题。企业不能满足于单个项目的实施及其效果，而是应将经验成果进一步使用和利用，扩大项目成果的影响，提升项目实施的价值。内部应用占整个内部推广指标分值的50%；评价的主要依据包括：是否将项目经验成果应用于企业其他工作当中，是否将经验成果在工作中进行了常态化应用并固化等。

（二）指标5-2-2 外部交流

企业为实施社会责任根植项目投入了大量时间精力，如果项目影响仅限于所在区域的范围，那对社会产生的效益是有限的。为了进一步扩大社会责任工作创造的综合价值，还需积极对外交流，将项目经验和成果在更大社会范围交流分享，提供有益的理论借鉴和实践经验。按照评分标准的设定，外部交流满分为100分，可分为两个层面（见表5-27）：一是交流互访；二是外部应用。

表5-27   "外部交流"的评分标准

赋分规则	分值
交流互访——参与公司以外的社会责任根植项目经验交流或接待外部单位来访	50分
外部应用——项目所取得的经验成果在公司以外更大范围内推广应用	50分

1. 交流互访

交流互访是指在社会责任根植项目设计与推进期间，与系统内兄弟单位就根植项目的实施开展情况进行沟通，或与系统外的企业进行社会责任理念、项目经验等的交流，学习借鉴、紧密合作，探索搭建长期交流合作平台的可能性，促进项目提升，取长补短，相互促进，共同发展。交流互访占整个外部交流指标分值的50%；评价的主要依据包括：是否进行了交流互访，交流互访企业的数量，交流互访为系统内兄弟单位或外部单位，交流互访企业的性质，交流互访是否形成了工作成果（比如对标报告、互访会议纪要等）等。

2. 外部应用

外部应用是指社会责任根植项目所取得的经验成果，因具有较为良好的社会效应，得以在系统内兄弟单位乃至外部公司进行复制，并推广应用。外部应用是项目获得社会肯定的直接表现，通过外部应用，能将项目所带来的经济、环境、社会综合价值提升覆盖范围进一步扩大，实现整个社会的价值增量。外部应用占整个外部交流指标分值的50%；评价的主要依据包括：相关经验成果是否对外进行了推广应用，应用的范围有哪些，应用的形式有哪些，应用后是否取得了正面反馈等。

第六章

国家电网有限公司社会责任根植
项目评价标准的应用与管理

◆ 社会责任根植项目评价标准的应用领域
◆ 社会责任根植项目评价标准的应用方法
◆ 社会责任根植项目评价标准的管理与维护

国家电网公司社会责任根植项目评价标准的开发既是一种评价模式的理论创新，也是社会责任实践再深化的体现，因此遵循的是"实践—理论—实践"的过程。这意味着本研究所构建的社会责任根植项目评价指标体系和标准需要进一步应用于实践，并在实践检验中不断完善。

第一节
社会责任根植项目评价标准的应用领域

社会责任根植项目评价标准立足于单个项目视角，对项目进行全过程、全方位的评价考察，本质上是刻画出一个理想的社会责任根植项目应当满足哪些标准条件，以及现实中每一个项目与这些标准比较可以达到什么程度，从而判断出这些社会责任根植项目的实际表现。鉴于此，社会责任根植项目评价标准首先可以应用于国家电网公司各层级社会责任根植项目的评价，识别和区分出不同社会责任根植项目的表现优劣。更进一步，也可以依据"以终为始"的思路，各社会责任根植项目将评价标准作为开展项目的指引，持续完善社会责任根植项目管理流程和制度。

一、用于评价社会责任根植项目的优劣

国家电网公司开展社会责任根植项目评价主要有两个层级：国家电网公司对各单位社会责任根植项目的评价、省级电力公司对各地市与县公司社会责任根植项目的评价。社会责任根植项目评价标准在这两个层级的评价中均可得到应用，但应用的方式有所差别。

对于国家电网公司层面开展的社会责任根植项目评价，由于涉及多个省级电力公司提交的社会责任根植项目，因此评价标准强调共通性。目前的社会责任根植项目评价标准也是基于这一考虑设计和构建的，可以直接应用于国家电网公司层面开展的社会责任根植项目评价。从程序上来看，

国家电网公司首先需要通过德尔菲法初步确定每个评价指标的权重，并根据自身对社会责任根植项目关注重点予以调整，最终确定各指标的权重。按照现有做法，国家电网公司通常会采取内部专家和外部专家相结合的方式对各省级电力公司提交的社会责任根植项目进行评价，但因为评价标准中会涉及一些"根植"的独特知识和电网企业的特殊性，因此在评价之前可以组织召开专家评审沟通会，对社会责任根植项目评价标准中的部分指标做出解释和说明。在每个项目评价结果出来后，一方面可以结合总分和各二级指标的得分，评定出每个项目的优劣等级，以及各省级电力公司在社会责任根植项目上的优劣等级；另一方面亦可以根据评价结果，整体上评估当年社会责任根植项目的表现，分析表现优异的地方和不足的地方，寻找改进方向。

对于省级电力公司层面开展的社会责任根植项目评价，现行的社会责任根植项目评价标准是一个供电企业通用性标准，各省级电力公司可以结合自身的地域特色、关注重点差异、管理要求差别，对社会责任根植项目评价标准进行适度的调整，以更加符合自身需要。在确定评价指标的基础上，各省级电力公司也需要对每个指标赋予相应的权重。省级电力公司对社会责任根植项目的评价，既可以采取内部专家与外部专家相结合的方法，也可以由内部相关部门开展联合评价。但无论采用哪种方式，都需要向评审专家或部门对评价标准予以说明。类似于国家电网公司层面开展的评价，省级电力公司也可以依据评价结果对每一个社会责任根植项目进行等级划分，评选出优秀项目，同时还应对全公司的社会责任根植项目实施情况进行整体分析，找到下一年度的改进方向。

二、用于指导社会责任根植项目的开展

社会责任根植项目评价标准虽然着眼于"评价"，但其指标和标准涵盖了社会责任根植项目开展的全过程，在评价维度上也涉及一个社会责任根植项目的全部内容，实际上是将一个理想的社会责任根植项目进行解剖。因此，这一评价标准也可以用于指导社会责任根植项目的开展，以便社会责任根植项目尽可能向理想型项目靠近。

从应用方式来看，社会责任根植项目评价标准对于项目开展的指导可以采取两种方法：第一种是贯标法，即依据社会责任根植项目评价标准中的每一个指标要求，对社会责任根植项目的选题、立项、策划、实施、总结、传播、考核等所有内容都开展相应的行动，尽可能满足每一个指标标准要求。这种方法对于地市公司与县公司的人员要求更强调执行力和理解力，操作上也相对简单，但对于项目团队的能力提升有限。第二种是逻辑法，即对社会责任根植项目评价标准背后的构建逻辑予以理解，对其隐含的社会责任根植项目运作规律予以把握，并依据这些逻辑和规律开展社会责任根植项目，各具体评价指标和标准只是作为实施过程中的监测手段。这种方式对项目团队的素质要求非常高，但如果能够成功，依照其开展的社会责任根植项目可能会带来更优的效果。

从应用领域来看，社会责任根植项目评价标准对于项目开展的指导可以聚焦于两个方面：一方面，是应用于社会责任根植项目开展的全过程，即选题、立项、策划、实施、总结、传播、考核等，以便符合社会责任根植项目评价指标的各项标准要求；另一方面，可以用于项目团队开展社会责任根植项目的自我评价，即项目团队依据社会责任根植项目评价标准，在项目开展过程中和结束后对项目进行自我评估，从而可以在项目开展过程中予以监测并纠偏，在项目结束后能够发现项目的短板和不足，明确未来的改进方向。

三、用于完善社会责任根植项目管理流程与制度

尽管国家电网公司已经建立了社会责任根植项目管理体系，多数省级电力公司也形成了社会责任根植项目闭环管理，但社会责任根植项目评价标准仍然可以用于指导社会责任根植项目管理流程与制度的完善。首先，对于国家电网公司层面来说，社会责任根植项目评价标准可以用于重新审视相关的社会责任管理制度，对社会责任根植项目制的顶层设计做进一步的优化，特别是在每年初对社会责任根植工作进行部署时，评价标准可以作为重要指导依据。其次，对于省级电力公司来说，如果已经构建了社会责任根植项目管理的流程与制度，那么社会责任根植项目评价标准则可以作为其对这些流程

和制度进行优化的依据和参考；如果尚未建立社会责任根植项目管理的流程与制度，那么社会责任根植项目评价标准则能够用于指导其构建相应的流程和制度。最后，对于地市公司和县公司，可以按照社会责任根植项目评价标准的要求，在项目层面建立相应的管理流程和制度，从而形成针对单个项目的管理流程与制度。

四、用于开展社会责任内部培训

无论是在国家电网公司层面，还是省级电力公司层面，甚至地市公司和县公司层面，每年都会组织开展社会责任的内部培训，其中社会责任根植项目制都是重要的培训内容，社会责任根植项目评价标准可以作为培训的一个重点内容。一方面，能够使被培训者清晰地了解社会责任根植项目的实施要求；另一方面，也可以使其掌握社会责任根植项目的主要方法。在培训方式上，既可以对社会责任根植项目评价标准的构建方法进行讲解，对每一指标进行逐个介绍，也可以结合已经实施的社会责任根植项目案例，对关键的标准做重点讲解。

第二节
社会责任根植项目评价标准的应用方法

社会责任根植项目评价标准主要应用于国家电网公司不同层级开展的社会责任根植项目评价，因此其应用需要纳入社会责任根植项目评价的全过程，并依据评价标准的赋值赋分规则对选定的社会责任根植项目进行评价。

一、在社会责任根植项目评价工作中的应用程序

社会责任根植项目评价工作需要详尽的组织分工与合理的工作程序，

确保项目评价的常态化与标准化。社会责任根植项目的评价工作具体包含团队、工具和流程三大模块，其相互之间的组织程序如图6-1所示。

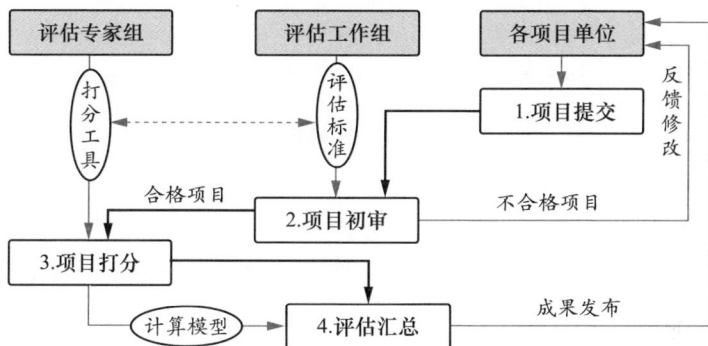

图6-1　社会责任根植项目评价的组织程序

（一）工作团队

1. 各项目单位

各项目单位是指组织实施社会责任根植项目的各级单位，主要是各省级电力公司下属的地市级供电公司和县级供电公司，个别优秀的供电所也可以立项实施社会责任根植项目。项目单位将担负起社会责任根植项目选题立项、策划实施、评估总结、改进推广等一系列工作，一般由项目单位所属的与选题相关的具体业务部门与社会责任部门、品牌宣传部门等分工协作。各个项目单位可以单独申报社会责任根植项目，也可以几家单位就某个议题联合申报。

2. 评估工作组

评估工作组由国家电网公司社会责任部门的工作人员及外部社会责任咨询团队共同组成。评估工作组将负责开发社会责任根植项目评价标准在内的一系列评估工具，配合评估专家组，对各项目单位提交的社会责任根植项目进行年度评价，具体包括项目初审、评估汇总、成果发布等。除此之外，评估工作组每年需要汇总分析社会责任根植项目评价成果，总结经验与不足，对社会责任根植项目评价标准等评估工具持续优化改进。

3. 评估专家组

评估专家组由外部社会责任专家团队和部分省级电力公司社会责任工作负责人代表共同组成。评估专家组将负责审核修订工作组开发的社会责任根植项目评估工具，并依据评估工具对每年提交的社会责任根植项目进行逐项的评估打分和对最终结果的审核。专家组需要遵循回避原则，即不参与对自己所属单位提交的社会责任根植项目的评价。

（二）评估工具

1. 评价标准

开发评价标准，将从项目选题、项目绩效、项目过程、项目传播、成果化等五大方面着手，以过程性指标和成果性指标相结合，以积分累加制为赋分原则，制定系统全面的社会责任根植项目评价指标体系，对每个层级的指标赋予指标权重及对每个终级指标制定赋分标准。评价标准的完成是群策群力的结果，需要经过评价工作组与评价专家组，包括项目单位的反复商议、修订后达成。

2. 打分工具

打分工具是在社会责任根植项目评价标准的基础之上，运用Excel等工具，将评价标准转化形成的项目评分工具表。打分工具一方面便于评估专家组更方便、快捷地对每个项目的每个指标进行评分，另一方面也便于评估工作组对专家组所评分数进行后续的计算汇总，快速获得准确的评价结果。同时，还使得整个评价结果的获得过程得以保留，为可能的项目申诉、项目优化改进等工作，提供真实、详尽的参考依据。

3. 计算模型

计算模型是指将各专家对社会责任根植项目所评分数换算成最终结果的一组计算公式。计算模型将自动嵌入到Excel打分工具中，在专家做出评分之后，能自动换算出结果。社会责任根植项目评价标准的计算模型，其基本原理如下：一是每位专家对每个项目的打分结果是对每个指标的评分结果加权求和求平均所得；二是每位项目的最终打分结果将由每位专家对项目的单独打分结果加和求平均获得。

（三）评估流程

1. 项目提交

每年年底（12月初），由各省级电力公司筛选各自管辖范围内的地市公司和县公司的社会责任根植项目总结报告，选出相对优秀的总结报告（总数一般不超过10个），按照统一的格式和模板要求，向国家电网公司社会责任根植项目评估工作组进行提交。在提交过程中，可参考评价标准的细化要求准备相应材料，包括社会责任根植项目立项报告、调研报告、策划方案、总结报告及其他佐证资料等。提交的资料越详尽丰富，对后续的评价越有利。

2. 项目初审

项目初审由评估工作组负责组织实施，其目的是对各省级电力公司提交的社会责任根植项目总结报告等相关材料进行初步的审查，从大的框架和定性的角度初步判断所提交的项目是否符合社会责任根植项目的基本要求，对不符合社会责任根植项目基本要求的项目，将意见反馈给省级电力公司下属的各供电企业予以修订完善；对符合要求的项目，则汇总提交给评估专家组进行下一步的项目打分。项目初审能够减轻后续工作的工作量，从总体上确保社会责任根植项目的质量和水平。

3. 项目打分

项目打分是社会责任根植项目评价中最为关键的环节，由评估专家组每位成员分别对所有根植项目在项目选题、项目实施、项目绩效、项目传播、成果应用等五个方面的每个指标的表现进行赋分，赋分的依据将主要参考根植项目所提交的总结报告和佐证资料。为避免相互之间的影响，专家打分主要采用独立打分的原则，由评估工作组将根植项目资料与评估工具表分别发给评估专家组的每位成员，由其单独判定赋分之后，再汇总统计。

4. 评估汇总

评估工作组对每位专家的打分表进行逐项的检查核实，确认无误后，在计算模型的原理指导与工具支撑下，计算出最终的评估结果，形成当年社会责任根植项目的得分排序。依据排序，可以将社会责任根植项目分不同的等级，并将评估结果以文件形式下发给各单位。社会责任根植项目评估结果可纳入到各省级电力公司的绩效考核或评级评优工作中，鼓励各公司在评价标准的指导下进一步优化改进各自的社会责任根植工作。

二、对选定社会责任根植项目评价的应用方法

对于某一选定的社会责任根植项目，其评价应当以提交的项目材料为基础，依据社会责任根植项目评价标准中三级指标的赋分规则，对该项目在每一个三级指标上的得分进行判断和赋分，将三级指标得分与相应的权重相乘并加总而得到该项目在每一个二级指标上的得分，在此基础上将二级指标得分与相应的权重相乘并加总得到该项目在每一个一级指标上的得分，最后将一级指标得分与相应的权重相乘并加总得到该项目的评价总得分，依据这一得分可以判断该项目所处的等级区间。

按照这一方法，以国网江苏省电力有限公司扬州市供电分公司2020年实施的《合力共推"全电厨房"，引领美食之都绿色餐饮新风尚》根植项目为对象进行评价示例。首先，根据该项目提交的材料对每一个三级指标进行赋分（见表6-1）；然后，结合权重逐级计算得分，获得项目最终评价得分（见表6-2）；最后，判断该项目所处的优劣等级。

表6-1 　　《合力共推"全电厨房"，引领美食之都绿色餐饮新风尚》
项目在三级指标上的赋分

评价标准			得分（分）	评分依据
指标	赋分规则	分值（分）		
1-1-1 问题发现	问题的聚焦性	40	40	项目聚焦传统明火烹饪存在的燃气泄漏、油锅爆燃、烟道着火等安全隐患而展开
	问题的关联性	20	20	推全电厨房是国家电网公司电能替代战略的重要内容
	问题的代表性	20	20	如何让餐饮行业有更大的意愿和动力利用电能进行烹饪一直是电能替代工作中很具代表性的议题
	问题的创新性	20	15	全电厨房是近些年比较新和热门的议题
小计			95	

续表

评价标准		分值（分）	得分（分）	评分依据
指标	赋分规则			
1-1-2 特色挖掘	具有地方特色	50	50	结合扬州"美食之都"的现实需求和基础条件展开"全电厨房"项目，具有地方特色
	具有时代特色	50	50	在"碳达峰、碳中和"的国家战略背景之下，推动全电厨房是很好的减排举措，是未来餐饮行业的发展趋势，具有很强的时代特色
小计		100		
1-1-3 全员参与	自下而上的参与	50	50	该项目选题是由国网扬州供电公司营销部门主动发起，与社会责任部门共同开展
	由外而内的参与	50	50	项目在实施过程中得到餐饮企业、厨具企业的关注，并主动寻求参与及合作
小计		100		
1-2-1 标题内涵	根植的领域	20	20	标题体现出针对全电厨房议题而展开责任根植探索
	根植的理念	40	40	标题体现了"利益相关方合作"的社会责任理念方法
	根植的效果	40	30	标题体现出"绿色餐饮新风尚"的项目价值和成效
小计		90		
1-2-2 标题形式	标题格式	40	30	标题没有采用主副标题的格式，还可以有进一步优化的空间
	语言修辞	60	50	标题的文字表达较为普通，缺乏让人印象深刻的记忆点，还可以进一步提炼和优化
小计		80		
2-1-1 立项程序	立项研讨	30	30	国网扬州供电公司内部召开过多次根植项目立项的内部研讨会
	量中择优	30	—	—
	立项申请	40	40	项目按照国网江苏电力要求第一时间提交立项申请报告
小计		70		
2-1-2 立项报告	立项背景	30	30	从传统烹饪安全隐患，扬州美食之都转型升级等方面阐述项目背景
	计划安排	50	50	报告拟定了详细的工作计划及分阶段的工作进度安排
	组织保障	20	20	项目提前布置了供电公司、市商务局、社区、餐饮机构等各利益相关方在工作中的角色和任务
小计		100		

续表

评价标准		分值 （分）	得分 （分）	评分依据
指标	赋分规则			
2-2-1 项目调研	调研方案	30	20	有制定项目调研的访谈提纲
	调研记录	30	10	在项目总结报告中，有利益相关方调研的图片
	调研报告	40	30	在项目总结报告中，有针对政府部门、餐饮机构、高校院所、厨具厂商等利益相关方调研的期望诉求和资源优势的分析，并梳理出各方关注的"全电厨房"改造三大痛点，对后续工作有直接的启发意义
小计			60	
2-2-2 项目方案	思路创新	40	40	清晰阐述了改变传统工作模式，引入利益相关方参与及合作的电能替代推广模式，同时引入品牌化运作的方法，打造"全电厨房"的品牌影响力等思路上的创新
	工作创新	60	60	引入设备租赁、合同能源管理、能源托管等新的合作模式，推动政府出台补贴政策等，帮助解决"钱从哪里来"的问题；联合餐饮行业协会分别在扬州大学、餐饮机构设立电厨艺实训点，解决"人要怎么办"的问题；与政府部门、餐饮行业协会合作开展绿色厨房认证，解决"全电厨房如何推"的问题。工作思路清晰有创意，与调研中的问题剖析前后关联，有很好的针对性与逻辑性
小计			100	
2-3-1 过程控制	团队建设	30	20	有专门构建社会责任根植项目的工作团队
	进度监控	40	40	制定了全电厨房推广方案，以及"全电厨王"挑战赛的实施方案、宣传策划方案等工作计划
	沟通机制	30	20	内部工作人员与外部社会责任专家共同组建了工作联络微信群，并在群里及时沟通项目推进的进展和问题
小计			80	
2-3-2 工作日志	日志报告	60	50	编写扬州市"全电厨房"推广情况及建议
	日志报送	40	40	向市领导报送并得到市长批示
小计			90	
2-4-1 评估程序	评估工具	30	—	—
	评估调研	40	40	向业务部门收集"全电厨房"的推广成效
	总结大会	30	—	
小计			40	

评价标准		分值（分）	得分（分）	评分依据
指标	赋分规则			
2-4-2 总结报告	格式规范	10	10	报告严格按照国家电网公司社会责任根植项目报告的格式要求进行撰写
	内容完整	40	40	报告完整呈现了项目背景、思路创新、工作创新和项目成效等核心内容
	文字优美	30	30	报告语言简练、措辞准确，小标题工整对仗，精准概括了所要阐述的内容
	资料丰富	20	20	有提供"全电厨房"推广宣传策划等系列方案、推广应用报告、市长批示文件、媒体传播及反馈等众多证明资料
小计			100	
3-1-1 品牌塑造	新建品牌	50	50	将"全电厨房"作为一个品牌来打造，形成电能替代中的一项业务品牌，同时还创建电厨炊"爱膳电"自主产品品牌
	品牌包装	50	50	有专门设计"全电厨房"和"爱膳电"的品牌标识
小计			100	
3-1-2 品牌宣传	品牌活动	50	50	策划并实施了"全电厨王"线上挑战赛，发布国网江苏电力《服务餐饮用能消费转型升级专项报告》
	品牌影响	50	50	专门制定"全电厨房"传播反馈报告，预热稿、直播页面和图片通稿在新华社新媒体平台上近350万点击量
小计			100	
3-2-1 传播报道	宣传物料	50	50	通过拍摄餐饮电气化宣传片、发布全电烹饪课程、开展"全电厨王"挑战赛系列活动等方式，进一步扩大"全电厨房"的影响力
	宣传投放	50	50	直播在新华社等媒体渠道投放
小计			100	
3-2-2 社会反馈	传播绩效	50	50	"全电厨王"挑战赛过程中，活动曝光560余万次，话题互动参与量530余万次，参赛作品浏览量3.1亿次，"全电厨房"烹饪料理课堂超10万人次参与学习；决赛在新华社新媒体平台点击量近350万，活动直播累计观看人次超过105万
	社会荣誉	50	50	"全电厨房"工作成效的推广，先后获得江苏省省长吴政隆的批示肯定和国家电网公司董事长辛保安的高度评价
小计			100	

续表

评价标准			得分 （分）	评分依据
指标	赋分规则	分值 （分）		
4-1-1 问题解决	当下解决	50	50	利益相关方合作的模式很好地解决了"全电厨房"推广过程中的资金、人力和运作等问题
	可持续解决	50	40	初步形成区域"全电厨房"改造产业集群
小计			90	
4-1-2 企业价值	经营提升	40	40	建成136个"全电厨房"项目，年替代电量超过1500万千瓦时，创建电厨炊"爱膳电"自主品牌，带来新的利润增长极
	环境优化	30	30	打造出"全电厨房"改造示范样本，为推广电能替代营造了良好的推广氛围
	能力提升	30	30	业务创新能力、协同上下游企业共同发展的能力得到进一步提升
小计			100	
4-2-1 利益相关 方价值	单方价值	50	50	通过"全电厨房"改造，提升餐饮企业能源利用效率，帮助降低生产成本、提高运营安全性、提升品牌知名度
	多方价值	50	50	以扬州"全电厨房"改造，直接扩大"全电厨房"改造服务商、电器品牌商的业务规模；通过电厨艺实训点培训厨师约2000人次，总课时超500小时，有效帮助厨师掌握"全电厨房"烹饪技能
小计			100	
4-2-2 社会与环 境价值	社会价值	50	50	推动扬州地区形成安全、绿色、节能的美食文化，擦亮扬州"世界美食之都"的"金字招牌"；有效防止了传统炉火给厨师造成的健康隐患
	环境价值	50	50	减排二氧化碳1.5万吨；从根源改善了厨房脏乱差的环境，使厨房清静、清洁、清爽
小计			100	
5-1-1 机制固化	制度化	50	50	联合市烹饪餐饮行业协会推出全国首个《"全电厨房"家常菜和大师菜标准》
	流程化	50	50	开发绿色厨房认证流程，积极与政府部门、餐饮行业协会合作开展绿色厨房认证
小计			100	

续表

评价标准		分值（分）	得分（分）	评分依据
指标	赋分规则			
5-1-2 成果理论化	理论成果	80	80	与扬州大学合作编写电气化餐饮烹饪教材，制定并发布《服务餐饮用能消费转型升级专项报告》，系统总结"全电厨房"推广应用举措，为其他地区普及餐饮电气化提供了理论与实践指导
	理论获奖	20	—	—
小计			80	
5-2-1 内部推广	内部培训	50	50	在业务部门开展总结和培训
	内部应用	50	50	"全电厨房"的工作经验和模式在岸电等其他电能替代业务工作中得到广泛应用
小计			100	
5-2-2 外部交流	交流互访	50	50	与扬州老字号餐厅趣园茶社合作打造"全电厨房"示范样本，展示"全电厨房"对餐饮商户绿色转型升级的积极影响，并邀请未进行与计划进行"全电厨房"改造的商家，通过实地参观、操作感受、沟通交流等方式，展示"全电厨房"的便捷性、舒适性和经济性，形成示范带动效应
	外部应用	50	50	"全电厨房"的工作经验和模式及"爱膳电"产品在江苏省及国家电网公司系统内均得到广泛关注和应用
小计			100	

表6–2 《合力共推"全电厨房"，引领美食之都绿色餐饮新风尚》项目得分

一级指标	二级指标	三级指标	得分
1. 项目选题（10%）	1-1 题目筛选（60%）	1-1-1 问题发现（50%）	95
		1-1-2 特色挖掘（30%）	100
		1-1-3 全员参与（20%）	100
	1-2 题目命名（40%）	1-2-1 标题内涵（60%）	90
		1-2-2 标题形式（40%）	80

续表

一级指标	二级指标	三级指标	得分
2. 项目过程（40%）	2-1 立项过程（20%）	2-1-1 立项程序（60%）	70
		2-1-2 立项报告（40%）	100
	2-2 策划过程（30%）	2-2-1 项目调研（40%）	60
		2-2-2 项目方案（60%）	100
	2-3 实施过程（30%）	2-3-1 过程控制（60%）	80
		2-3-2 工作日志（40%）	90
	2-4 总结评估（20%）	2-4-1 评估程序（50%）	40
		2-4-2 总结报告（50%）	100
3. 项目传播（15%）	3-1 品牌运作（50%）	3-1-1 品牌塑造（40%）	100
		3-1-2 品牌宣传（60%）	100
	3-2 社会传播（50%）	3-2-1 传播报道（60%）	100
		3-2-2 社会反馈（40%）	100
4. 项目绩效（20%）	4-1 内部价值（60%）	4-1-1 问题解决（50%）	90
		4-1-2 企业价值（50%）	100
	4-2 外部价值（40%）	4-2-1 利益相关方价值（50%）	100
		4-2-2 社会与环境价值（50%）	100
5. 项目成果化（15%）	5-1 成果固化（40%）	5-1-1 机制固化（70%）	100
		5-1-2 成果理论化（30%）	80
	5-2 成果推广（60%）	5-2-1 内部推广（50%）	100
		5-2-2 外部交流（50%）	100
总分			90.65

在社会责任根植项目评级中属于最高级A级

第三节
社会责任根植项目评价标准的管理与维护

社会责任根植项目评价标准是国家电网公司社会责任管理与实践的重要构成要件，但它不是静态和一劳永逸的，而是需要将其纳入公司社会责任管理体系进行系统管理和维护，确保社会责任根植项目评价标准的动态适用性。

一、制度管理

将社会责任根植项目评价标准的管理和动态更新纳入到国家电网公司社会责任根植项目评价制度体系中，构建形成社会责任根植项目评价标准的管理与维护制度，形成对社会责任根植项目评价标准的制度化管理。与此相适应，各省级电力公司也应当根据各自的社会责任根植项目管理制度和流程，将社会责任根植项目评价标准的管理和动态更新纳入其中。制度化管理意味着社会责任根植项目评价标准的管理和维护应当成为国家电网公司和省级电力公司一项常态化管理事项，需要按章办事和依规开展。

二、开发系统

鉴于实施社会责任根植项目制已经成为国家电网公司的社会责任常态化工作，而社会责任根植项目评价是各层级组织实施社会责任根植项目制的重要内容和抓手，因此如何让社会责任根植项目评价标准的应用更加便利，是增强这一标准生命力需要回答的重要问题。从现实来看，社会责任根植项目评价标准的应用既可以通过目前人工的方法，也可以通过开发信息系统的方法，后者相对前者能够更加便捷地将指标和标准实现。这意味着国家电网公司可以针对社会责任根植项目制，开发一套社会责任根植项目评价信息系统，将指标和标准信息化，这套系统能够实现国家电网公司、省级电力公司、地市公司、县公司、项目组之间的层层交互，将社会责任根植项目全过程的资料、数据、行为记录等实时或定期自动收集，由系统对每个社会责任根植项目进行动态评价。更进一步，在基础功能成熟后，社会责任根植项目评价系统可以实现诸如统计分析、自我诊断、横向对比、对策建议等更多高阶的功能。

三、动态优化

随着国家电网公司对社会责任理解和认知的不断深化、外部对供电企业社会责任要求的变化、社会责任根植项目制实施方式的创新，社会责任根植项目评价标准也需要与时俱进，做出适应性的调整和优化，表现出动态性特征。这意味着对于社会责任根植项目评价标准，国家电网公司应建立定期调研反馈机制和定期的管理评审机制，即每年对社会责任根植项目评价指标中的指标构成、建构方法、赋分规则、应用程序等进行评审，确定它们是否仍然适用于不断变化的外部社会责任法规、社会期望和内部的组织目标、组织架构和管理制度。通过管理评审，发现社会责任根植项目评价标准中需要优化和调整的地方，并有针对性地改进。特别是可以依据动态变化，修正指标的赋分规则和权重设置。如果需要做出较大的调整，可以采取变更社会责任根植项目评价标准版本的方式，即从由社会责任根植项目评价标准1.0版逐步向更高阶版本演变。

优秀案例篇

第七章

业务类社会责任根植
项目案例

◆ 储能"连"盟破解用户侧储能发展困境

◆ "泰融e"能源信息共享智慧平台超前服务企业入驻难题

◆ 基于高空监控和多方联动的外破治理体系

◆ 数据共享，打造配电网故障停电主动抢修新模式

案例一

储能"连"盟破解用户侧储能发展困境

项目实施单位：国网江苏省电力有限公司连云港市供电分公司
项目实施时段：2020年6—12月

一、项目概况

储能是国家构建更加清洁低碳、安全高效的现代能源产业体系的重要基础设施，发展用户侧储能可以实现电源、电网和用户的紧密融合，是未来储能行业发展的重要方向。连云港日益增长的用电需求和峰谷波动对国网连云港供电公司发展用户侧储能提出了要求，相关技术的成熟发展也为其推广奠定了基础，但多种因素制约导致用户侧储能发展缓慢：潜在用户不了解用户侧储能项目及其收益，缺乏建设意愿；意愿用户在建设资金、技术标准、运维管理等方面缺乏有效支持；项目供应商难以准确定位目标用户，导致项目难以最终落地。据统计，2020年前连云港地区仅有3个用户侧储能项目落地运行，但由于技术不成熟、设计不到位等因素，项目投运后均难以取得预期成效。

国网连云港供电公司坚持问题导向，引入社会责任根植理念，联合利益相关方组建"储能联盟"，创新打造基于电力数据分析与集中储能服务的"淘宝式"平台，建立各方多向沟通模式，克服信息不透明、沟通不顺畅等问题，精准对接资源，共同促进用户侧储能项目高质量高效落地。仅2020年下半年，就挖掘储能潜在用户34家，促成8项储能项目启动建设，推动齐天铁塔、港口岸电、海通交通3项储能项目落地。

二、思路创新

国网连云港供电公司立足当前连云港区域内用户侧储能项目推进过程

中存在的难点和痛点，通过引入利益相关方管理、责任边界和透明度管理等社会责任理念，转变单方向沟通、单方面协调的传统模式，在携手利益相关方破除储能发展困境的同时，开创合作共赢的良好局面。根植项目工作思路如图7-1所示

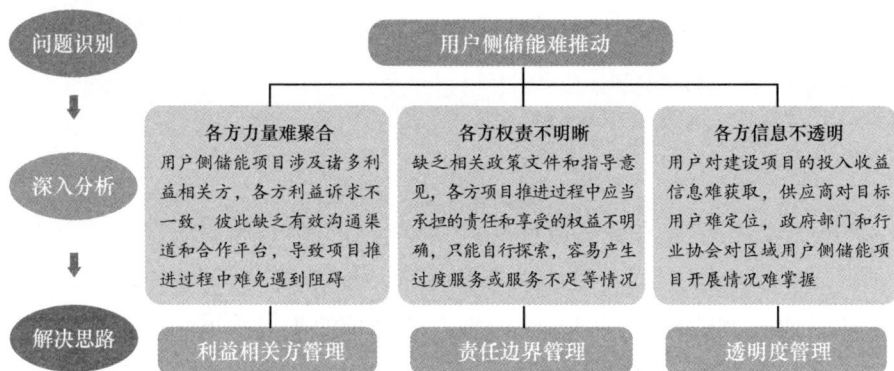

图7-1　根植项目工作思路

（一）凝聚共识，从各自为营到合作共赢

聚焦用户侧储能项目涉及利益相关方众多、各方诉求难协调、各方力量难凝聚的问题，通过引入利益相关方管理理念，架设多方沟通桥梁，搭建多方合作平台，转变以往"一对多"的单向沟通和各自为营的工作模式，致力发挥各方优势资源，满足各方核心诉求，凝聚多方合力共同推进储能项目高效落地。

（二）厘清权责，从角色错位到各司其职

聚焦储能项目建设过程中各方职责不清、界限不明、角色混乱的情况，通过引入责任边界管理理念，将各方角色细分为指导方、组织方、建设方、使用方共四类（见图7-2），以此为基础细化各方应当承担的职责，有效避免过度服务或服务不足等情况的发生，推动各方资源利用最大化。

（三）信息共享，从无序竞争到透明市场

聚焦储能市场管理缺秩序、储能用户利益难保障的问题，通过引入透明度管理理念：一方面，运用电力大数据测算用户储能项目收益，将测算

结果与用户共享，确保用户对项目整体收益的知情权；另一方面，建立项目供应名录，加强相关产品服务质量、价格等方面的公开透明，打破原先市场信息壁垒，促进政府、行业出台相关技术标准和指导意见，推动行业良性竞争和发展。

三、实施举措

国网连云港供电公司以破解当前连云港区域用户侧储能发展困境为目标，系统识别对建设用户侧储能项目有需求的相关方，以满足各方核心诉求为前提，以发挥各方优势资源为核心，联合多方成立储能"连"盟，明确各方职责分工，并建立完善的联盟成员参与、矛盾协调、履约评价等机制，推动"连"盟持续稳定运行。创新构建储能信息服务平台，实现各方有效信息的及时交互，破除联盟成员之间的信息壁垒，进一步提升联盟运转效率。

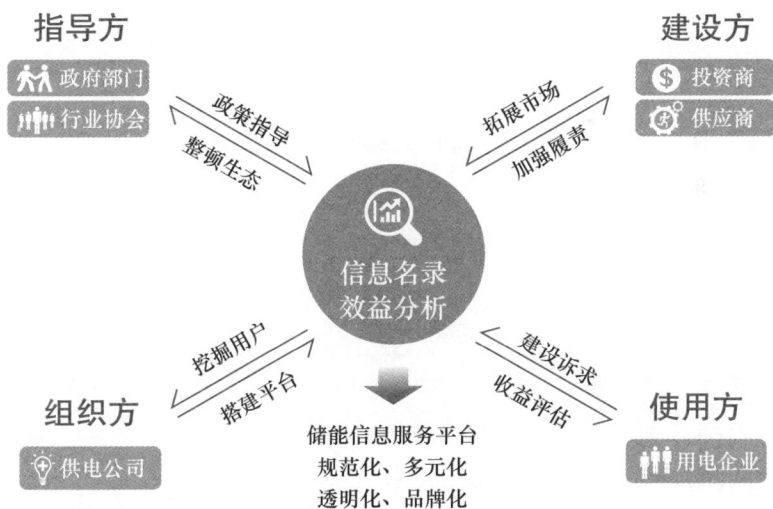

图7-2 利益相关方参与储能"连"盟

（一）广泛系统调研，寻找储能合作伙伴

组织开展上门走访、问卷调查、座谈商讨等多种形式的调研活动，积

极寻找用户侧储能项目建设的合作伙伴，系统梳理储能项目涉及的利益相关方及其核心诉求和资源优势（见表7-1），作为引入各利益相关方参与项目的决策参考依据。截至2020年年底，先后与政府、工商银行、建设银行、康缘药业有限责任公司、连云港港口控股集团有限公司、江苏林洋能源股份有限公司签订战略合作协议，共同探索涉及储能项目的分布式能源及能效领域的商业模式，确立齐天铁塔、丰益氯碱、康源药业、恒瑞药业、镔鑫钢铁、华乐合金等6家用户侧储能项目规划，1项港口岸电储能应用，1项公交系统储能应用。

表7-1 利益相关方核心诉求和资源优势

利益相关方	核心诉求	资源优势
政府部门	1.推动储能发展，助力生态文明建设。 2.促进清洁能源接纳，改善能源结构	提供政策支持
行业协会	1.建立完善的储能生态，完善相关标准。 2.推动储能设备安全稳定运行	提供技术规范支撑
供电公司	1.持续推进新一轮电力体制改革。 2.吸纳清洁能源发电上网，改善能源结构。 3.拓展储能潜在市场、挖掘储能应用价值	1.储能项目建设相关技术支持。 2.电力数据计算分析。 3.在各方均有良好信誉，便于协调管理
银行	储能项目作为优质固定资产，借助峰谷差价政策实现长期盈利，银行为其提供贷款，可进一步优化自身信贷结构	提供贷款服务，破解部分用户缺乏初期资金的难题
投资公司	参与储能项目投资，获取经济收益，进一步拓展投资渠道	项目的投资主体之一，提供有偿资金支持
电池供应商	出售储能电池等设备设施，获取经济效益	提供项目的主要设备，对电池进行日常运维
其他供应商	开展储能电站建设，增加业务	支撑储能电站配套设施
用电企业	1.降低用电成本。 2.提高电能质量。 3.保障安全运行	项目的受用主体，可提供场地和资金支持，并对储能电站进行简单维护

（二）整合多方资源，完善"连"盟运转机制

1. 打造"四方合作"的储能"连"盟

　　基于前期调研，国网连云港供电公司明确建设用户侧储能项目涉及的利益相关方，根据其资源优势将其分为组织方、指导方、建设方和使用方，将各方零散资源进行整合，转变以往各自为营的工作局面，组建储能"连"盟共同推进储能项目建设。政府部门和行业协会基于公信力，确定作为"连"盟的指导方，负责出台相关政策及技术标准指导储能行业发展；银行、投资公司等投资机构在资金方面具有优势，建设供应商在储能电池及其配套设施方面具有技术优势，确定作为"连"盟的建设方，负责协助完成用户侧储能项目的投资、设计、建设等专业工作；用电企业是储能项目使用主体，提供场地、资金等支持，确定作为"连"盟的使用方，负责对设备进行日常管理及简单维护；供电公司基于电力技术及良好信誉的优势，确定作为"连"盟的组织方，负责提供专业电力技术支持，搭建各方沟通合作平台，协调各方资源力量。通过"四方合作"的明晰责任边界，避免了各方职责交叉和空隙，促使各方资源得到充分有效利用，如图7-3所示。

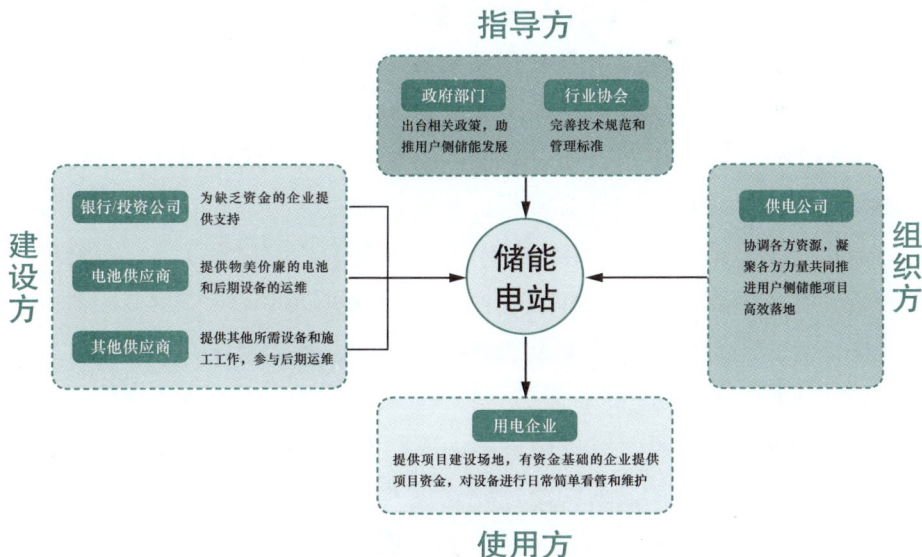

图7-3　"四方合作"的储能"连"盟

2. 完善"连"盟运转三项机制

为推动"连"盟持续稳定运行,组织方建立完善的"连"盟运转机制,包括成员参与机制、矛盾协调机制和履约评价机制(见图7-4),确保用户侧储能项目协调、有序、高效落地。

图7-4 储能"连"盟运转机制

(1)建立"连"盟成员参与机制。组织方通过建立电力大数据分析模型,详细计算用户侧储能项目投资的最优容量、储能成本、生命周期、回报率等数据,积极吸纳有效益的使用方参与"连"盟;组织方通过在官网、公众号等平台发布新闻吸引号召建设方报名,并对建设方提供的企业经营情况、服务质量情况、合同履约情况等材料进行审核,吸纳资质优秀的建设方参与"连"盟;组织方通过将储能"连"盟项目建设背景、目标、收益等形成报告,主动向指导方汇报,促进指导方参与"连"盟,对项目进行监督指导。截至2023年,组织方对全市12000余户专用变压器用户开展数据分析,确定优质潜力储能用户34家,完成2项分布式储能应用专项研究报告,促成连云港地区用户侧储能投资公司成立,近20家建设方参与"连"盟运转,使用方咨询超50次。

(2)建立"连"盟矛盾协调机制。建设方和使用方成员在项目建设推进过程中,难免产生矛盾或纠纷,处置不当不仅会影响项目进程,还会让"连"盟形象受到损害。组织方在用户侧储能项目中设置联络员,及时跟进项目进程,了解项目推进中可能存在矛盾纠纷的源头性问题,尽可能将矛盾纠纷扼杀在摇篮内。对于疑难复杂矛盾纠纷，往往涉及多个政府部门或单位，此时则应由指导方介入，找准建设方和使用方诉求的平衡点，基于相关法律法规进行化解，让各方在协商、谈判的过程中，逐渐形成合作、诚信的法治观念，促进"连"盟更加理性、文明。截至2020年年底，"连"盟未发生一起纠纷事件。

（3）建立"连"盟履约评价机制。在项目建设完成后，组织方基于公平、客观、公正的原则，邀请使用方对建设方的履约情况进行评价，并对评价结果进行详细审核。履约评价等级分为优秀、良好、中等、合格和不合格五个等级，对于履约优秀的建设方，组织方在"连"盟内进行表彰通报，为优秀的建设方创造更多的合作机会。对于不合格的建设方，视情节给予警告、移除"连"盟等处罚，针对一些违反相关法律法规的行为，组织方将名单和信息上报给指导方，协作开展行业生态整顿，现"连"盟成员合同履约率100%。

（三）强化透明运营，助力"连"盟高效运行

鉴于各方之间缺乏系统、规范的沟通交流平台，信息不对称、有效信息难以及时传递等问题可能影响"连"盟正常运转，组织方充分发挥在大数据、模型构建等方面的专业优势，搭建储能服务"淘宝式"平台。

1. 组织方及时公布各方关切信息

组织方系统整理储能行业相关政策、标准及指导意见等正式文件，公开展示于储能服务平台。针对具体储能项目，将与建设方共享相关的配套电网工程相关信息，便于建设方根据配套工程推进情况把控项目进度，避免储能项目落地但配套工程尚未建成的情况，影响储能项目的正常使用。

2. 建设方和使用方及时互动

通过储能服务数据平台，使用方和建设方打破用户侧储能相关产品和服务的信息壁垒。使用方登录平台，可查看电池种类、容量、价格等相关产品服务信息，并及时与建设方进行沟通，在下单产品和完成服务后可对建设方进行在线评价，倒逼建设方不断优化升级产品、提升服务水准，更好满足使用方需求；建设方登录平台，在使用方同意公开信息的前提下，

可查看到有建设储能需求的企业用户信息，及时向使用方推荐自身储能相关产品，节约大量市场开拓的环节。

3. 指导方统筹把控

在法律法规允许的前提下，组织方将建设方项目推进过程中的违约情况及时上报指导方，便于指导方全面掌握当前储能项目推进过程中存在的不良现象，为其开展行业整治活动提供参考依据；将使用方的项目需求情况及时与指导方共享，为其制定区域储能发展规划提供参考依据。

（四）开展试点先行，加强"连"盟宣传推广

组织方通过电力大数据抓取用户模型，开展"择取储能用户"可行性分析，选取投资意向强的2家企业作为试点，以"静态投资回报率"与"储能电费全生命周期收益"两个维度，综合分析"需求最优"和"容量最优"两种方案，确定储能项目建设最优配置。

试点项目通过"四方合作"的储能"连"盟模式推进，现已成功建成投运，建设全程耗时缩短约10%，预计投资成本回收期6年，缩短时长近三成，国内首套岸电储能一体化系统也在多方合力推动下顺利落地，先后被新华社、新华网、苏电牛思等十余家媒体报道，通过向社会宣传项目的经济、社会和环境综合价值，吸引更多的企业用户和供应商等利益相关方加入到储能"连"盟当中。

四、项目成效

（一）经济效益

随着储能项目的落地，用户基于峰谷电价差套利政策年约能降低13%的用电成本，其中2个试点项目预估每年分别节约用能成本35万元与74万元；岸电储能项目大幅节省船舶靠岸期间能源费用，以中韩航班"紫玉兰"号为例，每年能节约用能成本210余万元。参与项目的供应商通过"淘宝式"服务平台更容易获得项目来源，2020年供应商通过提供储能及相关配套设施产品和服务，获得营业收入约40万元。国网连云港供电公司通过用户侧储能项目的落地，直接增加2个电力调频辅助服务市场成员，进一步提高系

统效率和输配电设备的利用率，延缓新的发电机组和输电线路的建设，节约投资超300万元。

（二）社会效益

储能"连"盟的组建运行，有效吸纳、整合连云港地区储能行业各方资源，重塑了连云港地区的储能市场格局，用户对储能项目供应商有更多的选择权，能够货比三家，供应商避免了市场开拓的繁杂流程，能够精准对接目标用户。2020年，国网连云港供电公司协助指导方起草了《地方性用户侧储能系统并网管理规定》《连云港辅助服务（调频）市场交易规则》等文件，为进一步规范地区用户侧储能行业管理奠定基础；联合指导方开展了用户侧储能示范工程建设，发布储能项目典型经验，持续拓展用户侧储能项目的影响力。

（三）环境效益

此根植项目的推进，加快了储能项目的建设投运，有效提升连云港区域内的清洁能源消纳能力，促进地区能源结构转型，贡献生态文明建设。2个试点项目全年可节省电网损耗200万千瓦时，相当于减少二氧化碳排放0.148万吨；岸电储能项目实现船舶靠港期间的电能替代，全年可分别减少氮氧化物、二氧化硫和可吸入颗粒物PM 10排放0.3吨、0.17吨和1.6吨，减排各类污染物近3万吨。

储能"连"盟破解用户侧储能发展困境项目评分一览表见表7-2。

表7-2　储能"连"盟破解用户侧储能发展困境项目评分一览表

一级指标	二级指标	三级指标	三级指标打分
1.项目选题（10%）	1-1 题目筛选（60%）	1-1-1 问题发现（50%）	95
		1-1-2 特色挖掘（30%）	90
		1-1-3 全员参与（20%）	99
	1-2 题目命名（40%）	1-2-1 标题内涵（60%）	90
		1-2-2 标题形式（40%）	89

续表

一级指标	二级指标	三级指标	三级指标打分
2. 项目过程（40%）	2-1 立项过程（20%）	2-1-1 立项程序（60%）	95
		2-1-2 立项报告（40%）	90
	2-2 策划过程（30%）	2-2-1 项目调研（40%）	89
		2-2-2 项目方案（60%）	92
	2-3 实施过程（30%）	2-3-1 过程控制（60%）	95
		2-3-2 工作日志（40%）	80
	2-4 总结评估（20%）	2-4-1 评估程序（50%）	89
		2-4-2 总结报告（50%）	92
3. 项目传播（15%）	3-1 品牌运作（50%）	3-1-1 品牌塑造（40%）	85
		3-1-2 品牌宣传（60%）	89
	3-2 社会传播（50%）	3-2-1 传播报道（60%）	91
		3-2-2 社会反馈（40%）	80
4. 项目绩效（20%）	4-1 内部价值（60%）	4-1-1 问题解决（50%）	95
		4-1-2 企业价值（50%）	93
	4-2 外部价值（40%）	4-2-1 利益相关方价值（50%）	95
		4-2-2 社会与环境价值（50%）	92
5. 项目成果化（15%）	5-1 成果固化（40%）	5-1-1 机制固化（70%）	92
		5-1-2 成果理论化（30%）	95
	5-2 成果推广（60%）	5-2-1 内部推广（50%）	92
		5-2-2 外部交流（50%）	90
总分			91.072

案例二
"泰融e"能源信息共享智慧平台超前服务企业入驻难题

项目实施单位：国网江苏省电力有限公司泰州市供电分公司
项目实施时段：2020年4—11月

一、项目概况

能源供应服务是企业可持续发展的关键环节，企业在选址阶段能否系统地获取能源供应信息，将对入驻后的用能服务、生产经营产生重要影响。然而，在现有招商引资机制下，政府单方面提供的企业所需能源供应信息发挥的作用有限，企业通过公开途径可获取的电网规划、能源站点等基础设施布局信息零散且不系统，存在企业用能需求与能源供应信息的不对称问题。究其根源，是因为政府服务和投资企业选址入驻后与能源供应单位的专业服务缺少充分融合，处于"串联"模式。企业入驻前期的合作沟通不畅，极大影响着企业后续用能服务的体验，当配套能源供应设施不能满足企业生产经营需求，临时增加设施投资，增加企业不必要投资和时间成本，影响投资企业对区域内投资环境的评价，不利于地方营商环境的良好发展。

国网泰州供电公司主动转变工作方式，以互联网技术为支持，以大数据信息资源为依托，携手政府相关部门、供水、供气、能源站运营单位合作参与，搭建"泰融e"能源信息共享智慧平台，整合各方能源信息资源，提升区域内电力基础设施、其他供能单位能源规划信息透明化程度，及时为企业提供能源规划可用信息资源，形成协同共建主动式能源供应服务模式。

二、思路创新

构建能源信息共享模式，帮助入驻企业以最低成本投入、最快时间接入、体验最优质的能源供应服务，助力地方营商环境优化。能源信息共享智慧平台建设思路如图7-5所示。

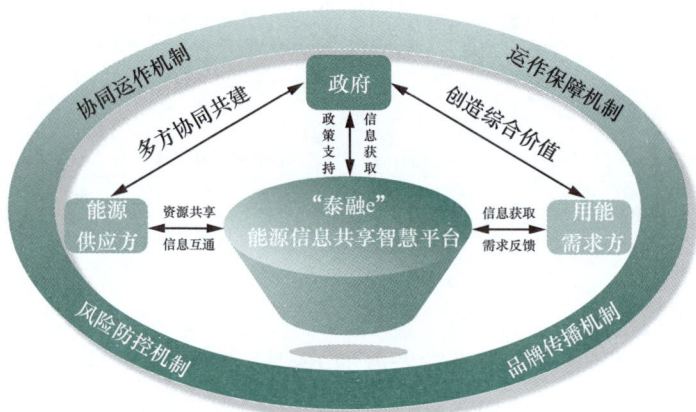

图7-5　能源信息共享智慧平台建设思路

（一）利益相关方合作参与，助力综合价值最大化

国网泰州供电公司针对企业选址参考的能源供应信息分散及由此带来的一系列继发性问题，积极动员政府部门、供水、供气、能源站运营单位等利益相关方建立高效多边合作机制，进行能源信息资源的共享与整合，帮助投资企业科学选址、合理选址，实现规划层面政府、供电公司、其他供能单位更加高效的协同合作，助力企业能源需求得到满足、政府公信力提升、能源供应单位服务资源节约，进而优化地方营商环境，在多方共赢的基础上实现综合价值最大化。能源信息共享智慧平台多边合作定位如图7-6所示。

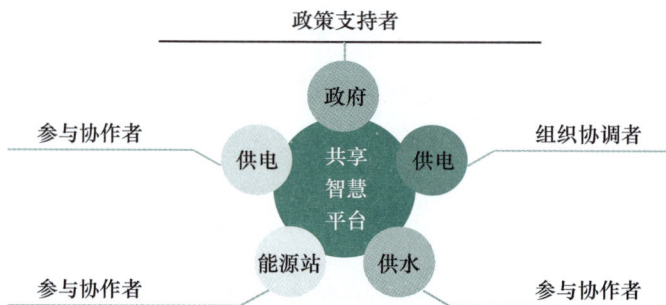

图7-6　能源信息共享智慧平台多边合作定位

（二）搭建资源共享智慧平台，提升能源供应信息透明度

国网泰州供电公司以增强能源供应信息透明度、共享能源信息资源为目标，联合政府、其他供能单位等利益相关方搭建能源信息共享平台，向企业提供可查询、可获取的能源供应基础信息资源，以投资企业项目选址所需的电源点、能源站分布、地图等情况为主要信息资源开发信息平台，根据企业拟选地理位置、企业用能需求等，提供电力接入路径和项目造价方案比选等服务，帮助投资企业科学合理选址。能源信息共享智慧平台信息资源整合思路如图7-7所示。

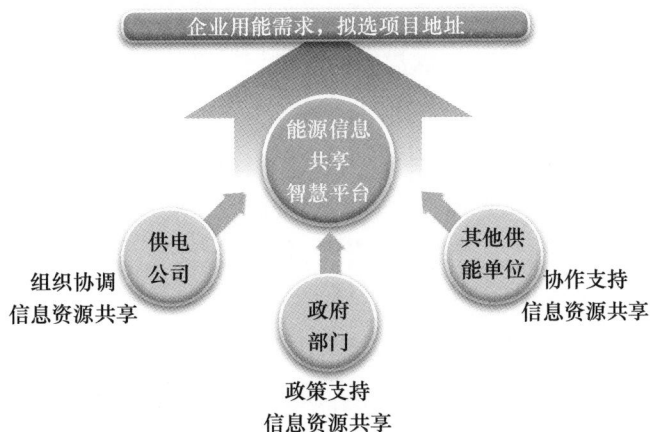

图7-7 能源信息共享智慧平台信息资源整合思路

（三）创新沟通模式，追求多方合作共赢

企业选址参考的能源供应信息分散在供电、供水、供气、能源站运营单位等利益相关方资源中，前期选址过程中，仅仅依靠单一信息资源考量选址问题，不足以确保企业入驻后可顺畅得到符合实际需求的能源供应。建立多方能源信息资源的能源信息共享智慧平台，改变企业单向的沟通模式为以能源信息共享智慧平台为依托的多维沟通模式（见图7-8），帮助企业以平台为核心，获取有效能源供应服务的信息资源；推动政府、其他供能单位以平台为基础，建立透明沟通的协作模式，便于后续召集各方共同讨论项目工作方案、交流经验做法，提高沟通合作成效，促进多方共赢。

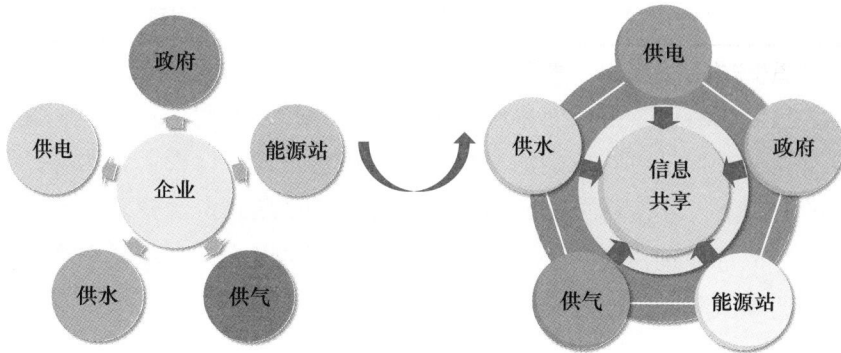

图7-8　单向沟通方式向多维沟通转变

（四）厘清责任边界，提供优质能源供应服务

企业在选择项目地址时所涉及的能源供应利益相关方不仅有供电企业，也包含其他供能单位，因而需厘清各利益相关方责任边界（见表7-3），通过平台针对性共享能源信息资源，解决企业选址难题与疑问，并通过平台推动各方各尽其责，提供优质服务，实现共赢发展。

表7-3　　　　　　　　　　　利益相关方责任边界管理

利益相关方	责任边界	可提供服务
政府相关部门（规划局、国土资源局、建设局、发展改革委等）	协调各利益相关方诉求，促成多方合作	1. 协调推进供电公司、其他能源供应单位、能源站运营单位等达成协议。 2. 共享县（市、区）、省级以上开发区土地利用规划、地形、地图情况，指导企业科学选址。 3.与供电公司一同做好项目沟通与宣传工作
供电公司	协调利益相关方，构建合作沟通机制	1. 促请政府出面协调利益相关方达成合作意向。 2. 提供电源点等电力设施分布信息，促进电力数据共享利用。 3. 与政府、其他供能单位、能源站运营单位等利益相关方协同合作指导企业选址落地。 4. 平台推广使用，提升投资企业及社会各界对项目价值的认同

利益相关方	责任边界	可提供服务
其他供能单位	理解与参与支持项目建设	1. 理解和支持信息共享平台搭建，提升对企业的能源供应服务水平。 2. 共享投资企业选址所需的能源信息资源。 3. 与政府、供电公司、供水、供气、能源站运营方等利益相关方协同合作，出具能源供应指导方案

（五）树立品牌化理念，推动品牌传播

取"融荣共生"的合作模式使得地方经济社会融合发展更"容易（easy）"的延伸含义，拟命名为"泰融e"，促进信息共享智慧平台这一载体的品牌传播和使用，实现供电企业与利益相关方创新合作模式传播与推广应用，提升供电企业责任影响力。

三、实施举措

（一）深度调研各方意愿，调动各方参与积极性

国网泰州供电公司成立专项工作小组，初期通过实地走访调研10家不同类型的用能企业，将企业项目选址所涉及的能源供应利益相关方确定为政府相关部门、其他供能单位、媒体等，充分了解并明确各方参与意愿、合作的动力及优势资源（见表7-4）。针对企业在选址方面的能源供应信息需求与疑惑问题，联合利益相关方开展系统调研与分析，为投资企业提供优质能源供应服务奠定良好基础。

表7-4　　　　　　　　利益相关方合作动力及资源分析

利益相关方	参与意愿	合作动力	优势资源
政府相关部门（规划局、国土资源局、建设局、发展改革委等）	非常强烈	1. 吸引优质企业落户，高质量完成招商引资。 2. 优化地区营商环境	1. 公信力，可作为各方资源协调的主体力量。 2. 区域范围内土地利用规划情况。 3. 区域范围内的地形、地图情况。 4. 项目推广宣传

续表

利益相关方	参与意愿	合作动力	优势资源
供电公司	非常强烈	1. 减少临时、被动电力建设施工。 2. 避免不必要的电力建设投资。 3. 提高用户供电服务满意度	1. 熟知电力规划、电源点、设备设施详细信息。 2. 电力专业优势。 3. 提供优质供电服务
投资企业	非常强烈	1. 获取专业且系统的能源供应参考信息。 2. 高质量开展生产运营。 3. 享受高品质专业服务	1. 投资能力。 2. 生产优势，能够促进区域经济发展
其他供能单位	非常强烈	1. 降低沟通成本。 2. 减少不必要的施工成本。 3. 提高用户满意度	1. 熟知本单位能源设施详细信息。 2. 专业优势及品质服务
媒体	强烈	1. 传播价值信息。 2. 获得投资企业等利益相关方关注	项目推广的媒体传播服务

（二）多种沟通方式，构建高效沟通合作机制

国网泰州供电公司将利益相关方合作参与理念融入项目建设全过程，推动利益相关方前置沟通、专项沟通、常态沟通方式建立，构建内部责任部门、外部政府部门及其他供能单位等利益相关方的高效沟通与多边合作参与机制。

1. 前置沟通，科学设置平台的功能模块

国网泰州供电公司积极主动与政府、企业等相关方沟通交流，在项目开展前期主动对接投资企业，对投资企业供电需求情况提前沟通，了解企业选址考量因素，并与其他供能方就企业选址所考量的用能需求进行沟通讨论，科学设置平台建设的功能模块及所提供的信息资源类型，尽可能满

足企业及各方需求，最大化减少信息不对称、企业信息获取片面等造成的入驻企业能源供应问题的产生。

2. 专项沟通，推进平台建设协同开展

联合政府相关部门成立项目专项工作小组，安排专人负责统筹能源信息共享智慧平台建设项目所需利益相关方资源，提高办事效率。国网泰州供电公司联合政府、其他供能单位等利益相关方设置项目专项负责专员，就项目推进问题及时进行沟通讨论及资源协调，有序推进项目实施。

3. 常态沟通，线上线下及时互动交流

组建项目小组，线上利用微信、钉钉等社交平台软件及时互动交流，线下通过不定期开展项目推进会、组织利益相关方代表沟通会等形式听取平台建设意见，及时改进和完善平台的功能模块，增强利益相关方沟通的有效性与实效性。同时注重与政府相关部门等关键利益相关方进行深入沟通，定期汇报项目推进工作，交换意见看法，为后续平台投运，推进应用打下坚实基础。

（三）构建信息共享平台，助力企业快速入驻

以国网泰州供电公司为项目推进主体，携手政府、供水、供气、能源站运营单位等利益相关方打造"泰融e"能源信息共享智慧平台App，协作构建能源资源信息检索高效、信息透明的能源信息共享智慧平台，整合各方信息资源，发挥各方专业优势，为企业提供选址指导，帮助企业快速入驻。

1. 平台建设参与方

"泰融e"能源信息共享智慧平台App建设的主要参与方为：国网泰州供电公司，泰州市人民政府，泰州市自然资源和规划局，供水、供气、能源站运营单位。各方提供专业信息资源、共同构建能源供应信息的共享平台，探索信息共享的互利合作模式，促进多方共赢。

2. 平台信息资源类型

（1）电力数据信息。电力信息模块是平台主要建设模块，以带GPS坐标的电力设备基础信息为基础数据库，整体呈现电源点分布、电缆杆线走向。只要点击拟选位置，系统将能计算出区域内用户的日、月用电量情况及用户最大装机负荷利用小时数,展示区域能源供应能效,帮助企业拟选位置作参考。

（2）能源站空间分布信息。企业用户对城市能源的需求也是一个重要的选址考虑因素,城市中现有能源站在城市里的空间分布直接影响外来企业的决策。平台在建设中协同能源站统计了城市内的各能源站站点位置坐标、站点名称、站点属性等信息资源,企业通过点击拟选位置,可直观得到测算出的企业位置与能源站、电源点等基础设施的距离,实现对企业在拟选位置的能源供应能力进行基本诊断。

3. 延伸功能模块

用电接入方案推荐是平台建设项目的延伸功能模块,统筹项目周边电源点、电缆杆线部署信息,综合区域地下电缆和架空线路路径、设备位置,根据企业的用电需求、企业拟选位置、企业属性,推荐企业用户用电接入方案,提供包含用电接入路径和项目造价的方案比选,提供不同用电接入方案及用电成本分析,帮助企业快速接电入驻。

（四）防范安全风险,保障智慧平台可持续运转

信息资源共享开放也将伴随风险的到来,整合信息资源构建能源信息共享智慧平台必须坚持信息资源合理开放和保护并举的原则。因而在充分征求利益相关方意见的基础上,设置了用户管理权限,并进行分类管理,防止信息使用者滥用平台信息资源而给利益相关方造成利益损失,促进信息共享平台的可持续运转。本平台的权限控制主要分为平台管理员、政府人员、企业人员共三类。

四、项目成效

（一）优化地方营商环境

推动政府整合地方供能单位专业信息资源予以共享使用,不仅便于企业获得入驻意向区域的能源供应信息,方便投资企业科学选址,也有助于政府以更加高效顺畅的方式完成招商引资工作,促进地方政府管理能力和管理水平再提升,增强地区招商引资吸引力,助推地方优化营商环境,促

进地方经济可持续发展。平台试运行以来，累计帮助106家企业选址入驻，出具36套供能方案，获得企业好评。

（二）降低企业投资成本

建立能源信息共享智慧平台，帮助解决投资企业在选定项目地址前电力规划、能源供应信息获取难、选址茫然的问题。大幅度缩短投资企业入驻选址犹豫周期，帮助投资企业快速入驻，减少因信息闭塞导致的后续不必要的用能投资，降低企业成本。截至2020年11月，共计帮助106家企业选址入驻，节约企业投资成本3022万元。

（三）减少供电企业投资

国网泰州供电公司协同推动能源信息共享智慧平台的搭建，提升自身电力规划、电力供应信息透明度，减少因沟通不畅，企业用能需求预测偏差而导致的电力供应设施投资浪费，引导投资企业合理选址，最大化利用现有电力规划资源。

平台试运行以来，累计减少电力设施规划、建设投资成本2700万元；优化对企业客户的供电服务流程，入驻企业供电服务环节从4个、减少至3个，时间由39.86天、减少至27.92天，提升企业优质服务水平。2020年，企业客户供电服务满意度由2019年的86.04%提升至93.81%。

"泰融e"能源信息共享智慧平台超前服务企业入驻难题项目评分一览表见表7-5。

表7-5 "泰融e"能源信息共享智慧平台超前服务企业入驻难题项目评分一览表

一级指标	二级指标	三级指标	三级指标打分
1.项目选题（10%）	1-1 题目筛选（60%）	1-1-1 问题发现（50%）	92
		1-1-2 特色挖掘（30%）	90
		1-1-3 全员参与（20%）	92
	1-2 题目命名（40%）	1-2-1 标题内涵（60%）	90
		1-2-2 标题形式（40%）	86

续表

一级指标	二级指标	三级指标	三级指标打分
2. 项目过程（40%）	2-1 立项过程（20%）	2-1-1 立项程序（60%）	95
		2-1-2 立项报告（40%）	93
	2-2 策划过程（30%）	2-2-1 项目调研（40%）	91
		2-2-2 项目方案（60%）	93
	2-3 实施过程（30%）	2-3-1 过程控制（60%）	93
		2-3-2 工作日志（40%）	85
	2-4 总结评估（20%）	2-4-1 评估程序（50%）	90
		2-4-2 总结报告（50%）	95
3. 项目传播（15%）	3-1 品牌运作（50%）	3-1-1 品牌塑造（40%）	95
		3-1-2 品牌宣传（60%）	90
	3-2 社会传播（50%）	3-2-1 传播报道（60%）	90
		3-2-2 社会反馈（40%）	90
4. 项目绩效（20%）	4-1 内部价值（60%）	4-1-1 问题解决（50%）	92
		4-1-2 企业价值（50%）	95
	4-2 外部价值（40%）	4-2-1 利益相关方价值（50%）	95
		4-2-2 社会与环境价值（50%）	85
5. 项目成果化（15%）	5-1 成果固化（40%）	5-1-1 机制固化（70%）	95
		5-1-2 成果理论化（30%）	90
	5-2 成果推广（60%）	5-2-1 内部推广（50%）	94
		5-2-2 外部交流（50%）	93
总分			91.891

案例三

基于高空监控和多方联动的外破治理体系

项目实施单位：国网江苏省电力有限公司新沂市供电分公司

项目实施时段：2020年4—12月

一、项目概况

随着城市聚集效应越来越强，一些老城区、"三跨"等地区由于无法开展入地施工，供电、通信运营商、路灯管理处等单位通常采用架空线路方式建设相应线路网络，复杂交错的架空网络大大增加了外力破坏风险。

为加强监管，供电公司、通信运营商、路灯管理处分别构建了高空防外破监控系统，而受制于经费等原因，各单位将监控主要安装在重点地区和外破事故高发区域，这就造成有些重点区域常出现多家单位监控探头重复布置，不仅造成了资源的严重浪费，也未提高工作成效。在非重点区域却又不约而同未安装监控系统，造成监控盲区。

国网新沂市供电公司联合各利益相关方以外部视角审视社会问题根源，通过多家单位共建防外破互助治理体系。有效解决因协同程度不足导致监控资源分配不均衡、因信息缺乏互通导致风险监控效率不高、因联动机制缺乏导致问题处置反应较慢等问题。

二、思路创新

防外破互助治理体系旨在共享多方资源、发挥多方合力，力求在监控信息共享和应急处置协同方面进行创新，提升各利益相关方应对外破风险的感知能力与处置外破风险的水平。

（一）理念转变

各相关单位将社会责任理念融入管理思想，由"业务视角"转变为"责任视角"，打破以往单纯依靠自身力量防范设施外破事件的思维模式，从社会责任视角重新审视护线工作，以实现综合价值最大化为根本目的，通过与利益相关方的沟通与合作，提升发现处理外破效率、解决各单位难题的同时，创造出新的社会价值。

（二）方法转变

从单一作战转变为协同作战，改变以往"各自为战"的情况，形成统一的"处置网"，充分发挥各利益相关方的优势，供电、通信、路灯管理处监控设备主要设置在老城区、重要路口、设备密集的外破事故高发区，安监局的监控设备主要设置在易发生安全事故的地方，交警的监控设备主要设置在路口等路段。根据各方监控重点不同，充分利用各单位在监控设备设置区域存在的互补性，形成监控信息共享、应急处置共同开展的长效治理模式。

三、实施举措

（一）搭建监控系统防外破护卫联盟

国网新沂市供电公司通过走访调研、实地考察等方式，积极开展政府部门、安监主管部门、自来水公司、通信运营商、路灯管理处的深入互动，整合各方优势资源，凝聚各方合力明晰各方责任边界（见表7-6），严防应急处置时出现的责任推诿情况，避免主体错位和纠纷，形成监控系统防外破护卫联盟。

表7-6　　　　　　　　利益相关方责任分工表

利益相关方	角色定位	责任分工
供电公司	方案解决的提出者和项目实施的重要参与方	1. 促成安监局召集供电、通信、路灯等单位进行座谈，征求各方意见。 2. 协助安监局对现场工作人员进行必要的培训

续表

利益相关方	角色定位	责任分工
应急管理局	项目的主导单位	1. 出台凝聚各方合力的防外破系统建设、改进的指导性文件；组织对各单位的视频远程监测人员进行交叉培训。 2. 建立专门协调平台，收集各单位抢修支撑机构的地理坐标信息，建立全区域外破风险应急处理互助机制的设备及处理点信息地图
供水、通信、路灯管理单位	主要参与方	1. 按照安监局提出的要求对防外破系统进行改进。 2. 在出现外破风险或故障时及时到现场履行自身责任

（二）搭建监控系统外破信息共享体系

搭建监控系统外破信息共享体系，统筹利用监控资源，在原有各利益相关方监控范围的基础上，将防外破监控系统进行了资源整合，增加了监控覆盖面积，有效避免了重复投资，减少了资源的浪费。搭建监控系统外破信息共享体系的关键主要包括三个方面。

一是改进设备，打造识别力更准的"前沿哨"。由应急管理局牵头，收集各单位的外破风险类型，指导供电、通信、路灯管理等单位改进防外破监控系统，将原有监控探头的单一识别功能改进为对多方的风险识别和外破事故识别功能。以供电公司外破监控系统为例，除了有供电外破风险识别，还增加了对通信线路、路灯等外破风险和事故自动识别功能。

二是统筹资源，构建覆盖面更广的"监控网"。各利益相关方防外破监控设备大多采取租赁电信公司设备终端的方式，电信公司对于监控终端部署具有独特资源与经验优势，因此各单位新增远程监控设备拓展监控网由电信公司提出指导意见，各方提供探头位置信息。在兼顾外破高风险、事故高风险地区的同时，能够有序扩大监测范围，减少设备的重复布置，达到设备利用效率的最大化。2020年，国网新沂市供电公司新增监控探头20个、通信公司新增探头18个、路灯管理处新增探头23个，均未出现重复布置现象，监控范围扩大16千米。

三是协同互助，形成实效性更强的"信息流"。监控探头实现多方风险和外破事故识别功能后，在发现外破风险时，防外破监控系统会自动报警，并将故障点图片信息、位置信息等发送至定制App，由相关单位认领后进行处理。各合作单位外破处置人员通过App可随时收到外破信息。后期，将通过5G技术实现所有参与单位、部门监控图像的跨部门实时调取和定位，并将信息在公众平台发布，从而实现外破信息的互通。

体系搭建完成后，重点做好人员和信息保密工作。在人员培训方面，由应急管理局牵头，对各单位的视频远程监测人员进行交叉培训，使其掌握多家单位的外破风险看护常识，在没有外破告警系统辅助的区域或系统未识别风险、故障时，可做到人工发现风险。在信息保密方面，各单位按照自己业务情况确定监控工作中的保密内容，形成信息保密协定，由各单位负责人签署，确保监控中信息的安全。

（三）搭建外破风险应急处理互助机制

按照"及时、就近"的原则开展应急体系的建设工作，由应急管理局牵头，收集本地区的供电抢修基站、通信维修基站、路灯管理站点等抢修支撑机构的地理坐标信息，建立全区域外破风险应急处理互助机制的设备及处理点信息地图，作为应急处置时的信息基础。

外破风险应急处理互助机制的搭建，改变了以往"各自为战"的情况，形成统一的"处置网"。各利益相关方通力合作、相互沟通，由应急管理部门划分网格，在发现外破风险时，责任单位第一时间赶到风险点进行制止、做好看护工作与防护措施，能够有效减少外破事件的发生，减少设备的损失与人身伤害，增强各单位处置外破风险的水平。

画网格。提高处理速度是防范事故的关键。将城区划分成若干网格，根据试点单位抢修驻点情况，确定网格内安全防护措施第一责任单位。在系统发现故障或外破风险后，由系统自动或发现人员手动在信息地图上对故障点进行定位，由所在网格责任单位做好应急处置和临时安全防护，等待专业人员前往处理。

强培训。供电公司、通信运营商在处理外破事件上具有较为丰富的经验，且外破风险处置具有较强的技术性、专业性、危险性，在进行预处理的过程中也需要专业的指导，所以由供电公司、通信运营商牵头，对联动机制的"支撑点"单位所属人员进行相关知识的培训，进一步提升抢修人员的现场处置能力。

四、项目成效

（一）终端覆盖率利用率大幅提高

自项目实施以来，原有监控网络得到统筹优化，监控系统原有的单一识别功能也升级为对多方的风险识别和外破事故识别功能。在未花费资金增设监控设备的情况下，各利益相关方外破风险监控范围都大幅增加。在监控"真空区"增设新的监控点时，综合考量各利益相关方需求，通过合理布局实现设备利用效率最大化，新增监控设备通过资金分摊，大大减少了对空白区域监控资金的投入。

（二）外破处置空白时间大幅缩减

自外破风险应急处理互助机制搭建以来，各利益相关方形成统一"处置网"。在监控覆盖区域，外破处置空白时间大大缩减。自项目实施以来，能够通过制止消除的外破风险已全部消除，未产生资源损耗。据应急管理局统计，2020年外破风险发生次数76次、外破事件发生次数减少至3次、处置空白时间已缩短至9.7分钟。

（三）故障处置效率大幅提高

打破了各单位之间的联络"壁垒"，实现了外破处置沟通"零交流"到"零距离"的转变。在进行外破点和故障点应急处理、设置临时安全防护等知识的培训后，各单位工作人员外破专业知识得到了较大提升，联合发现外破风险次数占发现外破风险次数一半以上，风险判定时间也由以往6分钟缩短至2分钟。

（四）安全风险、投诉大幅降低

体系建成后，相关单位各司其职，充分沟通，外破事件发生次数大幅降低，各类投诉、人身伤害有效压降。自项目实施以来，终端覆盖区域内作业车辆能够及时被发现并安排专人进行现场指导，实现作业人员伤亡事故"零发生"，供电公司外破引起投诉"零发生"。

（五）社会效应显著提升

调查显示，92.32%的市民对新型防外破体系给予认可。学习强国、中国电力报、中国江苏网、国网江苏电力网站等也对项目做法及成效进行了报道。

基于高空监控和多方联动的外破治理体系项目评分一览表见表7-7。

表7-7　　基于高空监控和多方联动的外破治理体系项目评分一览表

一级指标	二级指标	三级指标	三级指标打分
1. 项目选题（10%）	1-1 题目筛选（60%）	1-1-1 问题发现（50%）	90
		1-1-2 特色挖掘（30%）	85
		1-1-3 全员参与（20%）	95
	1-2 题目命名（40%）	1-2-1 标题内涵（60%）	86
		1-2-2 标题形式（40%）	85
2. 项目过程（40%）	2-1 立项过程（20%）	2-1-1 立项程序（60%）	95
		2-1-2 立项报告（40%）	91
	2-2 策划过程（30%）	2-2-1 项目调研（40%）	90
		2-2-2 项目方案（60%）	92
	2-3 实施过程（30%）	2-3-1 过程控制（60%）	92
		2-3-2 工作日志（40%）	86
	2-4 总结评估（20%）	2-4-1 评估程序（50%）	92
		2-4-2 总结报告（50%）	92

续表

一级指标	二级指标	三级指标	三级指标打分
3. 项目传播（15%）	3-1 品牌运作（50%）	3-1-1 品牌塑造（40%）	85
		3-1-2 品牌宣传（60%）	85
	3-2 社会传播（50%）	3-2-1 传播报道（60%）	87
		3-2-2 社会反馈（40%）	82
4. 项目绩效（20%）	4-1 内部价值（60%）	4-1-1 问题解决（50%）	95
		4-1-2 企业价值（50%）	92
	4-2 外部价值（40%）	4-2-1 利益相关方价值（50%）	93
		4-2-2 社会与环境价值（50%）	85
5. 项目成果化（15%）	5-1 成果固化（40%）	5-1-1 机制固化（70%）	95
		5-1-2 成果理论化（30%）	85
	5-2 成果推广（60%）	5-2-1 内部推广（50%）	95
		5-2-2 外部交流（50%）	90
总分			90.257

案例四

数据共享，打造配电网故障停电主动抢修新模式

项目实施单位：国网江苏省电力有限公司镇江供电公司

项目实施时段：2019年1—12月

一、项目概况

随着人民群众生活水平持续提高，用户对电的需求和维权意识不断提高。对用户而言，如何减少停电抢修时间，直接影响其用电感知。供电企业如能实时感知停电故障，第一时间开展抢修，将大大缩减用户停电时间。但用户电能表等低压设备普遍不具备失电信息实时上传功能，传统配电网低压抢修主要通过失电用户电话报修、人工接单派单实现，很容易因故障处理不及时引发用户对供电企业的不满，由停电报修变成停电投诉。

国网镇江供电公司通过走访通信运营商等有用电终端产品的企业，挖掘对其本身没有价值的用电终端产品失电数据，构建基于通信运营商"光猫"失电数据的"实时感知"主动抢修模式。同时，通过开展利益相关方调研，并优化自身内部管理流程，打通内外部数据壁垒，将经济数据、规划发展数据等外部数据及营销系统、95598系统、用户频繁停电投诉等内部数据统一接入供电服务指挥中心，构建基于供电指挥系统的"事前预警"主动抢修模式。

通过创新开展跨行业、跨部门的数据应用共享共建，国网镇江供电公司打通供电企业与社会各方、供电企业内部数据壁垒，构建基于"数据共享"应用的配电网故障停电主动抢修新模式，保障停电主动抢修高效准确，大大提升用户的用电体验。

二、思路创新

（一）转变传统抢修思路，变"被动感知"为"实时感知"

当前，配电网低压设备故障停电无法实时感知，供电企业各类业务数据不包含实时停电信息，而大面积更换智能电能表投资巨大且施工周期长。如今，通信运营商、智能家电厂商的终端已走进千家万户，它们同时连着通信光缆和电缆，一旦断电，失电信息会实时传回相关厂商的服务器。这些失电数据对于通信运营商们利用价值不大，但供电企业可以挖掘数据背后的价值，达到初步预判区域配电网低压设备发生停电的情况，即利用失电告警信息数据响应及时、地理位置精确、覆盖范围广等优势，实现失电数据实时共享、末端感知，进而指导供电企业基于"实时感知"的停电信息开展停电抢修。

（二）转变传统抢修流程，变"事后处置"为"事前预警"

以往，供电公司配电网低压抢修主要是通过停电用户的电话报修、人工接单派单实现，发现问题、应急处置，处理一旦不及时，停电报修就可能变成停电投诉。同时，供电企业为更好地进行内部管理，业务流程中各部门（如运检、配网抢修、营销等部门）"各自为政"、各岗位"各司其职"，使得运维抢修效率偏低，无法快速应对复杂多变的现场情况。供电企业可打破传统配电网故障抢修专业壁垒，开展多维度数据贯通，深度挖掘数据价值，分区域、分时段进行数据对比分析，提前发现设备隐患，构建突出"事前预警"的主动抢修模式。

三、实施举措

（一）开展利益相关方调研分析，打通主动抢修堵点

开展配电网故障停电主动抢修，首要问题是如何准确实时获取用户停电信息，这也是制约供电公司开展主动抢修的源头堵点。国网镇江供电公司深入分析数据共享的主动停电抢修项目实施过程中可能需求的各类数据资源，精准识别了电力用户、供电企业、通信运营商等相关数据持有方、政府部门、社区街道等主要利益相关方，并分析其持有的数据资源价值（见表7-8）。

表7-8　　　　　　　　利益相关方相关诉求和拥有数据资源

利益相关方	相关诉求	拥有数据资源
电力用户	少停电	地址、用电设备、停电故障数据等
相关数据持有方	减少停电损失，共享电网企业资源	可转化为停电信息的相关数据
政府部门	减少非计划停电，减少停电投诉	地区经济数据、规划发展数据、商业数据、气象数据及12345市政热线平台数据等
社区街道	少停电	人口流动数据、人口居住区数据等

供电企业牵头整合各方现有数据，充分挖掘各方数据价值；减少了电力设备改造投入、提高了停电抢修效率。电力用户、通信运营商等相关数据持有方避免了故障停电带来的不必要的损失，有效提升了数据资源利用效率。

（二）引入社会资源解决停电信息无法实时感知

"光猫"是通信运营商安装在用户端的一种光纤传输设备，应用极为普遍。除了满足用户日常上网需求，"光猫"可将其失电数据反馈至运营商服务器，且具有数据响应及时、地理位置精确、覆盖范围广等优势。

2019年7月，国网镇江供电公司与中国移动等多家通信运营商在大数据应用、市区5G通信站点市电扩容等业务上开展协作，达成跨行业的数据应用共享共建合作（见图7-9）。

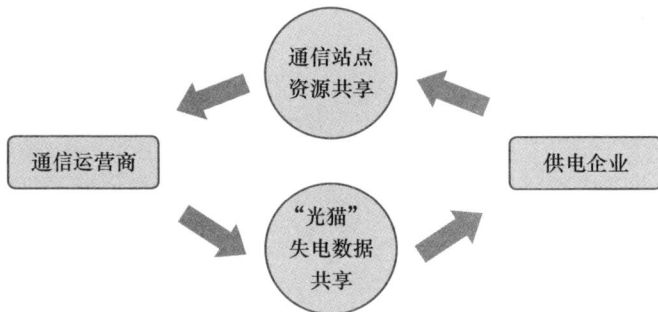

图7-9　与通信运营商等利益相关方合作模式

2019年9月，国网镇江供电公司将合作模式拓展到中国电信、联通，实现了三大运营商"光猫"失电告警信息数据全覆盖。供电公司与三大运营商签署合作协议，各方优势资源共享，共同解决故障停电抢修问题。

国网镇江供电公司通过通信运营商的云服务器，实时获取运营商"光猫"失电告警信息，并在云服务器上部署数据分析系统，对失电信息进行解构、聚类分析，准确判定停电地点，自动生成抢修工单，派发至区域驻点抢修人员，第一时间处理故障。

（三）推动利益相关方充分参与破除数据资源壁垒

国网镇江供电公司通过走访政府部门、社区、用户等，了解各利益相关方对电能质量和供电服务的相关诉求，收集相关经济、规划、人口、天气及12345市政热线平台等数据，打通与外部社会数据资源的壁垒。同时，国网镇江供电公司利用"百晓生"供电指挥系统（见图7-10），积极推动公司内部流程优化，整合公司营销系统、95598系统、用户频繁停电投诉、配电变压器失电信息等业务数据，对电网侧及服务侧的历史海量数据进行挖掘、清洗和分析，通过超长停电监测模型和频繁停电监测模型，实现对故障或异常来临前的预警，变停电管理"事后被动"为"事前主动"。

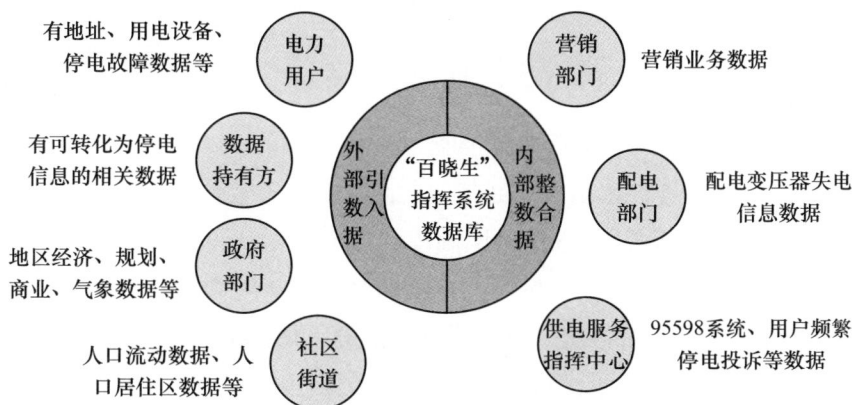

图7-10 "百晓生"指挥系统数据库模型

（四）优化内部管理流程、更好满足用户高品质用电要求

通过上述措施的实施，具备了构建基于通信运营商"光猫"失电数据的"实时感知"主动抢修模式和基于供电指挥系统的"事前预警"主动抢修模式的所有数据支撑。为使主动停电抢修更精准高效，2019年10月，国网镇江供电公司将"光猫"失电告警信息渠道接入供电服务指挥中心，依托供电服务指挥中心数据中台24小时监控"光猫"失电告警信息，提升大数据分析精细化、精益化水平，指导配电低压抢修人员快速响应（见图7-11）。对于普通用户，系统经停电判定后自动派单；对于特殊重点用户，一旦监测到"光猫"失电，立即通过用电信息采集系统进行主动召测，确认电能表失电后，及时开展主动抢修。

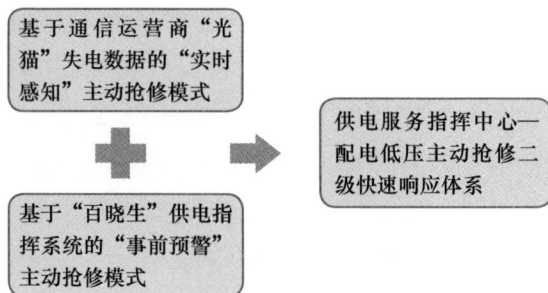

图7-11 供电服务指挥中心—配电低压主动抢修二级快速响应体系示意

四、项目成效

（一）数据应用共享创造多重价值

"光猫"失电告警数据只是通信运营商众多告警数据类别中的一种，对他们来说属于"沉睡"的数据。国网镇江供电公司从自身发展需要和提升用户用电感知的角度出发，与通信运营商开展跨行业数据应用共享，充分发掘"光猫"失电告警数据价值，开展了相关数据实际应用的探索和实践，并初步取得了一定的效果。目前"光猫"数据应用全覆盖，相同的功能可以减少供电公司对表计、供电设备的改造升级，减少配电网投入。按照镇江全市共190万块表计、每只表计升级改造2000元计算，可节约投资16亿元，真正做到"光猫"失电数据的深度应用及效率价值最大化。

（二）配电网主动抢修模式提升用户感知

内外协作开展配电网停电主动抢修模式的建立，解决了当前配电网低压设备故障停电无法实时感知，配电抢修人员及车辆调度不足、不及时等问题。

一是供电企业与通信运营商协同互助机制，实现停电数据末端感知，从实际发生停电到主动派发工单，时间少于100秒。2019年7—12月，准确监测到250余起低压故障，涉及低压用户5000余户，准确率90%以上。

二是整合内外部业务和服务数据的"百晓生"供电指挥系统，实现对故障或异常来临前的预警。2019年"利奇马"台风防御前期，预先对2018

年"温比亚"台风期间全市发生的500余起抢修工单进行了分析，根据分析结果有针对性地加强了抢修服务力量配置，上述区域工单量明显减少，全市工单总量减少了45%，大大提高了用户的用电感知。

数据共享打造配电网故障停电主动抢修新模式项目评分一览表见表7-9。

表7-9　数据共享打造配电网故障停电主动抢修新模式项目评分一览表

一级指标	二级指标	三级指标	三级指标打分
1. 项目选题（10%）	1-1 题目筛选（60%）	1-1-1 问题发现（50%）	93
		1-1-2 特色挖掘（30%）	87
		1-1-3 全员参与（20%）	97
	1-2 题目命名（40%）	1-2-1 标题内涵（60%）	89
		1-2-2 标题形式（40%）	87
2. 项目过程（40%）	2-1 立项过程（20%）	2-1-1 立项程序（60%）	95
		2-1-2 立项报告（40%）	93
	2-2 策划过程（30%）	2-2-1 项目调研（40%）	91
		2-2-2 项目方案（60%）	92
	2-3 实施过程（30%）	2-3-1 过程控制（60%）	93
		2-3-2 工作日志（40%）	86
	2-4 总结评估（20%）	2-4-1 评估程序（50%）	92
		2-4-2 总结报告（50%）	93
3. 项目传播（15%）	3-1 品牌运作（50%）	3-1-1 品牌塑造（40%）	85
		3-1-2 品牌宣传（60%）	85
	3-2 社会传播（50%）	3-2-1 传播报道（60%）	90
		3-2-2 社会反馈（40%）	82
4. 项目绩效（20%）	4-1 内部价值（60%）	4-1-1 问题解决（50%）	95
		4-1-2 企业价值（50%）	92

续表

一级指标	二级指标	三级指标	三级指标打分
4. 项目绩效（20%）	4-2 外部价值（40%）	4-2-1 利益相关方价值（50%）	95
		4-2-2 社会与环境价值（50%）	85
5. 项目成果化（15%）	5-1 成果固化（40%）	5-1-1 机制固化（70%）	90
		5-1-2 成果理论化（30%）	85
	5-2 成果推广（60%）	5-2-1 内部推广（50%）	90
		5-2-2 外部交流（50%）	90
总分			90.515

第八章

管理类社会责任根植
项目案例

◆ 融入利益相关方影响性评价的企业决策管理
◆ 引入利益相关方参与的重点岗位廉政防控体系建设
◆ 新员工职业主动规划提升二维履责素养

案例一

融入利益相关方影响性评价的企业决策管理

项目实施单位：国网江苏省电力有限公司泰州供电公司

项目实施时段：2016年1月1日—12月31日

一、项目概况

企业的决策水平，除了直接影响公司的运营绩效，还会影响到社会和企业之外的群体，即利益相关方。对于电网企业来说，电力的稳定供应，影响到经济社会的正常运行，影响到千家万户的日常生活，其决策影响的范围更广，更需要以负责任的态度对待每一项决策，且把对利益相关方的影响考虑进去。国网泰州供电公司虽然在决策管理的实施中已有一系列较为成熟的管控制度与流程，但在决策原则上，对决策事项可能导致的经济、环境和社会影响考虑不够周全；在决策流程中，缺少融入利益相关方诉求的制度与工具；在决策评价标准上，缺少评价指标。

二、思路创新

专业视角转变为利益相关方视角。国网泰州供电公司转变以往以专业视角为出发点的决策思路，以利益相关方的视角考量决策造成的影响，并将利益相关方诉求融入决策流程的各环节，最大化争取利益相关方的理解和支持，真正实现从管理源头上呼应多方的不同诉求，实现公司管理创新。

社会责任理念重塑决策价值。决策管理目标从追求利润最大化，转向追求经济、社会、环境综合价值最大化。决策管理对象从企业内部人、财、物，拓展到外部利益相关方资源。决策管理机制从实现企业内部资源的优化配置，转向促进社会资源的更优配置。国网泰州供电公司通过重塑决策价值，确保决策不但考虑技术可行、经济合理、能力可及，而且考虑社会认可、生态友好、价值优越。

基于外部诉求优化决策流程。将社会责任理念融入决策前的方案编制、分管领导审核，决策中的会议讨论，以及决策后的跟踪执行和评估等各环节。在决策过程中，更加充分考虑利益相关方诉求及社会和环境的制约因素。

三、实施举措

（一）落地实践的对象选择

决策优化以泰州地区特高压建设的属地化服务（政策处理）为试点。泰州位于苏中之中，横贯东西、承南启北，是江苏电网"北电南送"的重要组成部分。随着1000千伏淮南—南京—上海交流工程、±800千伏特高压锡泰线直流工程落户兴化，泰州电网在江苏乃至华东地区的电网中将发挥愈发重要的影响。

政策处理是泰州属地化服务特高压的重要工作。国网泰州供电公司需要开展土地征用、房屋拆迁、树木统计、青苗补偿等工作，清理线路通道，确保施工按期开展。每一项工作都切切实实地涉及老百姓的切身利益。此外，施工过程中的矛盾协调处理，也是政策处理工作的内容之一。

（二）主要做法

创新开发CSR辅助决策表。在决策前、中、后三个阶段导入社会责任理念，制定"利益相关方分析与沟通表""社会责任综合价值及风险评估表""国网泰州供电公司决策议题合法性审查表""利益相关方反馈调查问卷"共四个表单，确保公司制定决策时融入外部视角，充分考虑、平衡利益相关方的需求。

1."利益相关方分析与沟通表"：政策处理工作的利益相关方诉求与资源优势分析

识别施工单位、各级政府、居民等对政策处理工作有较强诉求的利益相关方。施工单位希望能够按期施工，且施工过程顺利无阻；各级政府希望施工建设过程不引发大规模民意事件，并希望供电公司代为征收一部分土地；居民，尤其是房屋、农田、蟹塘等被征用的居民，希望能够得到合理的赔偿，同时不影响未来的生活。

此外，设计单位、房屋评估单位、政府、媒体等利益相关方的资源优势也有助于供电公司政策处理工作的顺利开展。如通过有资质的房屋评估单位对征用房屋进行估价，能够保障赔款费用的客观合理、真实可信。

2."社会责任综合价值及风险评估表"：判断政策处理工作的经济环境社会风险

对供电公司来说，存在着无法按期交付、政策处理费用过高、法律和舆情风险等。政府面临民意民闹事件及廉政风险。居民则有着对赔偿款项不满意、影响经济收入、社区不稳定等风险。基于识别出的风险，决策者还需根据讨论事项，设定可衡量的具体评估指标。

3."国网泰州供电公司决策议题合法性审查表"及"利益相关方反馈调查问卷"：流程固化与闭环改善

为从流程上固化社会责任审查，在原有的决策议题合法性审查表上，补充了社会责任审查的环节。此外，将利益相关方的反馈纳入到对决策的评估当中，制定"利益相关方反馈调查问卷"进一步收集利益相关方对政策处理工作的反馈，以便在未来工作中改善优化，更好地满足利益相关方的期望。

四、项目成效

政策处理工作不断得到优化：

政策处理工作的原则从国网泰州供电公司本位向社会本位转变。如施工的特高压换流站址内有一家小型包装厂需要停产，国网泰州供电公司主动与镇政府协商，为其安排其他地段建设新厂房，助其减少经济损失。

政策处理工作的方法更加善于利用社会资源。如与设计单位主动对接，对线路通道的走向提出优化方案建议，成功将90多基位于鱼蟹塘中的塔基调整到池塘边角处，事前降低施工及政策处理难度。

决策辅助表所撬动的决策优化不仅仅发生在特高压政策处理工作当

中。截至2016年年底，国网泰州供电公司通过辅助决策表实施的"三重一大"项目9个，回应外部期望和诉求29条，优化改进决策方案15项。基于试点经验，国网泰州供电公司将辅助决策表纳入总经理办公会机制，优化了流程和部门议事规则，将决策流程及跟踪反馈评估固化写入《本部部门议事规则》和《"三重一大"决策实施办法》，完善决策机制保障。

融入利益相关方影响性评价的企业决策管理项目评分一览表见表8-1。

表8-1　融入利益相关方影响性评价的企业决策管理项目评分一览表

一级指标	二级指标	三级指标	三级指标打分
1. 项目选题（10%）	1-1 题目筛选（60%）	1-1-1 问题发现（50%）	90
		1-1-2 特色挖掘（30%）	92
		1-1-3 全员参与（20%）	95
	1-2 题目命名（40%）	1-2-1 标题内涵（60%）	90
		1-2-2 标题形式（40%）	85
2. 项目过程（40%）	2-1 立项过程（20%）	2-1-1 立项程序（60%）	95
		2-1-2 立项报告（40%）	90
	2-2 策划过程（30%）	2-2-1 项目调研（40%）	90
		2-2-2 项目方案（60%）	90
	2-3 实施过程（30%）	2-3-1 过程控制（60%）	93
		2-3-2 工作日志（40%）	85
	2-4 总结评估（20%）	2-4-1 评估程序（50%）	92
		2-4-2 总结报告（50%）	90
3. 项目传播（15%）	3-1 品牌运作（50%）	3-1-1 品牌塑造（40%）	80
		3-1-2 品牌宣传（60%）	85
	3-2 社会传播（50%）	3-2-1 传播报道（60%）	85
		3-2-2 社会反馈（40%）	82

续表

一级指标	二级指标	三级指标	三级指标打分
4. 项目绩效（20%）	4-1 内部价值（60%）	4-1-1 问题解决（50%）	90
		4-1-2 企业价值（50%）	92
	4-2 外部价值（40%）	4-2-1 利益相关方价值（50%）	92
		4-2-2 社会与环境价值（50%）	85
5. 项目成果化（15%）	5-1 成果固化（40%）	5-1-1 机制固化（70%）	96
		5-1-2 成果理论化（30%）	92
	5-2 成果推广（60%）	5-2-1 内部推广（50%）	92
		5-2-2 外部交流（50%）	91
总分			89.745

案例二

引入利益相关方参与的重点岗位廉政防控体系建设

项目实施单位：国网江苏省电力有限公司扬州市供电公司

项目实施时段：2015年1月1日—12月31日

一、项目概况

由于业务信息不对称引发的信访、投诉等事件时有发生。以2015年4月的纪检监察数据为例，国网扬州供电公司共核实3起业务人员谋取不正当利益的事件，给公司形象带来严重影响。发生这些事件的主要原因在于部分重点岗位具有一定的自由裁量权，加上信息不对称，容易引发权力寻租的廉政风险。国网扬州供电公司着眼于业务运营中的重点风险领域，引入利益相关方的关注视角，创建了保障利益相关方知情权、参与权和监督权（简称"三权"）的廉政防控体系。

二、思路创新

保障利益相关方"三权"，创新相关方参与形式。建立引入利益相关方参与的保障"三权"工作机制，通过信息公开、优化业务工作流程和建立考核评价机制三种方式保障用户的"大小三权"。

畅通监督渠道，打造实时信息沟通平台。提供举报电话、"清风扬电"微信App、政风行风热线等多种监督渠道，与利益相关方在业务流程中充分沟通，提高了利益相关方诉求收集和反馈的便捷性和及时性。

赏罚分明，激发员工履责能动性。建立综合考评机制，对重点岗位员工的服务建立廉政评价档案，将之作为员工考核的重要参考，激发员工参与廉政防控体系建设的积极性。

三、实施举措

（一）落地实践的对象选择

国网扬州供电公司在纪检监察工作中发现业扩报装的廉政工单一直居于其他业务之首，其外部关联度、自由裁量权和影响范围也高于其他业务，较易引发廉政风险。因此，将之作为试点，系统推进保障利益相关方"三权"工作机制的应用。

（二）主要做法

在保障知情权上，对内提供岗位风险和客户信息，对外披露业扩报装流程和验收标准、施工单位信息等更具针对性的业务信息，并制定了《业扩报装施工单位选择和业务验收标准》《业扩报装重点岗位风险管控办法》。在保障参与权上，结合利益相关方诉求、业扩报装流程梳理结果和反馈，优化相应流程。通过座谈会、调研和反馈表等渠道始终与利益相关方密切沟通，听取反馈，作为流程改进的参考。在保障监督权上，制定并发放《基于利益相关方诉求的业扩报装评价标准》，将利益相关方的反馈作为考核纪检监察成效的重要标准。

经过对所在行业、企业规模、项目周期的综合考虑，国网扬州供电公司将以上工作方法应用到了以扬州大学瘦西湖校区的用电增容业务为代表的9家单位的业扩报装业务中。

案例应用

在2015年年初，扬州大学瘦西湖校区计划利用暑期对学校的配电房进行增容。2015年8月，在办理手续时，国网扬州供电公司的营业人员不但向扬州大学相关工作人员详细介绍了业务办理流程，还提供了一份《基于利益相关方诉求的业扩报装评价标准》，让其对整个业扩工程的验收标准了然于心，打消了由于对办电手续不清楚会影响改造工程的施工进度的疑虑。

对于扬州大学在项目实施过程中提出的新诉求，国网扬州供电公司及时予以回应。在用电申请提交后的第二天，国网扬州供电公司大客户服务人员勘查了项目现场，确定双路同供、全容量互为备用的供电方案。公司还开通绿色通道，组织营销、建设等多部门加紧轮转、快速施工，终于在学校开学前完工并顺利投运。9月25日，国网扬州供电公司大客户服务经理现场走访了解客户对业扩报装工程的意见和建议，受到了好评。

四、项目成效

国网扬州供电公司自实施项目制以来，业报扩装的重点岗位业务透明度和履责能力得以提升，廉政类工单明显下降，截至2015年10月底未发生一起廉政投诉和信访事件。

国网扬州供电公司围绕廉政风险防范机制在业扩报装业务工作中的探索和应用，全面总结经验与不足，进一步探索廉政风险防范机制的优化和深入应用。同时，吸取经验和教训，提炼形成可借鉴、可学习、可参考的履责方法，推动廉政风险评价机制在公司其他可能存在廉政风险的业务工作中的推广和应用。

引入利益相关方参与的重点岗位廉政防控体系建设项目评分一览表见表8-2。

表8-2 引入利益相关方参与的重点岗位廉政防控体系建设项目评分一览表

一级指标	二级指标	三级指标	三级指标打分
1. 项目选题（10%）	1-1 题目筛选（60%）	1-1-1 问题发现（50%）	91
		1-1-2 特色挖掘（30%）	92
		1-1-3 全员参与（20%）	95
	1-2 题目命名（40%）	1-2-1 标题内涵（60%）	90
		1-2-2 标题形式（40%）	85
2. 项目过程（40%）	2-1 立项过程（20%）	2-1-1 立项程序（60%）	95
		2-1-2 立项报告（40%）	90
	2-2 策划过程（30%）	2-2-1 项目调研（40%）	90
		2-2-2 项目方案（60%）	90
	2-3 实施过程（30%）	2-3-1 过程控制（60%）	92
		2-3-2 工作日志（40%）	85
	2-4 总结评估（20%）	2-4-1 评估程序（50%）	92
		2-4-2 总结报告（50%）	90
3. 项目传播（15%）	3-1 品牌运作（50%）	3-1-1 品牌塑造（40%）	80
		3-1-2 品牌宣传（60%）	85
	3-2 社会传播（50%）	3-2-1 传播报道（60%）	85
		3-2-2 社会反馈（40%）	82
4. 项目绩效（20%）	4-1 内部价值（60%）	4-1-1 问题解决（50%）	90
		4-1-2 企业价值（50%）	92
	4-2 外部价值（40%）	4-2-1 利益相关方价值（50%）	92
		4-2-2 社会与环境价值（50%）	85

续表

一级指标	二级指标	三级指标	三级指标打分
5.项目成果化（15%）	5-1 成果固化（40%）	5-1-1 机制固化（70%）	95
		5-1-2 成果理论化（30%）	92
	5-2 成果推广（60%）	5-2-1 内部推广（50%）	92
		5-2-2 外部交流（50%）	90
总分			89.616

案例三
新员工职业主动规划提升二维履责素养

项目实施单位：国网江苏省电力有限公司扬州市供电公司

项目实施时段：2017年1月1日—12月31日

一、项目概况

国网扬州供电公司立足员工的二维角色（既是公司的重要履责对象，又是公司的最主要履责主体），构建起同时纳入员工自身诉求和外部利益相关方视角的新员工职业主动规划体系，旨在提升员工的二维履责素养。

二、思路创新

将员工作为履责对象时，以纳入员工诉求为基础，优化从需求调研、人岗匹配、意识提升、优化改进四个培养流程，不断改进员工职业规划工作。将员工作为履责主体时，以融入利益相关方诉求为基础，创新制定《国网扬州供电公司员工公民行为准则》，并以此作为主线，从"契约"的宣贯、考核及激励三个方面，促进员工树立履责主体意识，切实履职尽责，助力员工全方位成长成才，实现公司与员工的共同成长。

三、实施举措

（一）落地实践的对象选择

员工作为供电公司的关键利益相关方，其意愿与声音需要被采纳进决定着自身长远发展和能力发挥的新员工职业主动规划体系。

作为供电公司的履责主体，员工在自主参与自身职业规划体系的同时，更要关注其履责对象的需求，重视外部各利益相关方诉求在岗位职责中的反映。

国网扬州供电公司综合以上两方面的考量，选择2016、2017年新进员工作为项目试点，利用各方优势资源，加强新员工职业规划建设，不断提升员工人岗匹配度。本项目中所涉及的利益相关方有：供电公司、供电公司员工、供电公司服务对象、电力行业协会及电力专业高校等。

（二）主要做法

1. 开展新员工诉求调研与分析

国网扬州供电公司向新员工发放"国网扬州供电公司新员工职业主动规划提升二维履责素养调查问卷"。调查发现，新员工表示自身诉求表达渠道的畅通性还有待进一步提高，大部分新员工感觉自己在职业成长过程中被动有余，主动不足；希望能够在初次定岗、轮岗见习、班组实习和多岗位锻炼环节，更多地听取和采纳员工的个性诉求。

2. 优化新入职员工定岗及横向流动方式

以问卷调查为基础，国网扬州供电公司优化各阶段培养流程，如完善"双导师制"的实施流程，提升导师与员工的匹配契合程度；与专业高校和咨询机构展开合作，在入职培训中添加了职业自主规划的培训内容，增强新员工对职业规划的重视程度，使其具备自主职业规划能力，为后续岗位流动选择打下基础。

在提升员工自主规划能力的基础上，国网扬州供电公司重新优化新员工的初次定岗方式，采用访谈班组长的方式，制定"国网扬州供电公司班组员工素质诉求梳理表"，为新员工进行初次定岗提供参考依据；召开新员工见面会议，增强双向沟通，尊重双向选择；同时，积极听取吸纳新员工的诉求和建议，持续改进工作方式，促进人岗匹配工作的高效落地。

在新员工入职一年参加转正定级考试后，请其填写"国网扬州供电公司新员工岗位适配度调查问卷"，对入职一年的新员工进行人岗适配度测评，并以此为基础，酌情对岗位进行适度调整，持续提升人岗适配度。为员工提供多岗位横向流动机会，开展多岗位复合型人才培养，鼓励新员工依据个人能力和意愿自主填写"岗位选择意愿表"，积极参与公开招聘选拔工作，确保每一位新员工的知情权，申请岗位流动的自主权。

3. 以"契约"驱动为主线，提升新员工履责意识与能力

通过调查发现，大部分新员工对自身履责主体的角色有较为基本的认知，但理解深度和宽度不足，有待进一步拓展和提升。新员工表示有意愿提升自身履责意识和能力，但缺乏系统性的提升方法和实践锻炼机会。因此，国网扬州供电公司依据必尽、应尽和愿尽的"责任三层次模型"制定员工公民行为准则，通过配套准则的导入开展一系列培养活动。一是在新员工入职培训项目中增加社会责任知识培训，宣贯《国网扬州供电公司员工公民行为准则》。二是从转正定级和年度考核两个节点入手，改进新员工考核评价体系，增加社会责任知识考核环节，在新员工（入职 1~5 年）年度考核评价中加入社会责任知识与实操考核指标，引入外部利益相关方多维度评价指标。三是开展"责任之星"评选、青智库劳动竞赛、青工充电站等系列活动，将其作为青年员工"五四""七一"等评选表彰的重要依据，发挥先进典型在履责实践中的示范引领作用。

四、项目成效

新员工职业主动规划体系完善了员工培养流程和制度，提升了国网扬州供电公司内部人力资源管理水平，进而保障更好地履行员工发展责任。2016 年，因员工诉求调换岗位6人，员工对自身岗位的满意度为95%，对"双导师制"满意度为98%，整体满意度大幅提升。对于员工而言，该体系的建立在保障新员工快速成长和长远发展的同时，为员工履责能力的提升打下了坚实的基础，全面提升员工的履责能力，实现员工在其岗、尽其

才、履其责。对于利益相关方而言，通过新员工职业主动规划体系，丰富和畅通了供电公司与利益相关方之间的沟通渠道，有效增进利益相关方对员工培养建设的情感认同度，提升公司的社会理解和认可度。

新员工职业主动规划提升二维履责素养项目评分一览表见表8-3。

表8-3　　新员工职业主动规划提升二维履责素养项目评分一览表

一级指标	二级指标	三级指标	三级指标打分
1. 项目选题（10%）	1-1 题目筛选（60%）	1-1-1 问题发现（50%）	90
		1-1-2 特色挖掘（30%）	90
		1-1-3 全员参与（20%）	99
	1-2 题目命名（40%）	1-2-1 标题内涵（60%）	90
		1-2-2 标题形式（40%）	85
2. 项目过程（40%）	2-1 立项过程（20%）	2-1-1 立项程序（60%）	95
		2-1-2 立项报告（40%）	91
	2-2 策划过程（30%）	2-2-1 项目调研（40%）	92
		2-2-2 项目方案（60%）	91
	2-3 实施过程（30%）	2-3-1 过程控制（60%）	92
		2-3-2 工作日志（40%）	86
	2-4 总结评估（20%）	2-4-1 评估程序（50%）	92
		2-4-2 总结报告（50%）	92
3. 项目传播（15%）	3-1 品牌运作（50%）	3-1-1 品牌塑造（40%）	85
		3-1-2 品牌宣传（60%）	85
	3-2 社会传播（50%）	3-2-1 传播报道（60%）	85
		3-2-2 社会反馈（40%）	82
4. 项目绩效（20%）	4-1 内部价值（60%）	4-1-1 问题解决（50%）	90
		4-1-2 企业价值（50%）	92
	4-2 外部价值（40%）	4-2-1 利益相关方价值（50%）	88
		4-2-2 社会与环境价值（50%）	85

续表

一级指标	二级指标	三级指标	三级指标打分
5. 项目成果化（15%）	5-1 成果固化（40%）	5-1-1 机制固化（70%）	95
		5-1-2 成果理论化（30%）	92
	5-2 成果推广（60%）	5-2-1 内部推广（50%）	95
		5-2-2 外部交流（50%）	90
总分			90.051

第九章

议题类社会责任根植
项目案例

◆ 多方合作为东方白鹳打造"安心家园"
◆ 智慧电力赋能消防安全，多方聚力守护古镇风貌
◆ 跨界"气象员"服务社会民生
◆ 电力碳足迹管理让用能更清洁

案例一

多方合作为东方白鹳打造"安心家园"

项目实施单位：国网江苏省电力有限公司高邮市供电分公司

项目实施时段：2020年3月1日—12月20日

一、项目概况

东方白鹳作为国家一级保护动物，有着"鸟中大熊猫"的美誉，全球目前仅存9000余只。2007年，东方白鹳首次出现在江苏扬州高邮市境内，它们喜欢在高大的输电铁塔上筑巢，在其筑巢、排泄粪便过程中，极易造成输电线路绝缘子闪络击穿引发跳闸故障，影响到电网及其自身安全。据统计，仅2016—2018年，高邮境内因东方白鹳活动而导致的220千伏输电线路跳闸事故共9次，约占220千伏输电线路跳闸总次数的90%，造成了较大的经济损失。此外，绝缘击穿导致的线路放电对东方白鹳自身安全也带来了严重威胁。

近年来，国网高邮市供电公司积极引入社会责任理念，通过推动多方参与、凝聚社会共识、申报东方白鹳保护基地、打造特色品牌等举措，走出了一条电网运行与东方白鹳和谐共生的特色履责实践道路，获得了当地政府、社区、媒体等利益相关方的广泛认同和大力支持。同时，伴随着扬州高邮地区生态环境的逐年改善，东方白鹳在高邮地区逐渐从"过境鸟"转为"留鸟"，数量也不断增加。据统计，2019—2020年，每年约有200只东方白鹳在高邮境内迁徙活动。

二、思路创新

国网高邮市供电公司紧紧围绕解决关键痛点和创造社会价值两大核心思路，以保护东方白鹳为出发点，深入分析，实地考察，整合各方保护东方白鹳的优势资源、厘清共创"安心家园"的创新思路，落地行之有效的保护举措，以科学、共赢、可持续的方式，优化电网与"鸟中大熊猫"和谐共存的生态模式。

（一）从单纯护线到护线爱鸟相结合

针对东方白鹳筑巢引发线路跳闸的核心难题，国网高邮市供电公司改变传统"驱鸟"的做法，联合非政府组织和鸟类保护专家，加强技术创新和线路工艺改进，从技术层面破解跳闸难题，实现电网与东方白鹳和谐共处。

（二）从单独行动到推动社会形成共识

在做好自身电网运营与东方白鹳和谐共处的基础上，国网高邮市供电公司积极推动利益相关方参与，通过引入地方政府、爱鸟协会、属地居民、媒体等多个利益相关方参与，加强宣传引导，在地方营造了共同守护东方白鹳的社会共识。

（三）从单个效益到综合价值最大化

从最初单纯追求东方白鹳与电网和谐共存，到以国网江苏电力"电力橙"周边文创产品助力公益项目持续开展，再到得到地方政府高度支持，共同打造"东方白鹳·高邮"的特色乡村旅游项目和地方名片，推动东方白鹳保护项目实现从单一企业价值向社会综合价值的转变。

三、实施举措

（一）识别、分析相关方，整合各方资源

国网高邮市供电公司通过走访调研、实地考察、发放问卷等多样化的形式，积极开展政府部门、相关协会、当地居民、动物保护站、新闻媒体等"护线爱鸟"涉及的利益相关方沟通，收集各方的核心诉求和期望，整合各方优势资源（见表9-1）。

表9-1　　　　　　　利益相关方诉求和优势分析

利益相关方	诉求和愿望	资源和优势
高邮市自然资源和规划局	1. 保护生活在高邮的国家一级保护动物——东方白鹳。 2. 推动社会公众形成野生动物保护意识	1. 搭建政企交流平台。 2. 提供东方白鹳生存环境保护政策支持

续表

利益相关方	诉求和愿望	资源和优势
高邮市界首镇人民政府	打造地方生态发展名片	1. 东方白鹳首次在高邮出现的乡镇。 2. 村委会附近的休闲广场具有观鸟、救鸟的地理环境优势
中国生物多样性保护与绿色发展基金会	在全社会范围内挖掘生物多样性保护案例，推动绿色发展，得到社会广泛支持	1. 专家资源。 2. "保护地"授牌资格。 3. 在全国范围内具有较大影响力
当地村民	优化生活环境，通过发展旅游业带来经济效益，提高生活水平	1. 能够近距离接触东方白鹳，及时发现东方白鹳迁徙情况。 2. 东方白鹳受伤时能及时发现并提供相关信息给专业管理部门
专家	获得更多研究样本，进行理论课题研究	丰富理论研究知识，提供技术支撑
中小学校	培养青少年德智体美等综合素养	拥有学生、家长群体的支持，具有雄厚的现实教育、宣传力量
新闻媒体	获得具有价值的宣传热点，提升自身影响力	拥有广泛的宣传渠道
界首镇野生动物保护站	保护界首镇境内的国家级保护动物——东方白鹳	1. 能够及时为东方白鹳提供救护。 2. 具有区域优势，能够常态化开展保护宣传及护鹳巡视工作
社区居民	了解当地更多信息与资讯作为自己的知识储备	1. 拥有群众基础，有一定的宣传传播能力。 2. 群众中不乏爱鸟人士，利于志愿护鸟工作开展
扬州市爱鸟协会	1. 保护各种鸟类。 2. 拍摄鸟类在扬州生活的视频及照片。 3. 面向更多受众开展护鸟知识科普	1. 具有鸟类研究基础。 2. 提供护鸟专业知识，掌握护鸟专家资源，能够积极参与各类护鸟活动
供电公司	1. 解决线路跳闸问题。 2. 塑造企业品牌形象	1. 掌握护线专业技术。 2. 能够及时掌握鸟巢布点情况并进行技术保护

（二）护线、护鸟两手抓，创新保护措施

1. 加装防护罩阻隔导电

针对东方白鹳的排泄物腐蚀输电线路绝缘子的问题，国网高邮市供电公司采用在输电线路的绝缘子上加装防护罩的方式，将铁塔顶部的横担用塑钢板包封，阻隔导电。

2. 备用铁塔上搭建人工鸟巢

每年3月初至6月末，针对东方白鹳可能筑巢的重点区域，国网高邮市供电公司在一些备用铁塔上搭建人工鸟巢，吸引东方白鹳安家落户。

3. 探索使用新型材料制作护线挡板

在上述两种护鸟护线方法的基础上，国网高邮市供电公司结合工作实际，探索实践，将一种轻便、耐腐、硬度大的新型环氧树脂绝缘材料，加工成防护挡板，安装在巢穴下方，防止东方白鹳排泄物粘在输电线路上，并且取得了实用新型专利证书。

（三）积极对接利益相关方，形成护鸟共识

1. 成立"鹳驿站"志愿服务队

2019年4月，国网高邮市供电公司成立"护线爱鸟"党员服务队；2020年8月，公司联合高邮市自然资源和规划局、界首镇人民政府、扬州市爱鸟协会成立"鹳驿站"志愿服务队，面向社会进行志愿者招募，吸引广大爱心人士加入，扩大保护东方白鹳的社会影响力。

2. 联合为东方白鹳"建档立户"

近年来，高邮地方政府高度重视生态保护工作，着力打造江淮生态大走廊高邮名片，高邮境内的东方白鹳也在日益增多，国网高邮市供电公司联合高邮市自然资源和规划局、界首镇人民政府、扬州市爱鸟协会等利益相关方，组建护线爱鸟工作联系群，共同"护鹳"。

2020年7月，国网高邮市供电公司联合高邮市自然资源和规划局在高邮境内每一处有巢穴的输电铁塔下方悬挂一块"鹳驿站"标牌，给东方白鹳安装"家庭户口簿"，有计划地开展一系列保护工作，家庭户口标牌采用高邮驿站造型，标注巢穴发现时间、输电线路名称、杆塔号、责任人姓名及

联系方式等，丰富了护线爱鸟工作的文化内涵。

3. 组织形式新颖、内容丰富的护鹳社会活动

东方白鹳通常在偏远的高压输电铁塔上筑巢，远离城市和居民，社会公众对东方白鹳缺乏认知，保护东方白鹳意识淡薄，国网高邮市供电公司以组织文化宣讲、开展护鹳主题征文活动等形式引导社会公众参与到保护东方白鹳项目中，在社区倡导文化宣讲厚植生态文明理念，公司发挥"邮益思"文化宣讲志愿服务队的力量，组织采写发生在东方白鹳与电网人之间微故事，并发表了多篇公众号文章。近年来，国网高邮市供电公司保护东方白鹳的生动案例也多次被新华社、央视等中央权威媒体报道。

（四）深度挖掘项目内涵，实现综合价值最大化

1. 申报成立东方白鹳保护地，推动地方生态文明建设

国网高邮市供电公司联合各利益相关方，助力界首镇以人民政府名义向中国生物多样性保护与绿色发展基金会（简称绿发会）申报成立"东方白鹳保护地·高邮"，并获得了批复，同时在各级媒体的宣传下，东方白鹳保护地的影响力显著提升，吸引了社会各界关注，为东方白鹳保护及界首湿地"绿色+旅游"发展奠定了良好基础。

2021年，"东方白鹳保护地·高邮"将在界首大昌村打造集标本展示、临时救护、学术交流为一体的交流与展示基地，并设立观鸟台，为社会公众提供认识了解东方白鹳的平台，引导社会各界参与到保护东方白鹳的行动中来。

2. 成立专项公益账户，募集护鹳资金

为解决护鹳资金短缺的问题，国网高邮市供电公司与高邮市民政局、界首镇人民政府充分沟通，成立"鹳驿站"专项公益账户，挂靠在高邮市慈善总会，向社会各组织、志愿者等方面募集护鹳资金。同时，制定相关章程和一系列管理制度，严格按照相关管理要求开展账户的运行工作，明确费用列支审批流程，并按期向社会公开收支明细，常态化开展东方白鹳保护工作。

3. 以"电力橙"品牌为依托，联合潮牌开展护鹳推广

国网高邮市供电公司依托国网江苏电力"电力橙"品牌，与动物保护主题设计潮牌"天朝动物"合作，推出保护东方白鹳主题的文化T恤、托特包及卫衣等周边产品，通过线上传播与线下活动相结合的形式进行发布和销售，吸引更多的年轻人关注并参与到保护东方白鹳的行动中来，在微信公众号等融媒体上进行传播。

四、项目成效

（一）降低东方白鹳活动对电网运行的不良影响

通过加装阻隔导电及防护挡板，因东方白鹳在输电铁塔上筑巢栖息而引起的输电线路跳闸事件大幅减少，尤其是防护挡板的使用，其安装成本低，使用效果好。2020年，高邮境内的220千伏输电线路未发生过一起因东方白鹳而导致的线路跳闸，相比2016—2018年期间平均每年发生2~3起东方白鹳引发线路跳闸故障而言成效显著，有效消除了东方白鹳对电网运行的不良影响。

（二）不断优化东方白鹳生存环境

随着"东方白鹳保护地·高邮"申报成功，充分激发了高邮社会公众对自然生态环境和鸟类等野生动物保护热情，东方白鹳栖息地的生态环境持续优化，同时也吸引更多东方白鹳来高邮地区安家。2020年以来，高邮境内的输电线路上相继新增了近13处东方白鹳巢穴，部分巢中已有幼鸟在活动。

（三）提升履行社会责任的知名度和影响力

在保护东方白鹳行动实践过程中，国网高邮市供电公司与各利益相关方及社会公众广泛交流，用实际行动履行着保护野生动物的社会责任，提升了公司在扬州地区乃至全国的品牌影响力。同时依托"电力橙"品牌将项目进行社会化传播，向社会传递了生态与电网和谐并存的品牌价值理念，提升了公司整体品牌形象。

多方合作为东方白鹳打造"安心家园"项目评分一览表见表9-2。

表9–2　　多方合作为东方白鹳打造"安心家园"项目评分一览表

一级指标	二级指标	三级指标	三级指标打分
1. 项目选题（10%）	1-1 题目筛选（60%）	1-1-1 问题发现（50%）	92
		1-1-2 特色挖掘（30%）	95
		1-1-3 全员参与（20%）	95
	1-2 题目命名（40%）	1-2-1 标题内涵（60%）	92
		1-2-2 标题形式（40%）	95
2. 项目过程（40%）	2-1 立项过程（20%）	2-1-1 立项程序（60%）	95
		2-1-2 立项报告（40%）	93
	2-2 策划过程（30%）	2-2-1 项目调研（40%）	92
		2-2-2 项目方案（60%）	93
	2-3 实施过程（30%）	2-3-1 过程控制（60%）	92
		2-3-2 工作日志（40%）	90
	2-4 总结评估（20%）	2-4-1 评估程序（50%）	93
		2-4-2 总结报告（50%）	93
3. 项目传播（15%）	3-1 品牌运作（50%）	3-1-1 品牌塑造（40%）	96
		3-1-2 品牌宣传（60%）	95
	3-2 社会传播（50%）	3-2-1 传播报道（60%）	95
		3-2-2 社会反馈（40%）	95
4. 项目绩效（20%）	4-1 内部价值（60%）	4-1-1 问题解决（50%）	95
		4-1-2 企业价值（50%）	92
	4-2 外部价值（40%）	4-2-1 利益相关方价值（50%）	90
		4-2-2 社会与环境价值（50%）	96
5. 项目成果化（15%）	5-1 成果固化（40%）	5-1-1 机制固化（70%）	95
		5-1-2 成果理论化（30%）	92
	5-2 成果推广（60%）	5-2-1 内部推广（50%）	95
		5-2-2 外部交流（50%）	93
总分			93.416

案例二

智慧电力赋能消防安全，多方聚力守护古镇风貌

项目实施单位：国网江苏省电力有限公司昆山市供电分公司

项目实施时段：2020年1—12月

一、项目概况

周庄古镇素有"中国第一水乡"之称，是国家首批5A级景区和中国历史文化名镇，保留了明清江南水乡风貌，保护古镇就是在守护江南水乡文化的根与魂。随着周庄古镇的旅游业发展，古镇用电需求显著提升，电力设施急剧增多、各类电器种类繁杂。然而，周庄60%以上的古建筑为砖木结构，面临较大的消防安全隐患，一旦发生火灾事故，将对古镇生态风貌造成无法挽回的损失；经营商户、旅游公司、景区旅客等主动预防电气设备火灾风险的意识也明显不足，为古镇消防安全带来巨大挑战。以往，单靠供电公司以人工巡检的方式防范电气火灾风险，在效率方面，已经无法满足周庄古镇生态风貌保护的要求。

国网昆山市供电公司深度联合政府部门、消防机构、旅游公司、经营商户、游客等利益相关方，创新应用社会责任理念与方法，实现由价值割裂的分工模式向"共建、共创、共享"的协作模式转变，通过多方协作推广"智慧用电"系统，提升周庄古镇电气安全保障升级，携手打造"安全景区"，保护古镇可持续发展。

二、思路创新

（一）由"孤军奋战"转向"多方协作"

通过开展利益相关方识别与双向沟通，与政府部门、消防机构、旅游公司、经营商户、游客等利益相关方形成利益、价值和情感的共同体，建

立多方联动的古镇景区安全事故预警预防机制，联合各方明确通过智能化技术手段升级用电系统，提升电气火灾隐患识别、监测、处置智能性，实现电力设施火灾风险的精准预警、精准防范、精准处置，充分满足各方对电力设施安全运转的诉求。

（二）由"单一应用"转向"综合价值"

国网昆山市供电公司以回应各方诉求为出发点，注重智能化用电管理技术的多场景应用，在电气火灾隐患监测之外，向政府、监管部门、旅游公司、经营商户、游客等相关方提供数据分析、信息推送、"安全等级"评定等服务，带领各方共同参与景区安全管理，助力树立古镇防护"人人有责"的安全理念，营造"人人讲安全、人人懂安全"的安全用电氛围，建立综合价值最大化的景区安全用电长效机制。融入社会责任理念的思路转变如图9-1所示。

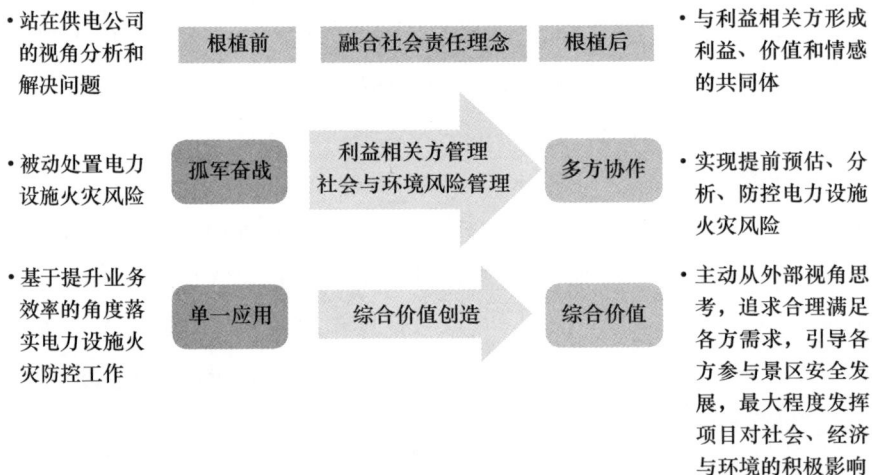

图9-1 融入社会责任理念的思路转变

三、实施举措

国网昆山市供电公司总结景区电气火灾隐患防范工作的经验，分析工作上的不足或缺失资源，融入社会责任理念，积极转变陈旧观念及传统工作方法，联合利益相关方采取智能化手段打造"智慧用电"系统。通过"点线面"结合逐步扩大项目影响的深度与广度，推进周庄古镇"安全景区"建设。首先从"点"上，开展利益相关方识别与调研，与利益相关方达成合作共识；然后从"线"上，整合各方优势资源，携手各利益相关方共同建设"智慧用电"系统，实现共赢目标；最后从"面"上，总结实践经验，形成可复制、可推广的电气火灾防控联防长效机制，全面营造和谐安全的用电环境，最终实现各方共建共享共赢。

（一）共建——利益相关方诉求融入"智慧用电"系统建设

为更好地推进周庄古镇电气火灾风险防范工作，国网昆山市供电公司准确识别利益相关方，积极开展利益相关方调研，了解各方诉求和优势资源（见表9-3），探讨在防范电气火灾方面的合作方向，增强各利益相关方参与共建的积极性和参与度。

表9-3　　　　　　　　　利益相关方分析表

利益相关方	诉求	资源优势	共建路径
政府部门	1. 构建古镇安全运行机制。 2. 提升公众安全用电意识。 3. 实现古镇安全发展	具有公信力，能够为工作推进提供政策、资金支持	向政府部门汇报"智慧用电"项目成效，以期广泛推广，助力全国景区安全发展
消防机构	1. 及时掌握古镇安全隐患点。 2. 及时处理古镇火灾隐患。 3. 减少火灾损害，保护公众生命财产安全	1. 在火灾处置方面具有专业优势。 2. 负责消防验收，在消防设施配备、电气防火技术、电气消防检测方面有管理权	1. 咨询消防机构优化"智慧用电"系统布局，覆盖古镇安全隐患点。 2. 通过"智慧用电"系统协助消防机构守护景区消防安全
经营商户	1. 及时发现、处理用电设施火灾隐患。 2. 实现安全运营，减少火灾对自身、游客等带来的损害	1. 电气设施的直接使用者。 2. 电气火灾隐患防范的关键主体	为经营商户提供"智慧用电"系统相关培训，提升安全用电意识，保障"智慧用电"系统有效运行

续表

利益相关方	诉求	资源优势	共建路径
旅游公司	1.提升古镇安全发展水平。 2.增强公众对古镇的认可度	古镇直接运营者,具有较强的号召力	1.与旅游公司携手推广"智慧用电"系统。 2.合力宣传"智慧用电"项目的管理亮点,塑造景区安全形象
系统开发方	取得政府部门、经营商户等相关方对"智慧用电"系统的支持,有序推进系统开发落地推广工作	1.丰富的系统开发经验。 2.先进的技术经验	针对各方需求,与系统开发方优化"智慧用电"系统,提升"智慧用电"系统适用性
保险公司	增加产品责任险、电气火灾险销售	在保险服务方面具有专业优势	1.降低保险公司有关景区电气火灾理赔风险,巩固保险公司与古镇互惠互利合作基础。 2.为"智慧用电"系统设计产品质量保险
游客	安全旅游,保护自身生命财产安全	游客安全偏好是电气火灾风险防范工作开展的重要推动力	从游客的角度,获知电气火灾风险点,完善"智慧用电"系统建设,提升游客对景区安全性的感知
供电公司	1.消除电力设施故障隐患。 2.提升供电稳定性。 3.提高用户用电满意度	1.丰富的电力设施运维经验。 2.受众广泛,公众认可度较强	1.发挥平台优势,推广"智慧用电"系统。 2.发挥专业优势,保障景区用电安全性与可靠性。 3.丰富公司社会责任实践内容,深化公司对社会责任理念的理解

经过前期利益相关方调研沟通,国网昆山市供电公司与各利益相关方达成提升景区消防安全的共识,共同明确利用智能化手段建设"智慧用电"系统,并协同推进实施进度,为周庄景区构建以大数据为支撑的电气火灾隐患"防控网"。"智慧用电"系统遵循隐患分项数据化、隐患监管网格化和隐患治理社会化的原则,实现"两平台一服务"——即电气火灾预警平台、电气火灾管理平台及电气火灾隐患治理综合服务,为景区、乡镇、城

市安全建立一个可持续、可运行的电气火灾隐患治理体系。

国网昆山市供电公司将周庄博物馆作为"智慧用电"系统试点之一，在政府相关部门的支持下，与旅游公司景点部、周庄博物馆、系统开发方、施工设计单位密切配合，率先安装"智慧用电"系统用电安全智能传感终端，实现隐患精确预警、快速排查。此外，国网昆山市供电公司积极开展"智慧用电"系统使用培训、方案交流、景区指挥中心展示等活动，推动各方共同参与，确保各方能用、想用、爱用此系统，最大化发挥电气火灾隐患治理能效，为景区提供不间断的数据跟踪、统计分析和安全监管，及时消除隐患，真正做到防患于未然。

（二）共创——深化数据应用携手共创"安全景区"落地方案

依托"智慧用电"系统技术和数据支持，国网昆山市供电公司进一步探索扩展电气安全数据应用场景与价值，持续扩大系统影响，创造增量价值。国网昆山市供电公司积极联合政府部门、消防机构、旅游公司、保险公司、游客等各利益相关方，共同开展周庄古镇"安全景区"建设行动（见图9-2），切实维护古镇安全，共促古镇可持续发展。

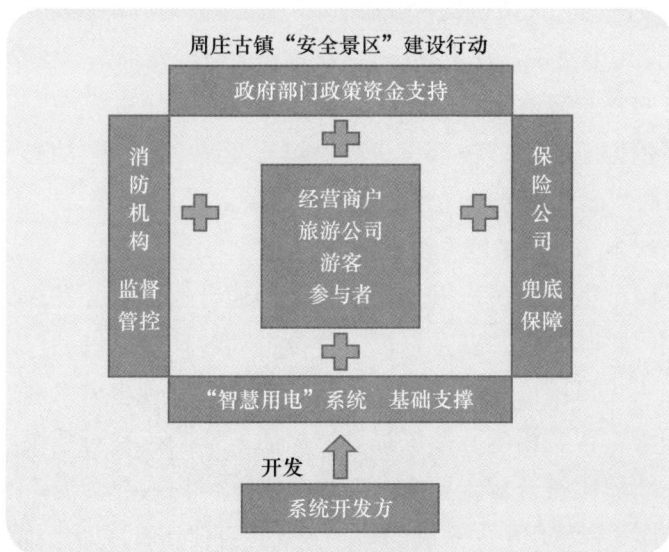

图9-2　各方共同参与的周庄古镇"安全景区"建设行动

1. 政企联动，获取政府支持认可

"智慧用电"系统在实现实时在线监测、隐患类型分析、隐患信息推送的同时，还会定期向政府监管部门提供电气火灾隐患风险评估报告，有效保障周庄景区安全稳定的生产生活局面，对政府部门安全监管工作提供有力的支持。国网昆山市供电公司"智慧用电"系统获得政府的高度认可，为"安全景区"建设行动顺利开展提供保障和支持。

2. 消防监管，深化系统功能应用

作为古镇火灾隐患防范主体，消防机构对火灾防控重视程度较高。国网昆山市供电公司注重与消防机构的合作，充分发挥"智慧用电"系统在电气火灾监测、预警方面的优势，在消防管控中心设置24小时监控点，协助消防机构实时掌握古镇各区域电气安全状况。同时，国网昆山市供电公司积极推动消防机构将"智慧用电"系统的安装应用作为安全设施及消防设施验收的重要条件，推动经营商户重视防范电气火灾风险。

3. 大众点评，实施安全等级评定

为提升经营商户安全用电意识，提高其安全运行水平，国网昆山市供电公司与政府部门、消防机构、旅游公司、保险公司、游客等推动制定《经营商户"安全用电等级"评定办法》，对古镇所有经营商户"安全用电等级"进行评定，并将"智慧用电"系统数据作为"安全用电等级"评定的重要内容和支撑依据。当前，包括周庄博物馆、莼鲈之思、全功楼、四季周庄在内的经营商户已获得首批优秀安全用电等级认证。

4. 产融结合，强化保险兜底保障

国网昆山市供电公司积极与保险公司沟通合作，充分发挥保险公司兜底保障作用，将其纳入"安全景区"建设行动各环节，借助保险公司力量对古镇电气火灾风险防控工作进行监督、审查，实现多方共赢。一方面，由保险公司为"智慧用电"系统提供产品质量保险，并对系统质量进行管控，确保系统品质符合规定要求。对因生产、出售或分配的产品有缺陷导致使用或操作"智慧用电"系统的第三者受到身体伤害或财产损失的情况，由保险公司进行理赔，减少损失。另一方面，推动保险公司对"安全用电

等级"较高的经营商户提供安全保险优惠措施，增强"安全用电等级"评定结果应用，强化经营商户用电安全保障，引导更多的经营商户参与"安全景区"建设行动。

（三）共享——深化"安全景区"建设行动社会感知与体验

为增强社会各界对周庄"安全景区"建设行动的感知，国网昆山市供电公司加强与古镇景点与经营商户协作，积极开展社会化传播，营造人人参与共建的古镇安全文化氛围。一方面，国网昆山市供电公司与政府部门、旅游公司联合开发古镇"安全地图"，展示各经营商户"安全用电等级"，营造安全用电"争先创先"氛围，增进各经营商户防范电气火灾风险、护卫古镇安全发展的积极性与参与感。另一方面，国网昆山市供电公司与旅游公司合作打造"安全景区"宣传站，向游客普及古镇旅游安全用电科普知识，丰富游客体验的同时，打造周庄古镇"安全景区"形象。

四、项目成效

（一）创新电气火灾防范工作模式，提升安全能级

"智慧用电"系统项目推动政府部门、消防机构、经营商户、游客等利益相关方共同参与"安全景区"建设行动，创新建立利益相关方共同参与的古镇景区安全事故预警预防机制，减轻消防机构火灾风险防控压力的同时，更直观地显示了电力安全等级，提升各利益相关方安全用电意识，营造"人人关注，人人参与"的安全氛围，将各方利益与景区发展深度融合，有效守护周庄景区安全，为全国景区电气火灾防范工作提供创新思路与可复制的工作机制。据统计，全镇已有22个景点、单位和500多家古镇沿街商户全部完成"智慧用电"系统安装，周庄景区整体电气火灾发生率下降63.1%，未发生重大安全电气火灾。

（二）构建智慧安全景区，推动当地旅游经济发展

安全是景区可持续发展的基石，也是增强游客粘性的重要切入口。"智慧用电"系统利用大数据等先进技术替代人工操作，实现了火灾事故的精准预警、精准防范、精准处置，有效从源头上减控电气线路火灾事故的发

生，以"安全地图"为品牌，打造周庄古镇以智慧安全为亮点的旅游品牌——"有一种安全叫周庄"。"智慧用电"系统及"安全景区"建设行动有效降低电气火灾风险，赢得旅客、政府部门、旅游公司、经营商户等各利益相关方对周庄景点管理的信任感，提升旅客在周庄旅游的体验感，增强旅游市场竞争力，推动当地旅游经济可持续发展。以2020年"十一"黄金周为例，在严格落实疫情防控部署下，周庄共计接待游客35万余人次，成为国内旅游业复苏的"助推器"。

（三）全面彰显公司负责任的品牌形象

国网昆山市供电公司积极推进"智慧用电"系统建设，携手利益相关方共同参与"安全景区"建设行动，展现公司有效管理电气火灾安全隐患，不断增强安全发展能力的负责任形象，相关事迹在新华社、昆山日报等平台报道。通过利益相关方沟通合作，国网昆山市供电公司有效管理影响的责任形象在利益相关方中得以积累和传播，有助于赢得各利益相关方的情感认同、价值认同，进一步增强公司品牌美誉度。

智慧电力赋能消防安全、多方聚力守护古镇风貌项目评分一览表见表9-4。

表9-4　智慧电力赋能消防安全、多方聚力守护古镇风貌项目评分一览表

一级指标	二级指标	三级指标	三级指标打分
1. 项目选题（10%）	1-1 题目筛选（60%）	1-1-1 问题发现（50%）	90
		1-1-2 特色挖掘（30%）	90
		1-1-3 全员参与（20%）	92
	1-2 题目命名（40%）	1-2-1 标题内涵（60%）	92
		1-2-2 标题形式（40%）	92
2. 项目过程（40%）	2-1立项过程（20%）	2-1-1 立项程序（60%）	95
		2-1-2 立项报告（40%）	93

续表

一级指标	二级指标	三级指标	三级指标打分
2. 项目过程（40%）	2-2 策划过程（30%）	2-2-1 项目调研（40%）	92
		2-2-2 项目方案（60%）	93
	2-3 实施过程（30%）	2-3-1 过程控制（60%）	92
		2-3-2 工作日志（40%）	90
	2-4 总结评估（20%）	2-4-1 评估程序（50%）	93
		2-4-2 总结报告（50%）	93
3. 项目传播（15%）	3-1 品牌运作（50%）	3-1-1 品牌塑造（40%）	90
		3-1-2 品牌宣传（60%）	90
	3-2 社会传播（50%）	3-2-1 传播报道（60%）	95
		3-2-2 社会反馈（40%）	90
4. 项目绩效（20%）	4-1 内部价值（60%）	4-1-1 问题解决（50%）	93
		4-1-2 企业价值（50%）	92
	4-2 外部价值（40%）	4-2-1 利益相关方价值（50%）	93
		4-2-2 社会与环境价值（50%）	90
5. 项目成果化（15%）	5-1 成果固化（40%）	5-1-1 机制固化（70%）	93
		5-1-2 成果理论化（30%）	90
	5-2 成果推广（60%）	5-2-1 内部推广（50%）	93
		5-2-2 外部交流（50%）	93
总分			92.177

案例三

跨界"气象员"服务社会民生

项目实施单位：国网江苏省电力有限公司金湖县供电分公司

项目实施时段：2020年1—12月

一、项目概况

新能源发电对天气的依赖性非常大，微弱的天气变化也可以对新能源发电造成较大影响，对电网产生电压冲击。依靠精确的电力气象预报，可以实现对新能源发电功率的精准监测，降低气象变化对新能源发电的影响，保障新能源发电可靠稳定供应，对于光伏渗透率较高的金湖而言，新能源电站功率的波动对电网的冲击更为明显。

但目前对于输电线路的微气象监测主要依靠气象部门，其提供的气象数据难以满足新能源发电的实际需要。因此，国网金湖县供电公司急需优化气象数据在新能源发电监测方面的应用，降低气象变化的影响，保障电网安全稳定运行、客户安全用电。

2020年，国网金湖县供电公司从气象数据在新能源发电中的应用着手，构建了微气象监测与预测网络。该技术通过实时监测近地面气象信息，预测未来1小时内的气象情况，准确把握气象变化对新能源电站的影响，及时调整电网运行方式，保障电网安全稳定。同时，还与金湖县气象局共建开放气象数据，发挥双方优势，辅助构建专用于社会民生的气象监测平台，实现气象监测的共治共享。

二、思路创新

（一）共谋共建，互相借势，打造微气象监测平台

国网金湖县供电公司引入利益相关方参与理念，并通过调研分析等方

式识别出核心利益相关方，携手共同搭建气象监测平台。一方面，深入了解各利益相关方对气象监测平台的诉求和期待；另一方面，积极整合各方资源，实现由依靠自身力量向汇聚多方优势资源的转变。

在主要利益相关方金湖县气象局牵头指导下，国网金湖县供电公司利用电力线路、供电所、变电站等场所优势，在金湖县内选点布设微型气象站；气象局负责指导按照气象专业的标准搭建气象站，同时组建数据平台，数据平台通过金湖县广播电视台、三大运营商提供的气象数据接口向外发布气象预警信息。在日常运维过程中，国网金湖县供电公司可以通过巡线员、变电站值班员及供电所员工对搭建的微型气象站进行日常巡视及保养。

（二）共治共享，互相支撑，挖掘微气象潜在力量

国网金湖县供电公司引入综合价值创造的理念，实现由单向地为社会或利益相关方创造价值转变为企业与利益相关方合作共同创造价值的转变。气象数据平台搭建后，供电公司、气象局、农业委员会、交管部门及物业服务机构等均通过搭建气象数据平台获取短期气象预报数据。各利益相关方通过气象预测信息，实现部门工作的精准化管控，相互促进各方工作，如搭建气象数据平台后，交警部门可获得部分省道浓雾信息，及时预警相关单位，提醒外出工作车辆注意安全驾驶。

三、实施举措

（一）识别利益相关方，听取诉求发挥优势

国网金湖县供电公司通过联系金湖县气象局，走访多个政府部门及企事业单位了解相关利益诉求。通过差异化精准沟通，召开利益相关方座谈会，准确捕捉其核心期望诉求和问题关键（见表9-5），并与各利益相关方共同讨论共赢方式，画出微气象的"最大利益同心圆"。此外，国网金湖县供电公司与县气象局、县交警大队、县农业委员会、应急管理部门等利益相关方开展常态化沟通合作，了解项目实施情况及实施难点，精确商讨合作共赢方式（见图9-3）。

表9-5   微气象平台各参与单位诉求与职能一览表

层级	单位	诉求	职能或取得的利益
数据业务支撑层	县气象局	对局部强对流天气缺乏监测,气象站布点少,气象数据颗粒度较大,难以贴合城乡居民的日常生活	气象平台主要搭建方,为气象站搭建提供标准,指导气象站建设、标准化气象数据生成、气象数据平台建设,并负责以后气象平台的日常维护与管理;同时监测到的气象数据可参与气象数据交换,供修正自身监测的气象数据
	供电公司	新能源发电与天气息息相关,新能源电站功率波动对电网冲击较大	气象平台配合搭建方,主要提供气象数据的硬件、软件支撑和微型气象站建设场地
数据定制化使用层	县交警大队	目前能见度监测仅覆盖到高速公路,对国道、省道缺乏能见度监测,对国道、省道车辆安全行驶管控乏力	获得国道、省道附近能见度信息,强化交警大队对国道、省道车辆安全行驶管控
	县农业委员会	高端农业及水产养殖业依赖天气程度较高,高端农业的大棚热力学模型对光照依赖性较高,水产养殖业的增氧泵启停对空气中气压依赖度较高,目前对光照和气压的监测都是靠人为感知,设备启停敏捷性较差	获得短时光照、气压监测数据对大棚光照设备启停、增氧泵启停有着较大的指导性
	县扶贫办	金湖县部分扶贫项目种植的农作物对天气要求较高	获得1小时左右的短期气象预警,在恶劣天气来临前,及时通知种植户采取措施,提前应对
	保险公司	乡村一些农田遭受强对流天气破坏后,由于气象部门无法提供监测到强对流天气的数据,在理赔时存在阻碍	覆盖到气象部门认证的村级气象监测站,可以监测到强对流天气,对强对流天气造成的破坏提供理赔依据
	应急管理部门	缺少一天内短时强对流天气的精确紧急避险提醒	实时强对流天气监测,对一天内短期发生的强对流天气进行预告
	住建局(各物业单位)	各小区没有针对短时天气实况的播报,导致居民的衣食住行没有具体参考	依托小区内配电变压器搭建的微型气象站,对小区实时气象环境进行监测,居民在家即可实时获得周边天气情况,对衣食住行提供参考依据

续表

层级	单位	诉求	职能或取得的利益
数据发布与通知层	三大运营商	对于受强对流天气而破坏的户外通信设备，没有提前预警，往往是事故发生后，才组织抢修；且没有针对短时气象预报	通过三大运营商实现消息推送，精准通知可能受到强对流天气影响的用户。通过运营商网络实现气象数据平台的线上运行
	县电视台、县广播台	目前气象方面仅是气象预报，仅能对未来几日内的气象进行播报，没有针对居民短期几小时内的气象进行播报	通过气象数据平台实时获得短时气象监测、预测信息，精准插播强对流天气告警，及时提醒居民应急避险

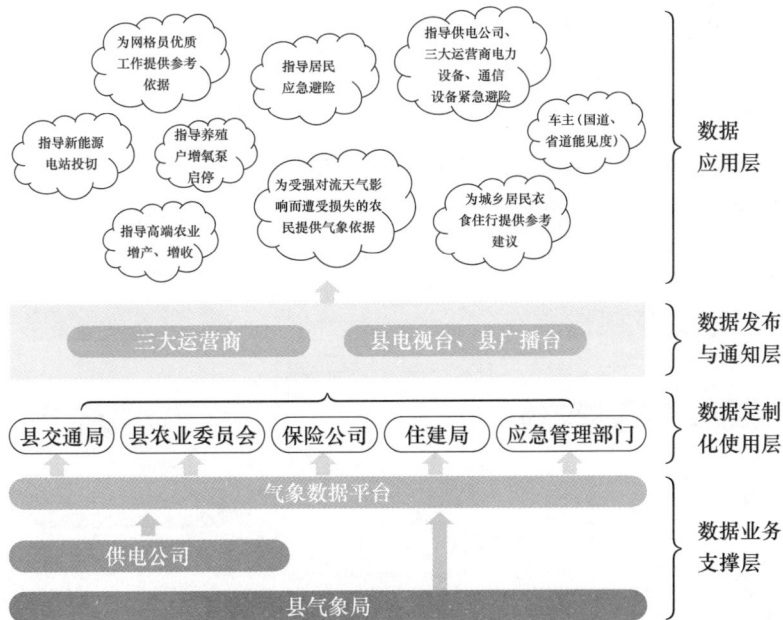

图9-3 精准商讨合作共赢方式

（二）建造微气象站及数据平台，搭建预警系统

气象部门进行的常规气象监测及提供的监测数据难以满足新能源发电的实际需要。搭建微气象站，可以实现更加精确的电力气象预测。同时，

数据平台将有助于实现气象大数据的收集与分析，并通过预测算法，实现数值天气预报的气象变化对新能源发电功率的预测。气象站的搭建由利益相关方金湖县气象局牵头，并进行技术指导和提供标准化建议；供电公司负责进行气象站制作、提供气象站搭建场地。

1. 微型气象站气象因子扩充

通过分析各利益相关方的诉求，分析利益相关方需要的气象数据，有针对性地扩充气象因子，确保监测气象因子可以覆盖利益相关方各项诉求（见图9-4）。气象因子是指影响新能源发电的气象原因或条件，如风速风向、光照强度、能见度等。国网金湖县供电公司携手由南京工程学院牵头的部分气象院校，对气象预测算法进行扩充，实现各利益相关方诉求的气象预测。国网金湖县供电公司顾阳张朔创新工作室提出了一种基于新能源功率预测算法，对因气象变化波动引起的配电网电压变化进行预判断。县气象局牵头指导国网金湖县供电公司采用国家气象部门认可的设备，制作出若干符合气象部门专业要求的微型气象站样机，并搭建气象站软件管理平台，实现气象预测，确保微型气象站监测数据达到可向社会发布的要求。

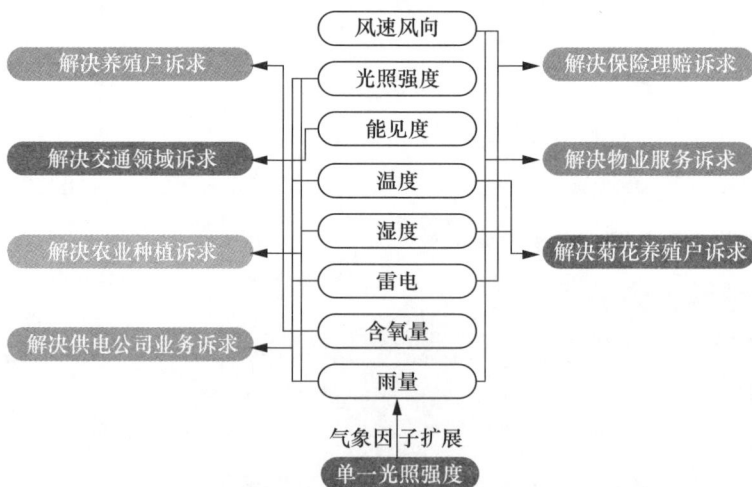

图9-4　各利益相关方诉求与气象因子

2. 气象监测、预测平台搭建

共建共享共治，试点打造局部气象数据监测、预测平台。县气象局向省市气象部门申请供电公司实时气象监测许可，国网金湖县供电公司可以通过气象局直接获取气象数据，为气象数据平台搭建打下基础。发挥供电公司场所优势，以前锋镇、吕良镇及金湖城区为试点区域，乡镇以行政村为单位布设一至两个微型气象站，城区以小区为单位布设微型气象站。布设点主要为小区配电变压器、电力杆线及变电站、供电所等区域。金湖县气象局对气象数据的清洗、整理提供技术支持，并与国网金湖县供电公司顾阳张朔创新工作室共同制作建设气象数据监测、预测平台。

3. 气象设备运维

由于气象设备大多布设在变电所、配电箱及供电所，故微型气象站的日常运维由变电站值班员、配电运检工及供电所值班人员负责。通过与利益相关方——县气象局共同建立的微信群，实时巡视运维情况在微信群中的反馈。

（三）携手各利益相关方共同利用微气象数据服务社会

1. 服务交通领域

在国道、省道附近的微型气象站加装能见度监测传感器，并向交警部门反馈能见度监测信息，供交警部门作为发布安全行车提示的参考。省道淮金线是金湖县通往淮安市的首选道路，每个工作日的通勤时段有很多车辆在淮金线上行驶。入冬后，由于地理原因，淮金线上极易形成团雾，对通勤车辆行驶带来了极大的安全隐患。金湖县交警部门通过获取气象预警，获知淮金线浓雾路段，提前部署警力，靠前放置警示牌，及时应对可能发生的交通事故。

2. 服务农业生产

金湖县水域面积较大，县内水产养殖户较多，国网金湖县供电公司联合县农业委员会针对金湖特有的农产品养殖制定预测数据使用方案，指导农民科学、合理使用预测数据。依据水产养殖特点，向水产养殖户反馈气压、含氧量等数据，供养殖户作为投切增氧泵的参考依据。同时，国网金湖县供电公司通过利益相关方县农业委员会向金湖县内高端农业企业提供气象数据，为养殖企业将大棚增温通风提供参考，助力实现增产增收。同时，由县农业委员会牵头，国网金湖县供电公司配合，对高端农业企业的部分增温设备进行改造，根据气象监测条件实现顺控功能，让增温设备在应该工作的时候工作，降低农业生产的人力成本和电费支出等成本。

3. 服务社会生活

小区内微型气象监测数据及局部强对流天气预警，实时向小区登记居民推送，为小区居民出行及穿着衣物选择提供参考依据。布设行政村的微型气象站监测及局部强对流天气预警向乡村网格化管理员推送，帮助乡村网格化管理员更好地服务居民。向县电视台、县广播台反馈短期局部强对流天气预警信息，供媒体平台及时发布预警信息，提醒居民紧急避险。

4. 服务保险理赔

金湖县气象局气象监测仅覆盖到乡镇级别，若短期局部极端强对流天气未波及县气象局布设的气象站附近，则对于农民农作物造成的损害，县气象局是无法向保险公司开具极端天气证明的。国网金湖县供电公司与县气象局一同搭建的微气象平台采集的气象数据是覆盖到村的，县气象局通过微气象平台监测的数据，制定了微气象数据证明恶劣天气存在的气象证明开具措施，用作保险理赔。

5. 服务电力、通信应急避险

极端天气对电网设备、通信设备安全稳定地运行也有极大的影响。国网金湖县供电公司和三大通信运营商通过预测气象数据，准确感知短期局部强对流天气，帮助各方提前对设备采取应急避险措施。

6. 服务扶贫领域

金湖县金南镇南望村通过开展特色扶贫项目——种植菊花，带领村里脱贫致富。对菊花养殖影响最大的气候条件就是霜冻，花农必须要赶在霜冻前将菊花采摘完毕。国网金湖县供电公司联合金湖县扶贫办，在金南供电所布设微型气象站，实时对温度、湿度进行监控，通过霜冻预测算法，实现对霜冻天气的预测。县扶贫办及时向花农普及气象数据使用知识，便于其接收霜冻预警信息。

7. 服务供电公司新能源调配及优质客户服务

微型气象站建设后，对光伏电站的功率进行提前预测，帮助调控人员及时调整运行方式应对光伏电站功率陡降对电网的冲击。同时，由于母线电压下降，造成线路末端电压下降，影响电压质量，对精密制造业用户用电影响较大。调控人员获得短期光伏功率预测后，主动介入，手动投切电容器，维持线路末端电压，有效减少了电压波动对用户的影响。

四、项目成效

2020年8月，微气象平台应用后，各利益相关方依托微气象平台提供的气象数据，增加了工作实效。国网金湖县供电公司在气象数据管理上建立了"1+1+N"的合作模式，即县气象局负责对气象站传感器精确度的定期校准检测，国网金湖县供电公司对气象站进行常规维护，N个气象数据使用方使用气象数据，服务各自行业。

（一）气象数据促进省道通勤进一步安全

2020年10月下旬至2020年11月中旬，微型气象平台共发出能见度告警信息9次。

县交警部门通过手机短信方式接收到告警，获知团雾位置，及时行动，累计出警9次，在浓雾路段提前设立警示牌，并安排警力在周围巡逻，有力保障了省道的通行安全。

三大运营商通过基站定位的方式对团雾周围基站覆盖的手机发送气象预警信息，提醒驾驶员安全行驶。

（二）气象数据促进物业服务进一步贴心

微型气象站平台建立后，小区物业公司提前将恶劣天气信息在业务微信群中予以发布，并在恶劣天气来临前，提前采取了应对措施，赢得应对恶劣天气的主动性。

同时，农村网格化管理员也通过该平台，使网格化管理有的放矢。2020年下半年，系统运行后，吕良镇沿湖村网格化管理员接收到暴雨天气信息，提前走访、通知网格内有晾晒稻谷的农户。网格化管理员还在恶劣天气来临前走访了网格内的独居老人，确保老人在恶劣天气中不出现意外情况。项目实施至今，共计发送恶劣天气预警信息3条，服务居民682人次。

（三）气象数据促进设备特巡进一步精准

国网金湖县供电公司及三大运营商通过搭建的气象数据平台，提前感知暴雨及雷电预测信息，及时安排运维人员对变电站设备、通信设备提前开展特巡，有力地保障了设备的运行。项目实施至今，共开展特巡4次，减少相关损失1.2万元。

项目部署应用后，国网金湖县供电公司变电运维班在两次大暴雨天气来临前安排运维人员进行特巡，提前开启地势较低的前锋变电站、吕良变电站水泵，及时化解了变电站可能会出现的水位较高的隐患。

（四）气象数据促进农业、扶贫进一步提速

金湖县南望村菊花养殖户通过短信方式接收气象预警信息，提前感知霜冻天气，及时安排花农采摘菊花，为种植户减少了恶劣天气带来的损失。项目实施至今，共计向农户发送气象预警信息2条，挽回农户损失近万元。

高端农业企业大棚增温设备实现顺利控制后，依据气象变化提前开启或关停增温增氧设备，节约了人工成本。同时，由于设备启停的及时性，该企业2020年10月和11月两个月用电量连续下降，共计节约电费数万元。

（五）气象数据促进能源调配进一步智能

国网金湖县供电公司于2020年7、8、9月对系统的实际预测效果进行了测试运行，按照5、15、30、60分钟不同时间进行预测。从统计对比结果来看，微气象系统对光伏电站功率在5分钟时的预测率大于90%，有效的帮助调度人员调整系统电压，应对光伏电站功率陡降对电网造成的冲击。

（六）气象数据促进客户服务进一步优质

气象数据的使用促进了电网运行管理水平的提升。通过对气象变化的监测，及时向电网运维人员报送预警信息，有效减低了对新能源发电带来的影响，助力保障安全可靠供电。微气象平台应用后，2020年10月至2020年11月中旬，国网金湖县供电公司调控人员通过气象平台告警，主动介入，手动投切电容器10次，及时维持电压，稳定电能质量，化解了由于光伏电站出力锐减对电网造成的冲击引起电能质量降低的问题。

跨界"气象员"服务社会民生项目评分一览表见表9-6。

表9-6　　　　　跨界"气象员"服务社会民生项目评分一览表

一级指标	二级指标	三级指标	三级指标打分
1. 项目选题（10%）	1-1 题目筛选（60%）	1-1-1 问题发现（50%）	93
		1-1-2 特色挖掘（30%）	93
		1-1-3 全员参与（20%）	92
	1-2 题目命名（40%）	1-2-1 标题内涵（60%）	94
		1-2-2 标题形式（40%）	95
2. 项目过程（40%）	2-1 立项过程（20%）	2-1-1 立项程序（60%）	95
		2-1-2 立项报告（40%）	93
	2-2 策划过程（30%）	2-2-1 项目调研（40%）	92
		2-2-2 项目方案（60%）	93
	2-3 实施过程（30%）	2-3-1 过程控制（60%）	92
		2-3-2 工作日志（40%）	90
	2-4 总结评估（20%）	2-4-1 评估程序（50%）	93
		2-4-2 总结报告（50%）	95
3. 项目传播（15%）	3-1 品牌运作（50%）	3-1-1 品牌塑造（40%）	85
		3-1-2 品牌宣传（60%）	85
	3-2 社会传播（50%）	3-2-1 传播报道（60%）	92
		3-2-2 社会反馈（40%）	90
4. 项目绩效（20%）	4-1 内部价值（60%）	4-1-1 问题解决（50%）	93
		4-1-2 企业价值（50%）	92
	4-2 外部价值（40%）	4-2-1 利益相关方价值（50%）	96
		4-2-2 社会与环境价值（50%）	92
5. 项目成果化（15%）	5-1 成果固化（40%）	5-1-1 机制固化（70%）	94
		5-1-2 成果理论化（30%）	92
	5-2 成果推广（60%）	5-2-1 内部推广（50%）	93
		5-2-2 外部交流（50%）	93
总分			92.265

案例四
电力碳足迹管理让用能更清洁

项目实施单位：国网江苏省电力有限公司宝应县供电公司
项目实施时段：2019年1月1日—2019年12月31日

一、项目概况

随着经济的发展和能源消费的增加，我国碳排放量也不断攀升，已超过美国和欧盟。当前，中国正大力推进节能减排工作，将低碳发展作为绿色发展的核心内容和生态文明建设的根本途径。在各行业领域中，电力行业是碳排放重要来源之一。据统计，2018年我国发电量总计67914.2亿千瓦时，涉的二氧化碳排放量约为37.3亿吨。如何减少电力行业碳排放，对我国顺利实现节能减排目标意义重大。电网企业作为电力生产、运输、使用环节的枢纽，有责任和能力促进整个行业的节能减排。目前，已有国际电力企业开展碳足迹管理，但中国电力行业的碳排放管理还处于初期阶段。国网宝应县供电是全国首批生态示范区，在绿色发展上凸显生态禀赋，大力发展绿色低碳产业，为企业节能减排工作提供了良好的外部环境。国网宝应县供电公司是国网首批社会责任示范基地，有履行社会责任的内生动力。基于良好的内外部环境，国网宝应县供电公司发挥先行先试精神，利用自身能源输送和转换利用网络枢纽功能，携手价值链上下游伙伴，共同探索电力碳足迹管理，助力电力行业节能减排。

二、思路创新

引入外部视野，打破思维屏障。将管理对象由企业本身扩展到整个供应链，并充分发挥能源枢纽型功能，携手利益相关方共同开展碳排放管理。

整合内外部资源，根植利益相关方管理。运用利益相关方管理方法，识别"碳排查""碳减排""碳中和"各环节，与利益相关方开展合作的切口，联合利益相关方、整合内外部优势资源，共建解决方案，与利益相关方形成利益、价值和情感的共同体，提高问题解决的效率和效果。

三、实施举措

（一）多维度考量　明确利益相关方资源和诉求

开展利益相关方调研，明确各利益相关方在"碳排查""碳减排""碳中和"各环节中的诉求和资源优势（见表9-7），作为在联合协作开展碳足迹管理的重要依据。

表9–7　　　　　　　　　　利益相关方诉求及优势资源

利益相关方	相关诉求	优势资源
供电公司	1.减少供电及用电环节的碳足迹。 2.实现低碳运行	1.相对丰富的节能减排技术和经验。 2.能够在电网规划、调度等各环节进行直接的碳排放管理
第三方检测机构	1.发挥专业优势，树立口碑。 2.获得更多合作的机会，进一步开拓业务	1.专业的碳排放核算技术和分析能力。 2.丰富的碳排放管理经验
政府	1.地方低碳可持续发展。 2.宜居的生态环境	1.政策支持。 2.资金扶持
企业	1.专业的能效分析和能源管理方案。 2.推动节能减排，降低运营成本	充足的用能数据和信息资源
社区	1.获得良好的供电服务。 2.获得专业的用能分析和节能方案	可以反馈真实诉求

（二）开展碳盘查，识别碳排放主要来源

"碳盘查"，即对企业（生产、运营）各环节产生的温室气体进行追踪和测算。在碳盘查阶段，国网宝应县供电公司以2017年为基准，运用温室气体（GHG）排放源识别表，识别出公司碳排放源，并按温室气体管理表，

对碳排放活动数据进行测算。为提升项目专业性，邀请复旦大学碳排放专业人士进行全过程的指导和协助。

经过系统的"碳盘查"，国网宝应县供电公司从日常运营和专业工作两个维度，识别出设备、办公、生活、输配电损失、六氟化硫设备等五大类碳排放来源（见表9-8）。

表9-8　　　　　　　　国网宝应县供电公司碳排放来源

维度	类型	碳排放（吨）	方面
日常运营	设备类	423.4	打印机运转
			空调运转
			……
	办公类	393.4	纸张使用
			公务用车
			……
	生活类	4.28	一次性纸杯
			厨房燃气
			……
专业工作	输配电损失	67094.6	线路损耗
			变压器运行
			电压等级不合理
			……
	六氟化硫设备	1362.3	六氟化硫回收处理
			……

（三）落实碳减排，点面结合减少碳排放

国网宝应县供电公司经过全面的"碳盘查"，一方面，围绕专业工作，挖掘出碳排放数量最多和危害最大两个方面，重点以技术改进减少专业工作中的碳排放；另一方面，从公司运营管理入手，系统开展减排行动。

排放数量最多点——输配电损失。宝应电网输配电损失引起的碳排放超过总量的90%，数量最多，而变压器负载率过高或过低是输配电损失的重

要来源，也是国网宝应县供电公司选定的主要改进方向。

为降低输配电损失引起的碳排放，在前期规划阶段，国网宝应县供电公司加强审核，使变压器负载率保持在60%~70%的经济区间。在日常运维阶段，应用用电采集系统跟踪数据，采取对调变压器位置、调整户变关系等手段，保持经济运行。此外，通过技术创新，有效抑制三相电流不平衡度，减小损耗。针对夏季鱼虾养殖增氧需求大的特殊情况，使用储能装置就地平衡负载，避免变压器损耗升高。2019年1~9月，按照宝应电网输配电损失的减少量测算，共减少二氧化碳排放4200吨。

危害最大点——六氟化硫气体。六氟化硫是世界各国普遍使用的电力绝缘气体，其温室效应贡献度是二氧化碳的2.39万倍，环境危害极大，以往供电公司委托外部厂商管理，无法对其设备水平、人员技能进行把关，难以确保管理安全。为弥补这一不足，国网宝应县供电公司使用专业信息系统，全过程管控六氟化硫设备的安装、运维、退役和报废等环节，并与专业处理商合作，建立六氟化硫气体循环利用机制，保障使用安全。宝应电网在运六氟化硫设备3918台（套）、气体19443千克，全部得到有效管控。

管理多方面——"碳单"制度。为加强碳排放管理，国网宝应县供电公司实行"碳单"制度。从环节、单量、总量三个维度，梳理各业务流程碳排放细节，形成各部门碳单，保障碳排放管理规划可行、过程可追溯，结果可比较。并依据2019年部门碳单，制定2020年各部门减碳指标和行动计划，列入年度考核。下一步，国网宝应县供电公司计划对外披露公司碳排放情况，增强碳足迹管理透明度，以强化外部监督，促进内部管理提升。

（四）进行碳中和，以"吸碳"贡献"减碳"

国网宝应县供电公司鼓励员工在专业工作中识别产生碳排放的负面行为，挖掘"碳中和"潜力，并与相关方合作，将碳中和相关要求融入公司业务运营。2019年，在110千伏高平线项目中，国网宝应县供电公司与柳堡镇政府合作，将绿化项目与电网项目同步规划、同步建设、同步完成，在线下种植低矮树木300棵，帮助当地提升绿化率的同时，又解决了树线矛盾，还促进了碳中和。此外，国网宝应县供电公司工会通过开展"宝供春种"活动、"星光"志愿服务队的义务植树活动、"携手领航者　共建绿色地球"公益行走活动、开垦荒地建设"青年苗圃"活动等，促进以植物吸碳贡献碳。

（五）发挥"桥梁"作用，带动产业链减碳

在自身碳足迹管理的同时，国网宝应县供电公司秉持合作共赢的理念，带动产业链上下游的利益相关方一起优化碳排放表现。在上游发电环节，发挥桥梁作用，邀请县气象局，针对光伏电站和风电场的具体位置，提供高精度区域气候预测，降低弃光、弃风风险，提高清洁发电上网率。2019年，清洁发电量为4.5亿千瓦时，减排二氧化碳45万吨。在下游用电环节，与地方经信委、农机局、粮食行业协会等利益相关方合作，形成"联合走访、协同推进、分工合作、评估改进"的电能替代产业化工作机制，推动玻璃电熔炉、藕粉电烘干、粮食电烘干（见图9-5）等特色电能替代工作，帮助用户节能减碳。

联合走访
与农机局、环保局走访70多家粮食烘干企业用户，进行粮食烘干企业摸底调研，明确各企业的年能耗、热效率、污染源，识别出清洁热源改造的潜在粮食烘干企业

协同推进
共同召开全县燃煤粮食烘干炉清洁热源改造工作会，组织全县粮食烘干企业参会；与空气源热泵烘干制造企业代表合作，邀请其进行产品介绍，现场答疑解惑，为粮食烘干业主提供技术服务

多利益相关方长效合作机制

分工合作
供电公司：开辟电能替代增容改造"绿色通道"，提供用电咨询及电能替代技术咨询服务工作。
农机局：联合供电公司出台《关于实行粮食烘干中心优惠用电扶持政策的意见》，为电能替代用户提供优惠政策，并对"煤改电"烘干扶持政策进行解读。
环保局：为企业提供环评检测，开展燃煤热源改造进度把控，确保环保效益最大化

评估改进
农机局、物价局和供电公司三部门对粮食产地烘干中心工业用电改用农用电情况开展实地走访，对"煤改电"成效进行评估，积极收集反馈意见，优化提升燃煤热源改造全流程工作，确保成效最大化

图9-5　联合利益相关方开展粮食电烘干电能替代

（六）扩大宣传，面向全民倡导低碳生活

积极借鉴国网江苏电力"我的零碳主张"活动经验，将节能减碳知识宣传和行动倡议的范围向社会公众延伸，持续扩大活动号召力与影响力。一方面，在国网宝应县供电公司各部门发起减碳行动，引导内部员工践行低碳生活和工作方式；另一方面，开展多彩、有趣的宣传活动，向居民、学生、企业等多方传播低碳生活与生产的意义与途径，带动宝应县全民践行低碳生活。

四、项目成效

（一）以可持续产业链助力绿色低碳发展

国网宝应县供电公司以专业技术与内部管理相结合的方式开展公司内部碳足迹管理，同时发挥引领示范作用，带动上下游产业链优化碳排放表现，将碳排放管理影响进一步延伸，最大化释放低碳管理对宝应地区低碳发展的价值。据统计，截至2019年9月底，宝应电网输配电损失引起的二氧化碳排放量同比下降3.1%；发电侧光伏发电减少的二氧化碳排放量同比上升13.2%；用户侧能效管理工作助力减少二氧化碳排放量增加了110%。

（二）优化内部管理模式，助力行业转型升级

通过碳排放核算分析、多方合作等方式，国网宝应县供电公司形成一套可复制推广的碳足迹追踪及低碳管理模式。项目实施全过程推动国网宝应县供电公司从对碳排放"无意识"的状态向减碳人人"有行动"转变。同时，引导广大员工树立新的管理理念，更加注重从社会责任视角想事情、做事情，提高综合价值创造能力，让低碳环保引领电力发展新方向。

（三）彰显责任担当，提升品牌美誉度

通过与广大利益相关方进行沟通交流，使社会各界对国网宝应县供电公司的认识逐步深入，从内心深处和实际行动上支持。通过在响应政府节能减排号召和推动地方节能工作上起到引领和示范作用，带动利益相关方共同创造经济、社会、环境综合效益最大化，彰显了作为公共服务型企业的责任态度，使国家电网的责任央企形象进一步根植民心。

电力碳足迹管理让用能清洁项目评分一览表见表9-9。

表9-9　　　　　　　电力碳足迹管理让用能清洁项目评分一览表

一级指标	二级指标	三级指标	三级指标打分
1. 项目选题（10%）	1-1 题目筛选（60%）	1-1-1 问题发现（50%）	91
		1-1-2 特色挖掘（30%）	92
		1-1-3 全员参与（20%）	90
	1-2 题目命名（40%）	1-2-1 标题内涵（60%）	94
		1-2-2 标题形式（40%）	95
2. 项目过程（40%）	2-1 立项过程（20%）	2-1-1 立项程序（60%）	95
		2-1-2 立项报告（40%）	93
	2-2 策划过程（30%）	2-2-1 项目调研（40%）	92
		2-2-2 项目方案（60%）	93
	2-3 实施过程（30%）	2-3-1 过程控制（60%）	92
		2-3-2 工作日志（40%）	92
	2-4 总结评估（20%）	2-4-1 评估程序（50%）	93
		2-4-2 总结报告（50%）	92
3. 项目传播（15%）	3-1 品牌运作（50%）	3-1-1 品牌塑造（40%）	85
		3-1-2 品牌宣传（60%）	85
	3-2 社会传播（50%）	3-2-1 传播报道（60%）	92
		3-2-2 社会反馈（40%）	90
4. 项目绩效（20%）	4-1 内部价值（60%）	4-1-1 问题解决（50%）	93
		4-1-2 企业价值（50%）	92
	4-2 外部价值（40%）	4-2-1 利益相关方价值（50%）	90
		4-2-2 社会与环境价值（50%）	96
5. 项目成果化（15%）	5-1 成果固化（40%）	5-1-1 机制固化（70%）	94
		5-1-2 成果理论化（30%）	92
	5-2 成果推广（60%）	5-2-1 内部推广（50%）	93
		5-2-2 外部交流（50%）	90
总分			91.924